Landwirtschaft und
Welthandelsordnung

# Landwirtschaft und Welthandelsordnung

Handbuch zu den Agrarverhandlungen der
Uruguay-Runde im GATT

von Klaus Seitz
und Michael Windfuhr

**texte 45**
Verlag Dienste in Übersee, Hamburg

Dieses Handbuch wurde im Auftrage der Fachstelle für entwicklungspolitische Bildungsarbeit auf dem Lande in der Evangelischen Kirche in Deutschland erstellt.

Redaktion: Rudolf Buntzel

© 1989 by Verlag Dienste in Übersee, Hamburg
Bundesstraße 83, 2000 Hamburg 13
ISBN 3-921314-22-4
Printed in the Federal Republic of Germany

Gesamtherstellung: Breklumer Druckerei Manfred Siegel KG

# Inhalt

Vorwort von Rudolf Buntzel .............................. 9

Einleitung: Die Weltagrarkrise und die Uruguay-Runde des GATT ... 11

1. Die Internationalisierung der Landwirtschaft: Weltagrarmarkt, Agrarhandelskonflikte und die Krise der ländlichen Entwicklung am Beginn der Uruguay-Runde .......................... 17
1.1. Die Einbindung der Landwirtschaft in die internationale Arbeitsteilung .......................................... 17
1.2. Die Landwirtschaft in der Dritten Welt im internationalen Handelskarussell ............................................ 28
1.3. Die Weltmärkte werden abgesteckt: Agrarhandelskonflikt zwischen der EG und den USA ................................ 38

2. Das GATT – Die herrschende Ordnung des Welthandels ....... 49
2.1. Die Bedeutung einer internationalen Handelsordnung .......... 50
2.2. Entstehungsgeschichte und Zielsetzung des GATT ............ 60
2.3. Das Prinzip der Liberalisierung ........................ 66
2.4. Das Prinzip der Meistbegünstigung oder der Nicht-Diskriminierung . 83
2.5. Das Prinzip der Reziprozität, Verfahrensweise und Organe des GATT .......................................... 88
2.6. Die Entwicklungsländer im GATT ...................... 95
2.7. Die Stellung der Landwirtschaft und des Agrarhandels im GATT .. 101
2.8. Das GATT-System – Modell einer idealen Welthandelsordnung? Ideologiekritische Anmerkungen ........................... 110

3. VerGATTerung der Landwirtschaft? Die Agrarverhandlungen im Rahmen der Uruguay-Runde – Verhandlungspositionen und Entwicklungstendenzen .................................. 115
3.1. Die Ziele und die Verhandlungsgegenstände der Uruguay-Runde (Erklärung von Punta del Este) ............................ 115
3.2. Ausgangspositionen und Interessenskonflikte bei den wichtigsten nicht den Agrarbereich betreffenden Verhandlungsgegenständen ...... 121
3.3. Die Agrarverhandlungen im Rahmen der Uruguay-Runde: Vergleich und Hintergründe der vorgelegten Regierungsvorschläge ........ 127

4. Agrikultur oder Agrobusiness: Überlegungen zur Integration der Region in den Weltmarkt ................................ 149

| | | |
|---|---|---|
| 4.1. | Zwischen Markt und Staat: Die Bedeutung der Landwirtschaft für Volkswirtschaft und Außenhandel | 149 |
| 4.2 | Agrarpolitische Souveränität oder Liberalisierung des Agrarmarktes | 158 |
| 4.3. | Wem nützt der freie Weltagrarhandel? Vergleich und Bewertung verschiedener Szenarien über die Effekte einer Liberalisierung des Agrarhandels | 165 |
| 4.4. | Resümee: Was steht bei den Agrarverhandlungen für die Landwirtschaft auf dem Spiel? | 169 |
| **5.** | **Perspektiven einer international verträglichen Agrarhandelspolitik** | **173** |
| 5.1. | Interview mit Jaime Tadeo, Vorsitzender der Philippinischen Kleinbauernbewegung | 173 |
| 5.2. | Position der Agraropposition | 175 |
| 5.3. | Position der Nichtregierungsorganisationen in der Entwicklungszusammenarbeit | 176 |
| 5.4. | Position der Kirchen | 180 |
| 5.5. | Gemeinsame Position europäischer agrar-, entwicklungs- und umweltpolitischer Verbände und Organisationen / Auf dem Weg zu einer europaweiten GATT-Kampagne | 185 |
| **6.** | **Literaturverzeichnis** | 193 |

## Verzeichnis der Tabellen/Schaubilder

| | |
|---|---|
| Jährliches Wachstum des Weltwarenhandels und der Weltproduktion | 20 |
| GATT-Mitgliedsländer: Ergebnisse und Themen wichtiger Verhandlungsrunden | 49 |
| Die Spirale des Welthandels Januar 1929 bis März 1933 | 61 |
| Nominale Protektionskoeffizienten in Industrieländern für Erzeugerpreise ausgewählter Agrarprodukte 1980–1982 | 70 |
| Schutz der Landwirtschaft im Vergleich zur Industrie in ausgewählten Entwicklungsländern 1980–1982 | 70 |
| Tarifäre Handelshemmnisse für verarbeitete Agrarprodukte in Industrieländern | 71 |
| Organe des GATT | 93 |

# Verzeichnis der Kästen

| | |
|---|---|
| Die Stellung der Bundesrepublik Deutschland im internationalen Agrarhandel | 18 |
| Die Akteure des Agrarhandels | 21 |
| Internationale Arbeitsteilung | 27 |
| Wie funktioniert die US-Agrarpolitik? | 40 |
| Wie funktioniert die EG-Agrarpolitik? | 43 |
| Der alltägliche Kleinkrieg: Spaghetti, Soja... | 48 |
| Kleines Zoll-ABC | 52 |
| Das Theorem der komparativen Kostenvorteile | 56 |
| Das Bretton-Woods-System der internationalen Währungsordnung | 65 |
| Grundsätze des GATT | 66 |
| Formen nichttarifärer Handelshemmnisse | 74 |
| Das Hormonverbot – ein Handelshemmnis? | 76 |
| Die Schutzmaßnahmen – Ein Überblick über die wichtigsten GATT-Artikel | 77 |
| Regionale Wirtschaftsintegrationsräume – Einige Beispiele | 87 |
| GATT-Streitbeilegungsverfahren gegen die EWG | 91 |
| Die GATT-Verhandlungsrunden und ihre wichtigsten Ergebnisse | 94 |
| Ausnahmen zugunsten der Entwicklungsländer – Ein Überblick über die wichtigsten GATT-Bestimmungen | 99 |
| Ausnahmen für den Agrarhandel – Ein Überblick über die wichtigsten GATT-Artikel | 102 |
| Organigramm der Uruguay-Runde | 118 |
| Im Wortlaut: Die Beschlüsse der »Deklaration von Punta del Este« zum Agrarhandel | 128 |
| Methoden zur Quantifizierung der Höhe landwirtschaftlicher Protektion | 133 |

Eine Liste der Mitgliedstaaten des GATT findet sich auf Seite 192.

# Vorwort

Kein Zweifel: Die Weltagrarmärkte sind aus dem Ruder geraten und die internationalen Agrarbeziehungen sind von harten Konflikten geprägt. Noch niemals in der Weltagrargeschichte waren die Weltmarktpreise auf fast allen Märkten über einen so langen Zeitraum hinweg so ruinös niedrig, daß so gut wie kein landwirtschaftlicher Produzent noch kostendeckend produzieren kann. Noch niemals waren die Widersprüche zwischen Überschüssen in einem Teil der Welt und Nahrungsmitteldefiziten in anderen Teilen der Welt mit chronischem Hunger für viele Arme so ausgeprägt wie gegen Ende der 80er Jahre. Noch niemals war das Bauernsterben auf Grund dieser Störungen so global im Charakter und umfangmäßig so beängstigend: Farm-Krise in den USA, verschärfter landwirtschaftlicher Strukturwandel in der EG, Bauernlegen in der Dritten Welt. Und schließlich: Noch niemals in der Weltagrargeschichte war die Umweltzerstörung durch land- und forstwirtschaftlichen Raubbau für unser aller Überleben weltweit so gravierend.

Auf den ersten Blick fällt es nicht leicht, Verbindungen zwischen so unterschiedlichen Krisen wie zunehmenden Handelskonflikten, Ungleichgewichten zwischen Hunger und Überfluß, Bauernsterben und Umweltzerstörung gleichzeitig im Süden wie im Norden zu erkennen. Doch bei näherem Hinschauen entpuppen sich alle diese Krisen als Ergebnisse ein und desselben Prozesses der internationalen Agrarentwicklung, die mit einer »neuen internationalen Arbeitsteilung im Agrarbereich« zu tun hat. Es hat den Anschein, als ob sich die komparativen Kostenvorteile bei der Produktion von Nahrungsmitteln immer stärker zugunsten der Industrienationen verlagern. Der Motor dieser Entwicklung ist ein nie erahnter technischer Fortschritt in der Agrarwirtschaft der Industriestaaten, gekoppelt mit einer entsprechenden Agrarpolitik dieser Staaten zur Durchsetzung dieser neuen Produktionspotenzen, sowohl intern gegenüber den eigenen Bauern als auch extern zur Markteroberung. Die Umwelt, viele Bauern, die Hungernden und schwächere Volkswirtschaften der Dritten Welt bleiben dabei auf der Strecke.

Die Weltbank und viele andere Entwicklungsorganisationen sowie Wissenschaftler und Regierungen haben als Ursache für diese Krise der internationalen Agrarbeziehungen den »Agrarprotektionismus« ausgemacht. Wenn nur die Industriestaaten ihren Agrarschutz und die Agrarsubventionen aufgeben würden, und die Dritte Welt ihre Diskriminierung der einheimischen Landwirtschaft, dann würden sich die internationalen Ungleichgewichte von selbst aufheben: Die Überschüsse in den Industriestaaten bauen sich automatisch ab, die Bauern in der Dritten Welt produzieren automatisch mehr, die ökologisch bedenkliche Intensität der Landwirtschaft in Europa und den USA läßt nach und die Weltmärkte sorgen automatisch dafür, daß die freiwerdenden Dünge- und Spritzmittel zu den Bauern der Dritten Welt wandern, die – angereizt durch die besseren Erzeugerpreise – nur darauf warten, diese freigewordenen Mittel bei sich einzusetzen. Das niedrige Ausgangsniveau läßt eine Steigerung des Chemieeinsatzes dort ohne Schaden zu.

Die Plattform, um diese Art des internationalen Krisenmanagements auszuhandeln, stellen die Agrarverhandlungen von GATT im Rahmen der jetzt laufenden Uruguay-Runde dar. Alle herrschenden Bemühungen konzentrieren sich auf eine Neuordnung der Weltagrarbeziehungen durch weltweite Liberalisierung im GATT. In Genf laufen nun schon seit zwei Jahren diese Verhandlungen hinter verschlossenen Türen, weitgehend unbeachtet selbst von einer entwicklungspolitisch und agrarpolitisch interessierten Öffentlichkeit. Obwohl hier unter rein handelspolitischen Vorzeichen äußerst wichtige Entscheidungen fallen könnten, die von erheblicher Bedeutung für die nationale Agrarpolitik aller Staaten dieser Erde sein würden, hat sich bisher außer einigen wenigen Experten kaum jemand ernsthaft darum bemüht, hinter diese Kulisse zu schauen, das komplizierte Regelwerk von GATT verständlich darzustellen und der Aktualität angemessen die Verhandlungsrealität einer breiteren Öffentlichkeit näherzubringen.

Gerade dies sind die Anliegen der beiden Autoren und dieses Werkes. Ich freue mich sehr, daß ihnen das auch so hervorragend gelungen ist. Es ist meines Wissens die einzige deutschsprachige Veröffentlichung zu diesem Themenbereich mit einem so umfassenden Ansatz. Dieses Buch ist nicht nur ein wichtiges Nachschlagewerk, um sich ganz allgemein über GATT zu informieren, sondern auch eine höchst interessante Gegenschau zu dem Liberalisierungsansatz im Agrarbereich und eine umfassendere Deutung von den Ursachen der globalen Agrarkrise, die auch Faktoren wie »Macht« und »Ideologien« einbezieht.

Ich hoffe sehr, daß diese Veröffentlichung uns in unserer Bildungsarbeit, Lobbyarbeit und in den politischen Aktionen erheblich voranbringt und die Bedeutung des Themas »Freihandel im Agrarbereich« als Gefahr für die Dritte Welt, Agrarschutz, Umweltschutz und Verbraucherschutz offensichtlich macht.

Ich möchte mich bei Klaus Seitz und Michael Windfuhr für das Verfassen dieses Buches bedanken, an dessen Zustandekommen ich im Rahmen meiner entwicklungspolitischen Bildungsarbeit auf dem Lande beitragen durfte.

*Rudolf Buntzel*

# Einleitung: Die Weltagrarkrise und die Uruguay-Runde des GATT

Im September 1986 wurde mit einer Ministerkonferenz der GATT-Vertragsstaaten in Punta del Este/Uruguay die nunmehr achte Verhandlungsrunde im Rahmen des Allgemeinen Zoll- und Handelsabkommens (General Agreement on Tariffs and Trade) GATT eingeleitet. Hinter verschlossenen Türen handeln die Vertreter der 96 GATT-Vertragsparteien mittlerweile am GATT-Sitz in Genf neue Regeln für die internationalen Handelsbeziehungen aus. Mit dem Abschluß der sogenannten »Uruguay-Runde« des GATT wird nicht vor 1991 gerechnet. Die Medien haben diesen Verhandlungen angesichts ihrer Langwierigkeit und Unübersichtlichkeit bislang in ihrer Berichterstattung kaum Aufmerksamkeit gezollt. Und auch von der entwicklungspolitisch interessierten Öffentlichkeit wurde das GATT bisher nur am Rande zur Kenntnis genommen, zumal die Terminologie internationaler Handelsvereinbarungen nur wenigen Eingeweihten verständlich bleibt.

Das GATT allerdings steht zu Unrecht im Schatten anderer internationaler Organisationen wie des IWF, der Weltbank oder der UNCTAD, die als Gegenstand entwicklungspolitischen Interesses weitaus eher Beachtung finden: Als nach wie vor einziges handelspolitisches Vertragswerk mit nahezu weltweitem Geltungsbereich formuliert das GATT die Spielregeln der herrschenden Welthandelsordnung. Die Ministererklärung von Punta del Este hat es der gegenwärtigen GATT-Runde zur Aufgabe gemacht, die GATT-Bestimmungen in einer Weise zu modifizieren, zu stärken und zu erweitern, so daß auch zwei für Industrie- wie für Entwicklungsländer außerordentlich sensible Bereiche den Freihandelsgrundsätzen des GATT-Systems unterworfen werden können: der Handel mit Agrarprodukten, für den das GATT bisher eine ganze Reihe von Ausnahmeregelungen vorsah und der Handel mit Dienstleistungen, der in das GATT noch nicht einbezogen ist.

Zur Bedeutung der Einbeziehung der *Dienstleistungen* in das GATT für die Dritte Welt ist kürzlich eine Studie des Starnberger Instituts (Dienstleistungen in der Weltwirtschaft, »texte zum Kirchlichen Entwicklungsdienst«, Bd. 42, Hamburg 1988) erschienen. Das hier vorgelegte Handbuch nun soll die Rolle der GATT-Verhandlungen im Agrarbereich für die ländliche Entwicklung in der Dritten Welt sowie für die Landwirtschaft in den marktwirtschaftlichen Industriestaaten beleuchten. Mit der Darstellung der Intention, der Bestimmungen und der Instrumente des GATT sowie einer Dokumentation und Bewertung der vorliegenden Verhandlungspositionen möchten wir eine Hilfestellung für eine kritische Begleitung der GATT-Verhandlungen durch die entwicklungspolitische Bildungs- und Öffentlichkeitsarbeit geben. Dieses Handbuch wurde in der Überzeugung geschrieben, daß bei den gegenwärtigen GATT-Verhandlungen entscheidende Weichen für die zukünftige Agrarentwicklung gestellt werden. Und es ist geleitet von der Sorge, daß die sich abzeichnenden Verhandlungsergebnisse im Agrarbereich die Ernährungslage der Dritten Welt weiter zu destabilisieren drohen und zugleich das Ende einer kleinbäuerlichen Landwirtschaft in Europa besiegeln könnten.

Dem Agrarbereich kommt derzeit im Zeichen akuter Handelskriege zwischen den wichtigsten Agrarexporteuren ein weltpolitisches Konfliktpotential von höchster Brisanz zu – auch wenn bei internationalen Wirtschaftsgipfeln allzu gerne um den heißen Brei herumgeredet wird. Daß auch auf dem »Weltwirtschaftsgipfel« der westlichen Industriestaaten im Juni 1988 in Toronto die Agrarproblematik ausdrücklich auf der Tagesordnung stand, zeugt von deren Bedeutung – daß im Schlußkommuniqué zugunsten der allenthalben demonstrierten Gipfelharmonie entsprechende Aussagen zum Agrarhandel allerdings ausgeklammert wurden, belegt um so mehr die Schärfe der befürchteten Uneinigkeit. Auch auf dem Gipfel der Regierungschefs der EG-Mitgliedsstaaten in Hannover im Juni 1988 durfte die Thematisierung der Agrarhandelsunordnung innerhalb wie außerhalb der EG den gemeinsamen Optimismus auf dem Weg zum EG-Binnenmarkt nicht stören.

Stattdessen blicken die Augen der Agrar- und Handelspartner auf die Uruguay-Runde des GATT. Das GATT ist gewissermaßen zum Hoffnungsträger für eine Neuordnung der internationalen Agrarbeziehungen geworden, wie auch zum Sündenbock für deren Mißlingen. Zweifellos ist eine Neuordnung des Weltagrarhandels dringendst geboten. Denn die Entwicklung der Weltlandwirtschaft ist in eine Sackgasse geraten. Nicht nur die landwirtschaftlichen Binnenmärkte der mächtigsten Agrarproduzenten, der Europäischen Gemeinschaft und der USA, leiden unter einer strukturellen Überschußproduktion, die immer mehr kleine und mittlere Bauern in den Ruin zwingt; auch die wichtigsten auf dem Weltmarkt feilgebotenen Agrarhandelsgüter treffen auf keine ausreichende kaufkräftige Nachfrage mehr. Entsprechend sind die Preise der meisten Weltagrargüter in der ersten Hälfte dieses Jahrzehnts auf den tiefsten Punkt in der Zeitgeschichte seit dem Zweiten Weltkrieg gefallen. Im Kampf um die Absatzmärkte subventionieren die Agrarhandelsmächte ihre agrarwirtschaftlichen Exporte in einem Maße, daß für Erzeugnisse wie Weizen oder Zucker die Preise zeitweise gar unter das Niveau der Produktionskosten gedrückt werden. Doch wenn Nahrungsmittel weitaus billiger gekauft als selbst erzeugt werden können, dann muß dies alle Anstrengungen, die ländliche Entwicklung insbesondere in den ärmeren Ländern zu fördern, zu Fall bringen, wie die FAO in ihrem letztjährigen Welternährungsbericht bitter feststellt (FAO 1987, S. 14). Niedrige Marktpreise und billige Importe lähmen die landwirtschaftliche Entwicklung gerade in jenen Regionen, in denen sie am notwendigsten wäre.

In den Entwicklungsländern ebenso wie in den westlichen Industriestaaten geraten die kleinen und mittleren Produzenten mehr und mehr unter die Räder des internationalen Wettbewerbs. Die einen müssen weichen, damit andere wachsen können. Während sich das »Bauernsterben« beschleunigt, wachsen die Umsätze der multinationalen Agrarhandelskonzerne, der Nahrungsmittelindustrie, der Düngemittel- und Pestizidproduzenten. An die Stelle der Landwirtschaft tritt das Agrobusiness.

Darin kann als Bauer nur bestehen, wer sich die Prinzipien der industriekapitalistischen Wirtschaftsweise zueigen macht. In den modernen Agrarfabriken, die sich schon äußerlich von einem Industrieunternehmen kaum mehr unterscheiden, können die Kriterien, die bislang in der Landwirtschaft neben der Erzeugung von Nahrungsmitteln und der Sicherung des Einkommens auch eine Rolle gespielt haben, keine Berücksichtigung mehr finden: der Schutz des Bodens, die Erhaltung einer bäuerlich geprägten Kulturlandschaft, der Tierschutz, eine ausgewogene Regionalentwicklung und viele andere »agrikulturelle« Handlungsmaßstäbe fallen der totalen Kommerzialisierung und Industrialisierung der Landwirtschaft zum Opfer. Das Ende dieser Agrarentwicklung zeichnet sich spätestens dann ab, wenn das Agrobusiness die natürlichen Wurzeln seiner Blüte selbst zerstört haben wird.

Die Kluft zwischen den international nicht konkurrenzfähigen Kleinproduzenten und Subsistenzbauern auf der einen, den industrialisierten Großbetrieben und Agrobusinessunternehmen auf der anderen Seite zieht sich quer durch alle Länder. Die wachsenden Mißverhältnisse zwischen den Produzenten von Ernährungsgütern sind nur ein Aspekt der globalen Agrarkrise. Denn darüber hinaus wächst auch die Kluft innerhalb der Verbraucher von Nahrungsmitteln, verschärfen sich die Disparitäten zwischen denen, die über Nahrungsmittel im Überfluß verfügen können, und denen, die hungern müssen. Mit der Integration der Produzenten und der Konsumenten in weit verzweigte internationale Güterströme bildete sich ein globaler Supermarkt für Nahrungsmittel heraus, in dem die Kaufkraft der Nachfrager auch über Tausende von Kilometern hinweg den Weg bestimmen kann, den die Erzeugnisse der Bauern darin zu gehen haben. So ist die Ernährungssituation in den armen Ländern im allgemeinen schlechter denn je, wenngleich eine landwirtschaftliche Überproduktion bislang unbekannten Ausmaßes zu riesigen Lagerbeständen auf dem Weltagrarmarkt geführt hat.

Zwar vermochten, mit Ausnahme einiger Länder der Sub-Sahara-Region, die meisten Staaten der Welt ihre Pro-Kopf-Nahrungsmittelproduktion in den letzten Jahren zu steigern (Weltbank 1988, S. 234f.), zwar würde alleine die für dieses Jahr erwartete Weltgetreideernte trotz der Ernteausfälle in den USA rein rechnerisch besehen dazu ausreichen, jedem Erdenbürger über ein Kilogramm Getreide am Tag zur Verfügung zu stellen – und dennoch haben heute die Menschen in 46 Ländern der Dritten Welt weniger zu essen als noch gegen Ende der siebziger Jahre (FAO 1987, S. 18). Eine Steigerung der weltweiten Pro-Kopf-Nahrungsmittelproduktion geht paradoxerweise mit einer Zunahme von Hunger und Armut einher. Eine Fortschreibung des bisherigen Entwicklungstrends der Landwirtschaft, verbunden mit einer weiteren Ausweitung des Agrarhandels geht unverkennbar an den Nahrungsbedürfnissen vieler Menschen vorbei.

Für diese Mißverhältnisse in der internationalen Agrarentwicklung tragen die Struktur und das Ausmaß des internationalen Agrarhandels eine entscheidende Verantwortung. Mit der Integration der Landwirtschaft und der Nahrungsmittelmärkte in den internationalen Warentausch – zumindest in den westlichen Industriestaaten weist die Landwirtschaft den höchsten Internationalisierungsgrad unter allen Wirtschaftssektoren auf (Starnberger Institut, S. 62) – können agrarpolitische Entscheidungen einzelner Staaten weltweite Wirkungen zeitigen, wie umgekehrt auch Entwicklungen auf den Weltmärkten nationale agrarpolitische Zielvorstellungen zu unterlaufen drohen.

Als Forum für handelsrechtliche Vereinbarungen ist das GATT weder willens noch in der Lage, die globale Agrarkrise zu lösen. Es zielt alleine auf eine Minimierung der internationalen Handelskonflikte im Agrarbereich und damit auf eine Neuordnung des Weltagrarhandels. Die Programmatik hierfür wurde in der Ministererklärung von Punta del Este in aller Deutlichkeit formuliert: Die Verhandlungen sollen dazu dienen, »eine stärkere Liberalisierung des Handels mit landwirtschaftlichen Erzeugnissen herbeizuführen und alle Maßnahmen, die den Zugang bei der Einfuhr und den Wettbewerb bei der Ausfuhr beeinflussen, (...) verstärkten und wirksameren GATT-Regeln (...) zu unterwerfen«. Zu den entschiedensten Verfechtern einer weitgehenden Liberalisierung des Agrarhandels zählen die Vereinigten Staaten, die ebenso wie die EG keinerlei Skrupel haben, den Handel mit Agrargütern mit Handelsbeschränkungen und Exportsubventionen stets zu ihren Gunsten zu beeinflussen und im Gegensatz zu allen liberalen Bekenntnissen vor allem zum Schaden der Entwicklungsländer zu verzerren. Der ideologische Charakter dieser Appelle für eine Liberalisierung des Agrarhandels wird daher genauso zu prüfen sein, wie abgewogen werden muß, wer die Gewinner und wer die Verlierer eines de jure »liberalen« Weltagrarhandels sein werden.

Wir anerkennen die Bedeutung und die Notwendigkeit von multilateralen Handelsvereinbarungen im Rahmen des GATT zur Minimierung von Handelskonflikten, da diese in der Regel auf dem Rücken der schwächeren Handelspartner ausgetragen werden. Wir widersprechen jedoch entschieden der Grundidee des GATT, daß die Liberalisierung und die Ausweitung des Handels mit Agrarprodukten den daran Beteiligten und davon Betroffenen gleichermaßen von Nutzen sein kann. Daß der Handel mit Agrarprodukten doppelt so schnell wächst wie die Agrarproduktion selbst, ist für uns gerade kein Zeichen für die Stabilisierung der Ernährungssicherung, als vielmehr ein Indiz für deren Krise. Die angestrebte Verpflichtung zum Freihandel mit Agrargütern droht das Recht der Staaten zur Durchführung von Ernährungssicherungs- und Landwirtschaftsprogrammen zu unterminieren und würde zur ideologischen Brechstange für die Einbindung der Regionen in den internationalen Wettbewerb, in dem die Chancen von vornherein extrem ungleich verteilt sind.

Die Erstellung dieses Handbuches steht in Zusammenhang mit der von der European Ecomenical Coalition for Development EECOD angeregten und von vielen Gruppen und Organisationen aus dem agrar- und entwicklungspolitischen Spektrum getragenen *internationalen Öffentlichkeitskampagne* zu den Agrarverhandlungen im Rahmen des GATT. Wir haben uns darum bemüht, die Thematik in einer nicht nur für Insider verständlichen Sprache zu entfalten. Zitate aus englischsprachigen Texten wurden in der Regel von uns übersetzt. Die einzelnen Abschnitte wurden, dem Charakter eines Handbuchs gemäß, so verfaßt, daß sie gegebenenfalls auch einzeln gelesen werden können. Wiederholungen sind daher gelegentlich unvermeidbar geworden. Wir hoffen, daß dieses Handbuch dazu beitragen kann, eine kritische Begleitung der GATT-Verhandlungen in der entwicklungs- und agrarpolitisch interessierten Öffentlichkeit anzuregen und zu qualifizieren.

Wir danken Rüdiger Stegemann dafür, daß er auf unsere Bitte hin einen kleinen Rückblick auf die UNCTAD-Kampagnen beigesteuert hat, danken Dr. Rudolf Buntzel für die Beratung bei der Konzeption des Handbuchs und den Freundinnen und Freunden von der Agro-Koordination des Bundeskongresses entwicklungspolitischer Aktionsgruppen BUKO für die Unterstützung bei der Beschaffung von Informationsquellen.

# 1. Die Internationalisierung der Landwirtschaft: Weltagrarmarkt, Agrarhandelskonflikte und die Krise der ländlichen Entwicklung am Beginn der Uruguay-Runde

## 1.1 Die Einbindung der Landwirtschaft in die internationale Arbeitsteilung

Immer weniger von den Nahrungsmitteln, die die Bauern ernten, werden unmittelbar dort konsumiert, wo sie angebaut werden, immer mehr geraten in den Sog der Weltagrarmärkte. Die Ernte der Bauern wird mehr und mehr zur internationalen Handelsware. Ungeachtet ihrer Herkunft und den Umständen ihrer Herstellung werden Nahrungsmittel über Zehntausende von Kilometern um den Erdball transportiert, werden sie gehortet, verschoben, vernichtet, wird mit ihnen spekuliert. Seit dem Ende des Zweiten Weltkrieges ist der internationale Handel mit Agrarprodukten von Jahr zu Jahr wesentlich schneller gewachsen als die landwirtschaftliche Produktion selbst. Das wertmäßige Volumen des Weltagrarhandels hat sich von 1950 bis heute (1987) verzehnfacht. Rund ein Zehntel der weltweiten Agrarerzeugung wandert in den internationalen Handel (AgE 36/88).

Längst sind die Verbraucher aus den Industriestaaten zu Konkurrenten der Verbraucher in Entwicklungsländern geworden. Sie beeinflussen mit ihrer ungleich gewichtigeren Kaufkraft gerade auch die Handelswege jener Agrarrohstoffe und Nahrungsmittel, die in den Entwicklungsländern selbst erzeugt werden. Vor allem aber entzieht die wachsende Bedeutung des internationalen Handels mit Agrarprodukten den landwirtschaftlichen Erzeugern hier wie in der Dritten Welt zusehends die Verfügungsgewalt über die Nahrungsmittelproduktion und ermöglicht dem internationalen Handelskapital einen wachsenden Einfluß auf die landwirtschaftliche Produktion.

Abgesehen von den noch immer bedeutenden Bereichen einer Subsistenzlandwirtschaft in vielen Regionen der Dritten Welt, die ausschließlich der Nahrungsmittelversorgung der Bauernfamilien dient, ist der einzelne Bauer, der einzelne landwirtschaftliche Betrieb in eine weltweite Arbeitsteilung eingebunden. Entwicklungen auf dem Weltagrarmarkt schlagen sich so immer auch auf die nationale Agrarentwicklung nieder, ihre Wirkungen können allenfalls agrar- oder handelspolitisch abgefedert werden. Doch längst ist Agrarpolitik keine nationale Angelegenheit mehr. Mit der Internationalisierung der landwirtschaftlichen Produktion und der Nahrungsmittelversorgung greifen die Folgen agrarpolitischer Entscheidungen gerade der großen Agrarhandelsmächte weit über deren Staatsgrenzen hinaus.

## Weltagrarhandel: einige grundlegende Daten

Die Centrale Marketinggesellschaft der deutschen Agrarwirtschaft CMA appelliert an die bundesdeutschen Bauern, endlich die internationale Dimension ihrer Arbeit zu realisieren: »Jeder deutsche Landwirt muß wissen, daß sein Einkommen inzwischen zu rund 20% auf Exporterlösen beruht. Bei Rindfleisch und Käse wird rund ein Drittel der deutschen Erzeugung exportiert, bei Butter und der deutschen Obsternte ist es noch wesentlich mehr« (Schwäbischer Bauer 23. 1. 88). Die Agrarwirtschaft, d.h. die Landwirtschaft zusammen mit den ihr nachgelagerten Unternehmen der Ernährungsgewerbe, gilt in der Bundesrepublik mit einem Ausfuhrvolumen von über 26 Milliarden DM (1987) noch vor Eisen und Stahl als fünftstärkste Exportbranche. Ein wichtiges Standbein der ernährungswirtschaftlichen Ausfuhr sind dabei erstaunlicherweise Erzeugnisse wie Tabakprodukte, Ölsaatenprodukte, Kakaoerzeugnisse (insbesondere Schokolade) und Kaffee, Verarbeitungsprodukte also, deren Grundstoffe ihren Ursprung nicht in der bundesdeutschen Landwirtschaft haben. Diese Rohstoffe unserer Nahrungsmittelindustrie werden in erster Li-

---

**Die Stellung der Bundesrepublik Deutschland im internationalen Agrarhandel**

Der deutsche Außenhandel ist gekennzeichnet durch hohe Ausfuhrüberschüsse bei Produkten der gewerblichen Wirtschaft – hier ist sie der größte Exporteur der Welt – und beträchtlichen Einfuhrüberschüssen bei Ernährungsgütern:

| Jahr | ernährungswirtschaftliche Güter | | gewerbliche Güter | |
|---|---|---|---|---|
| | Ausfuhr | Einfuhr | Ausfuhr | Einfuhr |
| 1966 | 2,0 | 17,5 | 87,7 | 55,2 |
| 1987 | 26,4 | 51,8 | 501,0 | 375,8 |
| (in Milliarden DM) | | | | |

Nach Angaben der FAO ist die BRD (1986) mit Einfuhren in Höhe von 26 Mrd. US-$ größtes Agrareinfuhrland vor den USA (22,6 Mrd. $), Japan (18,0 Mrd. $) und Italien (16,9 Mrd. $). Zudem verzeichnet kein bevölkerungsreiches Land der Welt pro Kopf eines jeden Einwohners gerechnet einen so hohen Netto-Einfuhrbedarf für Agrarprodukte (Einfuhren abzüglich der Ausfuhren) wie die Bundesrepublik: Mit einem Einfuhrüberschuß von 212 $ pro Einwohner melden die Bundesbürger die höchste Agrarnachfrage auf dem Weltmarkt (einschl. EG-Binnenmarkt) an. Dennoch ist die Bundesrepublik zugleich auch der viertgrößte Agrarexporteur der Welt, mit einem Ausfuhrvolumen von 13,1 Mrd. $, nach den USA (28,1 Mrd. $), Frankreich (19,8 Mrd. $) und den Niederlanden (19,3 Mrd. $). Ausgeführt werden dabei vor allem Qualitätserzeugnisse, in erster Linie hochwertige Veredelungsprodukte. 88% der bundesdeutschen Agrarausfuhren gehen in westliche Industrieländer (überwiegend in EG-Partnerstaaten), während sie ihrerseits 1/5 ihrer Agrarimporte aus Entwicklungsländern bezieht. Ein Viertel ihrer Einfuhren aus Entwicklungsländern entfallen alleine auf tropische Genußmittel, ein weiteres Fünftel auf Rohstoffe für die Mischfutterproduktion.
(nach: Agra Europe 35/88)

nie aus Entwicklungsländern eingeführt. Über ein Drittel der bundesdeutschen Agrarausfuhren allerdings entfallen auf Milchprodukte und Fleischwaren. Doch auch die Rohstoffe, die die Erzeugung dieser landwirtschaftlichen Veredelungsprodukte ermöglichen, müssen ebenfalls zu einem großen Teil eingeführt werden. Über 1,1 Tonnen Milchleistungsfutter verschlingt derzeit eine durchschnittliche bundesdeutsche Kuh im Jahr, über 260 kg Schweinemischfutter ein Schwein im Laufe seines kurzen Lebens. Viele der Grundstoffe dieser Futtermischungen, sei es nun Soja, Erdnußschrot, Baumwollsaat, Citruspellets oder Tapioka, wachsen auf Feldern außerhalb Europas.

So muß es nicht wundern, daß die Kehrseite der Exporterfolge der bundesdeutschen Agrarwirtschaft in einem hohen Zuschußbedarf der Landwirtschaft, der Ernährungsindustrie aber auch des Konsumenten liegt. Der hohe Lebensstandard und die Konsumgewohnheiten der Bundesbürger bieten hierzulande einen der kaufkräftigsten ernährungswirtschaftlichen Absatzmärkte der Welt. Darüber hinaus aber sind unsere Landwirtschaft, die nahezu 4/5 ihres Produktionswertes aus der Veredelungsproduktion erwirtschaftet und unsere Nahrungsmittelindustrie strukturell in eine internationale landwirtschaftliche Arbeitsteilung eingebunden, die den Entwicklungsländern die Rolle des agrarischen Rohstofflieferanten zuweist und in der sich die westlichen Industriestaaten als Exporteure von Veredelungserzeugnissen und industriell verarbeiteten Nahrungsmitteln behaupten.

Wenngleich in den westlichen Industrieländern die Landwirtschaft nur noch einen sehr geringen Beitrag zum Volkseinkommen leistet (in der Bundesrepublik steuerte die Landwirtschaft 1987 nur 1,4% zur gesamtvolkswirtschaftlichen Wertschöpfung bei, Agrarbericht 88, S. 17), diese Länder eben deshalb keine Agrarländer mehr sind, wird der Weltagrarhandel von den Industrienationen beherrscht. 1987 gelang es der Europäischen Gemeinschaft erstmals, so zumindest die Meldung des GATT-Sekretariats (nach Ernährungsdienst 6. 8. 88), die USA vom Platz 1 unter den Weltagrarexporteuren zu verdrängen: Auf die Europäische Gemeinschaft entfallen 14,7% des Weltagrarexports (mit EG-Intrahandel 37,7%) auf die USA 12,3% und auf Kanada 5,8%. Die erstgenannten Welthandelsmächte führen wiederum ebenso die Liste der größten Agrarimporteure an: Die EG-12 beziehen 44,5% (einschließlich Intra-Handel) aller international gehandelten Agrargüter, vor Japan mit 10,9%, den USA mit 10,5% und der UdSSR mit 5,4% der Weltagrarimporte (nach AgE 36/88).

Die meisten Entwicklungsländer sind in extremer Weise vom Weltagrarmarkt abhängig. Mehr als fünfzig Staaten der Dritten Welt beziehen ihre Deviseneinerlöse zu über 2/3 ausschließlich aus dem Export von agrarischen Rohstoffen, zumeist jedoch in international besehen so unbedeutenden Mengen, daß sie damit gerade wenige Promille des Weltagrarmarktes beliefern können (Engels 1988, S. 95f.). Allenfalls Brasilien, China, Argentinien, Kuba, Malaysia, Thailand, Kolumbien und die Elfenbeinküste können mit Welthandelsanteilen zwischen je 1 bis 3,5% gewichtigere Mengen auf dem Weltagrarmarkt absetzen (ebd., S. 95). Bedingt durch die schrumpfende Bedeutung der Entwicklungsländer auf dem Weltagrarmarkt und verschärft durch den Verfall der Preise für ihre Produkte verringerten sich die Exporteinnahmen der Entwicklungsländer im Agrarbereich allein im Jahr 1985 um 7% (ebd., S. 100). Gleichzeitig jedoch wächst der Nahrungsmittelimportbedarf der meisten Entwicklungsländer. Nahezu 60% der Weltgetreideeinfuhren gehen heute in die Dritte Welt. Der Internationale Weizenrat geht gar davon aus, daß der Anteil der Dritten Welt an den gesamten Getreideimporten bis zur Jahrtausendwende auf fast 80% zunehmen wird (nach AgE 34/88). Die meisten afrikanischen Entwicklungsländer sind nicht mehr in der Lage – ohnehin geknebelt von Schuldendienstverpflichtungen – ihre Nahrungsmitteleinfuhren aus ihren Exporterlösen zu bezahlen.

Derweil beschleunigt sich das Weltagrarmarktkarussell. Nachdem der Welthandel in der ersten Hälfte der achtziger Jahre vorübergehend stagnierte, wächst seit 1987, wie schon die Jahrzehnte zuvor, der internationale Handel mit Agrarerzeugnissen schneller als deren Produktion:

Jährliches Wachstum des Weltwarenhandels und der Weltproduktion
(jährliche Wachstumsrate in %):

|  | 1960-79 | 1970-80 | 1980-87 | 1986 | 1987 |
|---|---|---|---|---|---|
| Weltexporte | 8,5 | 5 | 3 | 3,5 | 4 |
| – darunter |  |  |  |  |  |
| Agrarhandel | 4 | 4,5 | 1,5 | – 1 | 4 |
| Weltproduktion | 6 | 4 | 2.5 | 3 | 3 |
| – darunter |  |  |  |  |  |
| Agrarproduktion | 2,5 | 2 | 2 | 1 | – 3 |

(nach: GATT, Focus Nr. 53, März 1988, S. 1)

Diese Tabelle kann zugleich deutlich machen, daß der Weltagrarhandel insgesamt langsamer wächst als der gesamte Welthandel. Deckte der internationale Handel mit Agrarprodukten 1950 noch 46% des gesamten Welthandelsvolumens ab, so ist sein Anteil heute auf 13% geschrumpft (AgE 36/88). Die sinkende weltwirtschaftliche Bedeutung des Weltagrarhandels wird oftmals als Indiz für dessen Krise bewertet. So zielen auch die Verhandlungen im Rahmen der GATT-Uruguay-Runde darauf ab, den Weltagrarhandel zu fördern, indem die Agrarhandelspolitik liberalisiert werden soll, da der Agrarhandel mehr als jeder andere Handelsbereich von handelsbeschränkenden Maßnahmen behindert wird.

Doch die dramatische Existenzkrise von Millionen von Bauern, die sich gegenüber der internationalen Konkurrenz nicht behaupten können, und die Ernährungskrise von Millionen von Menschen, die nicht über die ausreichende Kaufkraft verfügen, um sich im globalen Supermarkt für Nahrungsmittel ihre Ernährung zu sichern, deuten eher darauf hin, daß die weltweite Agrarkrise durch ein Zuviel denn durch ein Zuwenig an internationalem Agrarhandel verursacht wurde. Mit der Anpassung an den Weltmarkt für Agrarprodukte sind landwirtschaftliche Entwicklung und Ernährungssicherung in eine ausweglos scheinende Sackgasse geraten.

### Die Akteure des Agrarhandels

Die Statistiken über den internationalen Agrarhandel erwecken den Eindruck, als würden die einzelnen Nationalstaaten auf dem Weltmarkt als Käufer oder Verkäufer auftreten. Doch wenn, der Statistik gemäß, zum Beispiel die USA an Algerien Getreide liefern, dann agieren tatsächlich »Grain Continental mit einem über André in Genf/Lausanne und Rich in Zug vermittelten Mischgeschäft« (Imfeld in Dinham/Hines, S. 16). Und wenn in der Presse von einem Handelskrieg zwischen den USA und der EG um den ägyptischen Weizenmarkt die Rede ist, dann liefern möglicherweise ein amerikanisches Handelsunternehmen und seine europäische Tochter im gleichen Schiff in sogenannten »Blumenstraußpartien« europäischen und amerikanischen Weizen zugleich nach Ägypten – und kassieren sowohl von den USA wie von der EG kräftige Subventionen dafür (da man ja die unliebsame Konkurrenz aus dem Rennen werfen will . . .). Rund 50 transnationale Handelsunternehmen sind die eigentlichen Akteure im internationalen Agrarhandel. Auch wenn in Entwicklungsländern der Agrarexport häufig von staatlichen Handelsunternehmen oder staatlichen »marketing boards« gesteuert wird, wickeln laut einer Studie der FAO transnationale Konzerne 80 % der Agrarexporte der Dritten Welt ab (vgl. Bunzenthal, S. 11). Die sechs führenden Getreidekonzerne der Welt, Cargill, Continental Grain, Louis Dreyfus, Andre et Cie, Bunge y Born und Alfred Töpfer / Archer Daniel Midlands kontrollieren 85 % des gesamten Weltgetreidehandels.

Zu den wichtigsten Agrarhandelsunternehmen (die sich zumeist nicht nur auf den Handel beschränken, sondern darüber hinaus an allen wichtigen Börsen der Welt vertreten sind, Banken und Versicherungen, oftmals auch eigene Nahrungsmittelindustrien und Plantagen unterhalten), zählen (unter Angabe der wichtigsten Handelsprodukte):

*Andre et Cie* – mit Getreide u.a. 9 % des Weltmarktes, Kaffee, Kakao
*Bunge y Born* – mit Getreide u.a. 10 % des Weltmarktes, Ölsaaten (Soja) und Baumwolle
*Cargill* – mit Getreide und Ölsaaten 23 % des Weltmarktes, der Welt größter Baumwollhändler, Kakao, Kaffee, Zucker, Weizenmehl, Holz u.v.a.
*Castle and Cook* – Bananen (Standard Fruit und Dole)
*Continental Grain* – mit Getreide u.a. 21 % des Weltmarktes, Ölsaaten, Futtermittel
*Gill & Duffus/Dalgetty* – Kakao und 49 % des westafrikanischen Kaffees, Sisal, Holz
*Ferruzzi* – Soja, Getreide, Zucker, Tapioka, Fleisch
*W.R. Grace* – Kakao
*Interbras* – Soja, Kaffee, Kakao
*Kampfmeyer* – Getreide, Mehl
*Louis Dreyfus* – mit Getreide u.a. 14 % des Weltmarktes, Alkohol, Fleisch, Milchprodukte, Baumwolle, Zucker, Ölsaaten
*Marc Rich* – Gerste (einziger Lieferant für Saudi-Arabien), Zucker
*Mitsubishi* – Weizen, Palmöl, Gummi
*Peter Cremer* – Ölsaaten, Reis, Tapioka, v.a. Getreidesubstitute
*Phibro* – Kakao, Zucker, Soja, Getreide
*Bernhard Rothfos/Jacobs-Suchard* – mit Kaffee 10 % des Weltmarktes, Kakao
*Sucres et Denrees* – Zucker, Milchprodukte, Kakao, Fleisch
*Tate and Lyle* – Zucker, Ölsaaten, Kaffee, Getreide
*Alfred Töpfer / Archer Daniel Midlands* – mit Getreide u.a. 9 % des Weltmarktes, Tapioka
*Unilever / Brooke Bond Liebig* – Pflanzenöle, Tee, Kaffee, Kakao

(nach CIIR, Cap-Briefing 13–14, 1987, S. 15f.)

## Weichen, damit andere wachsen können – der Strukturwandel in der Landwirtschaft

»Agriculture as business, land as industry – Landwirtschaft als Geschäft – das Land als Industrie«: Mit flotten Sprüchen dieser Art wirbt das nach eigenen Angaben mittlerweile drittgrößte agroindustrielle Unternehmen der Welt, die Gruppe Ferruzzi, in großformatigen Anzeigen für seine Unternehmensphilosophie. Hatten die Agrarromantiker des 19. Jahrhunderts noch ängstlich davor gewarnt, die Landwirtschaft dem großen Mechanismus der Industrie einzuverleiben, so besteht im modernen Verständnis von Landwirtschaft als Business längst kein Zweifel mehr daran, daß die Landwirtschaft ein Wirtschaftszweig wie jeder andere auch sei und die Produktion von Nahrungsmitteln sich den Prinzipien der industriellen Wirtschaftsweise anzupassen habe. Analog zum Fortschritt im Industrie- und Dienstleistungsbereich gehen daher auch in der Entwicklung der Landwirtschaft weltweit eine fortschreitende Produktivitätssteigerung mit atemberaubenden Konzentrationstendenzen und einer Ausweitung der Produktionsräume wie der Absatzmärkte auf den gesamten Globus einher. So verfügt auch die Gruppe Ferruzzi über Zucker-, Papier- und Getreidestärkefabriken, über Bioäthanolanlagen und über Mais-, Soja- und Zuckerrohrplantagen in verschiedenen Kontinenten.

Internationalisierung und vertikale Integration – das sind die Erfolgsrezepte der Agrobusiness-Konzerne. Die vertikale Integration bezeichnet eine Unternehmensstrategie, die alle Stufen der Produktion, Verarbeitung und Vermarktung eines Produktes zu beherrschen sucht. Bereits in den späten 50er Jahren definierte James E. Austin an der Harvard Business School den Programmbegriff für diese neue Ära der Landwirtschaft: »Das Agrobusiness umfaßt all jene Personen und Organisationen, die mit der Produktion und Verarbeitung, dem Transport, der Lagerung, Finanzierung, Regulierung und Vermarktung der Nahrungsmittel und Rohfaserlieferungen der Welt zu tun haben. Tatsächlich ist das Agrobusiness ein System, das vom Samenkorn bis zum Verbraucher reicht« (zit. n. Feder 1980, S. 288).

Die Gegenwart des Agrobusiness hat die kühnen Visionen der amerikanischen Managerschmiede bereits übertroffen; Ferruzzi über Ferruzzi: »Unsere vielfältigen Aktivitäten bilden eine einzige vertikale Struktur, die von der Landwirtschaft zu Dienstleistungen, vom Trading zur Agrarindustrie, von der Chemie zum Bereich des fortgeschrittenen Dienstleistungssektors führt.« Und auch die gegenüber den gigantischen Nahrungsmittelmultis von Ferruzzi bis Unilever, von Nestle bis General Food vergleichsweise kleinen Unternehmen der bundesdeutschen Agrarwirtschaft haben die Zeichen der Zeit erkannt. So der Chef des mit täglich 350000 gerupften Hähnchen größten bundesdeutschen Geflügelanbieters, der Lohmann/Wesjohanngruppe: »Die gesamte Struktur der W/L-Gruppe ist darauf ausgerichtet, von der genetischen Auswahl des Geflügels bis zur Vermarktung alles in einer Hand zu halten« (zit. n. Bauernstimme 6/88).

Die Agrarwirtschaft zählt in den westlichen Industriestaaten zu den umsatzstärksten Wachstumsbranchen. Die Landwirtschaft erwirtschaftet zusammen mit den ihr vor- und nachgelagerten Wirtschaftsbereichen so 16% des Produktionswertes der bundesdeutschen Volkswirtschaft (Agrarbericht 87, S. 57). Jeder sechste Arbeitsplatz in der Bundesrepublik steht mehr oder weniger eng mit der landwirtschaftlichen Produktion in Verbindung. Europaweit ist die Ernährungsindustrie mit einem Umsatz von 342 Milliarden DM und 2,6 Millionen Beschäftigten die bedeutendste Industriebranche. Doch während der Bereich der Ernährungswirtschaft insgesamt expandiert, stecken die landwirtschaftlichen Betriebe in Europa selbst in der schwersten ökonomischen Krise der Nachkriegszeit. Alle zweieinhalb Minuten geht in der Europäischen Gemeinschaft ein landwirtschaftlicher Arbeitsplatz verloren. Vor 10 Jahren gab es in der Bundesrepublik noch 858 000 landwirtschaftliche Betriebe mit mehr als einem Hektar Landfläche, heute ist die Zahl der Bauernhöfe auf 681 000 geschrumpft, von denen wiederum nur noch 336 000 im Vollerwerb betrieben werden (Agrarbericht 88, S. 12). Nach den Zielvorstellungen des EG-Grünbuchs soll bis zum Jahr 2000 jeder zweite Betrieb aus der Produktion verschwinden.

Noch ist der Einbau der bäuerlichen Landwirtschaft in die moderne Industrie- und Dienstleistungsgesellschaft offenbar nicht abgeschlossen. Der »*agrarstrukturelle Anpassungsprozeß*« - eine ideologische Bezeichnung der Agrarökonomen und -politiker für das Bauernsterben - hat sich laut Agrarbericht 1988 der Bundesregierung erneut beschleunigt (ebd., S. 1). Im Jahr 1987 haben in der Bundesrepublik täglich 73 landwirtschaftliche Betriebe das Handtuch werfen müssen (berechnet nach Agrarbericht 88, S. 12).

Bereits im dritten Jahr hintereinander sind die Preise, die die Bauern für ihre Erzeugnisse erhalten, wiederum gesunken, seit 1983 EG-weit um insgesamt 12%. Nach wie vor liegt das durchschnittliche landwirtschaftliche Jahres-Einkommen mit 26.753 DM weit unter dem gewerblichen Vergleichslohn von 37.205 DM (ebd., S. 41).

Angesichts des fortschreitenden Bauernsterbens vergießen die Politiker Krokodilstränen. Doch die Existenzkrise der kleinbäuerlichen Betriebe ist kein Betriebsunfall der Agrarpolitik: Im Namen des Fortschritts muß die Agrarlandschaft bereinigt werden, nur die leistungsfähigsten Betriebe sollen überleben. Den Strukturwandel zu steuern und seine sozialen Folgen abzufedern, ist eine der Aufgaben der Agrarpolitik. Doch auch sie wird nicht verhindern können, daß »die Gesundung der europäischen Landwirtschaft«, wie der Staatssekretär im Bundesministerium für Ernährung, Landwirtschaft und Forsten Gallus im Sommer 87 eingestand, »durch ein Tal der Tränen« gehen muß (nach AgE 29/87). »Niemand kann ökonomisch notwendige strukturelle Anpassungsprozesse dauerhaft verhindern«, so Landwirtschaftsminister Kiechle (zit. n. Agrarwirtschaft 12/87, S. 395).

Der politische Wille, dem scheinbar unausweichlichen ökonomischen Sachzwang die Vision einer gesellschaftlich wünschenswerten Agrarlandschaft entgegenzustellen, ist ohnehin geschwunden. Unter dem Motto »Weniger Dirigismus und mehr Markt« fordert denn auch der Bundesverband der Deutschen Industrie in einer

Denkschrift zur Agrarpolitik im Namen des Fortschritts endlich die Verwirklichung des freien Konkurrenzkapitalismus in der Landwirtschaft: »Die Agrarpolitik sollte nicht mit hohen Aufwendungen veraltete Betriebsformen konservieren. In der Industrie wie in der Landwirtschaft kann es keine dauerhaften Einkommens- und Bestandsgarantien geben, nichtkonkurrenzfähige Anbieter müssen aus der Produktion ausscheiden« (BDI 1987, S. 17). Die Agrarpolitik hätte dann nur noch die Funktion, das mit der Verarmung der ländlichen Räume geschürte soziale Konfliktpotential zu entschärfen: »Die Folgen dieses Strukturwandels sind im Bedarfsfalle zeitlich begrenzt sozialpolitisch abzufedern« (ebd.).

Ziel des fortschreitenden Strukturwandels in der Landwirtschaft ist die spezialisierte Agrarfabrik, die auch unter Weltmarktbedingungen konkurrenzfähig produzieren kann. Mit dem einzelbetrieblichen Förderungsprogramm der EG wurde insbesondere in den 70er Jahren der Bauer ausdrücklich vor die Alternative gestellt: »Wachsen oder Weichen«. In der Bundesrepublik nimmt die Zahl der Betriebe über 35 ha ständig zu, die der Betriebe unter 35 ha ab – vor zehn Jahren lag diese sogenannte »Wachstumsschwelle« noch bei 25 ha. Die Zahl der landwirtschaftlichen Betriebe, die mehr als 50 ha Fläche bewirtschaften, hat sich in den letzten zehn Jahren von 28 300 auf 41 000 erhöht (nach Agrarbericht 88, S. 9). Gleichzeitig wird die Viehhaltung auf weniger Betriebe und größere Bestände konzentriert. So werden 60 % aller Legehennen in Beständen von 10 000 und mehr Tieren gehalten, die sich auf nur 0,2 % aller Legehennenhalter konzentrieren. Und ein Fünftel des bundesdeutschen Schweinefleisches kommt heute aus Ställen mit über 600 Mastschweinen, die nur 0,8 % aller Betriebe mit Schweinehaltung umfassen (ebd., S. 12).

Die Ausdünnung, Spezialisierung und Konzentration in der Landwirtschaft hat insbesondere die Gemischtbetriebe verdrängt, die im allgemeinen weniger stark als der spezialisierte Betrieb in die weltweite Arbeitsteilung eingebunden sind: Wirtschafteten noch 1971 über ein Fünftel der Höfe als Gemischtbetriebe, so liegt ihr Anteil heute unter einem Zehntel. Mit der Fortschreibung der restriktiven Preispolitik der EG-Kommission und dem Anlaufen der Extensivierungsprogramme wird die Landwirtschaft in strukturschwachen und benachteiligten Räumen mehr und mehr stillgelegt. Die Höfe der Zukunft können wir stattdessen in den »Veredelungszentren« besichtigen, wie z.B. in Südoldenburg, das sich rühmen kann, die höchste Veredelungsdichte der Welt aufzuweisen: hier kommen auf einem Hektar Land bereits 1700 Mastschweine und 23 000 Hühner zu stehen. Nicht nur, daß sich Schweinemastställe und Legebatterien äußerlich von Fabrikhallen nur noch wenig unterscheiden – hinter einer brüchiger werdenden Fassade der »Kleinbäuerlichen Landwirtschaft« dringen zusehends kapitalistische Arbeitsverhältnisse in die Landwirtschaft ein. So zum Beispiel über die Lohnmast in der Schweineproduktion oder dem Vertragsanbau in Gartenbaubetrieben. Jedes fünfte Ei und jedes fünfte Kilogramm Schweinefleisch werden in der Bundesrepublik bereits von zwar formal noch selbständigen bäuerlichen Betrieben in Vertragsproduktion für die großen Agrobusinessunternehmen hergestellt.

Nach wie vor allerdings ist die Agrarlandschaft in Europa von einer Vielzahl von kleinbäuerlichen Betrieben geprägt. 1884 hatte Friedrich Engels die Erwartung formuliert, daß auch in der Landwirtschaft – analog zur Entwicklung in der Industrie – »die kapitalistische Großproduktion« über den Kleinbetrieb hinweggehen wird, »wie die Lokomotive über die Schubkarre«. Doch noch ist die europäische Agrarlandschaft nicht von wenigen, riesigen Großfarmen im Industriebesitz beherrscht; noch wird die agrarische Urproduktion nicht in erster Linie über abhängige Lohnarbeit erzeugt. Die Landwirtschaft hat in den kapitalistischen Industriestaaten eine andere Entwicklung durchlaufen als die Industrie. Die landwirtschaftliche Produktion verblieb (noch) überwiegend in den Händen kleiner, landgebundener Produktionsmitteleigentümer, die jedoch in die industrielle Wirtschaft eingegliedert wurden. Das internationale Agrobusiness überläßt die Risiken der landwirtschaftlichen Produktion weitgehend den kleinen Produzenten und konzentriert sich stattdessen auf Handel, Verarbeitung, Vermarktung und Spekulation. Den Bauern als Eigentümer von Produktionsmitteln und Boden wurde eingeredet, sie seien selbständige »Unternehmer und Manager«.

Das Polypol der kleinbäuerlichen Betriebe jedoch ist konfrontiert mit der Monopolisierung der Konzerne in den der Landwirtschaft vor- und nachgelagerten Bereichen. Die Kleinbauern wurden in diese industrielle Wirtschaft eingepaßt und sie werden darin mehr und mehr zu Spielbällen des Agrobusiness, das die Preise, die Produktionsmenge und die Produktionsbedingungen diktiert. Die acht weltweit größten Chemieunternehmen beherrschen heute schon 85% des gesamten Agrarchemikalienmarktes. Ebenso dramatisch ist die Konzentration im nachgelagerten Bereich, insbesondere in der Lebensmittelvermarktung. Tante-Emma-Läden werden immer seltener. Zwischen 1979 und 1985 ging die Zahl der Lebensmittelgeschäfte um rund 18 000 auf etwa 95 000 zurück. Nach Angaben des Statistischen Bundesamtes (SWP 29. 7. 87) wurden fast ausschließlich kleine Läden mit einer Verkaufsfläche von weniger als 100 qm geschlossen. Dagegen stellen zwar Supermärkte mit mehr als 400 qm Verkaufsfläche nur 10% aller Lebensmittelgeschäfte, sie erwirtschaften jedoch mehr als die Hälfte des gesamten Umsatzes. Und die Konzentration an der Schleuse zum Konsumenten erzwingt wiederum die Konzentration bei den Verarbeitungsbetrieben, bei den Versandschlachtereien, den Molkereien etc.

Die Bauern sind in dieses Geflecht des Agrobusiness eingebunden und darin ein zwar notwendiges, angesichts ihrer Zersplitterung in eine Vielzahl von Betrieben aber zugleich das schwächste Glied. Gemäß dem Spezialisierungsdruck, dem die Landwirtschaft ausgesetzt ist, ist der einzelne Betrieb heute weitgehend zum spezialisierten Rohstofflieferanten degradiert. Der Bäuerin und dem Bauern ist die Weiterverarbeitung ihrer Erzeugnisse, nicht zuletzt auch durch zahllose Verordnungen zur Behinderung der Direktvermarktung und Weiterverarbeitung, vollständig aus der Hand genommen: Über neun Zehntel der bei uns erzeugten landwirtschaftlichen Produkte werden an die Ernährungsindustrie und das Ernährungshandwerk weiterverkauft. Doch auch der Metzger vor Ort ist nicht mehr der wichtigste Abnehmer des vom Bauern gelieferten Rohstoffs »Fleisch« – der größte Teil z.B. der Schweine wird heute in riesigen Versandschlachtereien geschlachtet, die dann wiederum die örtlichen Metzger, mehr noch die Fleischwarenindustrie beliefern.

Die Ernährungsindustrie, die ihre Rohstoffe von den Bauern bezieht, erwirtschaftet somit auch den Hauptanteil an der Wertschöpfung, die ein Lebensmittel im Zuge seiner Erzeugung und Weiterverarbeitung erfährt. Entsprechend erhalten die Bauern von dem Geld, das der Verbraucher für Nahrungsmittel ausgibt, immer weniger: von 1 DM, die ein Kunde im Einzelhandel für Lebensmittel ausgibt, erhielten die Bauern noch 1950 durchschnittlich 55 Pfennige. 1980 erlösten die Bauern von einem Verbrauchermarkt nur noch 20 Pfennige, 60 Pfennige kassieren Handel und Verarbeitung, 20 Pfennige gehen an die Lieferanten der Landwirtschaft (BUKO 1987, S. 55).

Bei der Versorgung mit den notwendigen Betriebsmitteln ist der einzelne Hof nicht weniger von der Agrarindustrie und dem Landhandel abhängig wie bei der Entsorgung: Als Abnehmer von Landmaschinen, Pflanzenschutzmitteln, Düngemitteln und Futtermitteln gaben die bundesdeutschen Landwirte im Wirtschaftsjahr 1986/87 annähernd 30 Milliarden DM aus – das ist weit mehr als die Hälfte der gesamten Erlöse in Höhe von 53 Milliarden DM, die die Bauern im selben Jahr für den Verkauf ihrer Erzeugnisse erhielten (Agrarbericht 1988, S. 17).

Die Produktionsstruktur des modernen landwirtschaftlichen Betriebs, der agrarische Rohstoffe erzeugt, die von anderen weiterverarbeitet und vermarktet werden, und der für deren Erzeugung die wichtigsten Ressourcen und Betriebsmittel zukaufen muß, spiegelt sich auf volkswirtschaftlicher Ebene wider: Einem hohen Importbedarf an landwirtschaftlichen Rohstoffen entspricht ein wachsendes Exportangebot an Veredelungsprodukten. So wurde mit der agrarpolitisch gesteuerten Einbindung in die kapitalistische Industriegesellschaft der einzelne landwirtschaftliche Betrieb zu einem Element einer *internationalen Arbeitsteilung*, in der als Bauer nur bestehen kann, wer sich die Prinzipien der industriellen Produktionsweise zu eigen macht. Das Prinzip der Gewinnmaximierung hatte bereits der Vater der rationellen Landwirtschaftslehre, Albrecht Thaer, im frühen 19. Jahrhundert auf die Landwirtschaft angewandt: »Die Landwirtschaft ist ein Gewerbe, welches zum Zwecke hat, durch die Produktion vegetabilischer und tierischer Substanzen Gewinn zu erzeugen oder Geld zu erwerben. Die vollkommenste Landwirtschaft ist also die, welche den möglich höchsten, nachhaltigen Gewinn nach dem Verhältnis des Vermögens, der Kräfte und der Umstände aus ihrem Betrieb zieht« (Albrecht Thaer, Grundsätze der rationellen Landwirtschaft, Berlin 1812).

Mit dem anschließenden Ziel, die betriebswirtschaftliche Rentabilität zu optimieren wird die Landwirtschaft zu einem Gewerbe, wie jedes andere auch. Der Boden, von dessen Fruchtbarkeit sie lebt, die Produkte, die sie erzeugt, bleiben ihr äußerlich. Die rationelle Landwirtschaft markiert den Übergang von der Agrikultur zum Agrobusiness. Eine Landwirtschaft, die an benachteiligte Standorte gebunden ist und nicht über die optimalen Produktionsfaktoren verfügt, kann im internationalen

Wettbewerb des Agrobusiness ebensowenig bestehen wie eine Agrarkultur, in der die bäuerliche Arbeit sich nicht nur am betriebswirtschaftlichen Gewinn mißt.

## Internationale Arbeitsteilung

»Die Grundlage aller entwickelten und durch Warenaustausch vermittelten Teilung der Arbeit ist die Scheidung von Stadt und Land« (Marx 1962, S. 373). Mit der Entstehung der ersten Städte im 11. Jahrhundert in Mitteleuropa begann sich die bisherige Subsistenzlandwirtschaft zur Marktlandwirtschaft zu wandeln. Bis dahin hatte der Wirtschaftsraum aus weitgehend voneinander isolierten Wirtschaftseinheiten, geschlossenen Hauswirtschaften bestanden, die in erster Linie für den eigenen Bedarf produzierten und ihren Unterhalt aus der Selbstversorgung deckten. Die Städte jedoch, die ihre Nahrungsmittelversorgung nicht mehr auf eigenen Ackerflächen sicherstellen konnten, waren auf eine überschußproduzierende und marktorientierte Landwirtschaft angewiesen. Damit bildete sich die fundamentale *gesellschaftliche Arbeitsteilung* zwischen dem primären Sektor der Nahrungsmittelproduktion und den übrigen Wirtschaftsbereichen heraus, die über den Warenaustausch miteinander in Beziehung treten müssen.

Die Teilung der Arbeit kann auf verschiedenen Stufen vollzogen werden: als *technische Arbeitsteilung* innerhalb eines Betriebs, als *gesellschaftliche Arbeitsteilung* zwischen verschiedenen Wirtschaftsbereichen und als *internationale Arbeitsteilung* zwischen verschiedenen nationalen Ökonomien. Die Fragmentierung der Arbeit an einem Produkt in verschiedene Arbeitsschritte, auch »Taylorismus« genannt, bildete einen entscheidenden Faktor für die Produktivitätssteigerungen der Industrie. Doch während bei der technischen Arbeitsteilung, d.h. die Zersplitterung des Produktionsprozesss auf mehrere spezialisierte Arbeitsleistungen, sich erst das »gemeinsame Produkt der Teilarbeiter . . . in Ware« verwandelt, ist »die Teilung der Arbeit im Innern der Gesellschaft . . . vermittelt durch den Kauf und Verkauf der Produkte verschiedener Arbeitszweige« (Marx 1962, S. 376).

Die *Internationale Arbeitsteilung* bezeichnet eine Spezialisierung von Volkswirtschaften auf die Herstellung bestimmter Produkte, die im zwischenstaatlichen Handel untereinander ausgetauscht werden. Die klassische internationale Arbeitsteilung, die sich im Kolonialismus herausbildete, bestand in der Aufteilung der Länder in Rohstofflieferanten (Kolonien des Südens) und Lieferanten von Kapital- und Konsumgütern (Kolonialismus des Nordens). Wie die Zerstörung der indischen Textilindustrie durch die Briten oder die Unterbindung jeden Manufakturwesens in Brasilien durch die portugiesische Kolonialmacht zeigen, wurden die Länder des Südens in diese Arbeitsteilung zumeist hineingezwungen.

Seit den siebziger Jahren dieses Jahrhunderts wird diese in Grundzügen für viele Länder nach wie vor fortbestehende klassische internationale Arbeitsteilung von einer *Neuen internationalen Arbeitsteilung* überlagert. Durch die Fragmentierung des Produktionsprozesses und die Verbesserung der Transport- und Kommunikationstechnologie wurde »in den Entwicklungsländern ein praktisch unerschöpfliches Potential disponibler Arbeitskräfte erschlossen«, der die Entwicklungsländer auch als Standort für Fertigwarenindustrien interessant macht (Fröbel u.a. 1977, S. 30). Die weltmarktorientierte Teilindustrialisierung der Entwicklungsländer besteht dabei vor allem darin, daß Teilproduktionen an verschiedene Standorte weltweit »ausgelagert« werden. Im Zuge der wachsenden Bedeutung moderner Produktionstechnologien, die den Anteil der Lohnkosten an den gesamten Produktionskosten schrumpfen lassen und damit Produktionsauslagerungen in Billiglohnländer kaum mehr lohnen, wird derzeit unter Wirtschaftswissenschaftlern diskutiert, ob mit der Rückverlagerung von industriellen Teilproduktionszweigen in die Metropolen nicht eine Umkehrung des Entwicklungstrends der »neuen internationalen Arbeitsteilung« einsetzt (hierzu Mayer-Stamer 1987).

## 1.2 Die Landwirtschaft in der Dritten Welt im internationalen Handelskarussell

Allen vorliegenden Studien zufolge wurden weltweit noch nie so viele Nahrungsmittel erzeugt wie derzeit. In den westlichen Industrieländern hat in den letzten Jahrzehnten eine gewaltige Steigerung der Produktion und der Produktivität in der Landwirtschaft stattgefunden. Auch in den Entwicklungsländern werden (bis auf wenige Ausnahmen) mehr Nahrungsmittel angebaut als in den sechziger und siebziger Jahren. Viele Länder haben ein größeres Wachstum der Nahrungsmittelproduktivität als der Bevölkerung zu verzeichnen.

Gleichzeitig war die Zahl der Hungernden und Unterernährten noch nie so hoch. Die Weltbankstudie »Armut und Hunger« schätzt die Zahl der Hungernden und Unterernährten zwischen 340 und 730 Millionen Menschen, die Zahl der Mangel- und Schlechternährten sogar auf bis zu 1,3 Milliarden Menschen. Nach Angaben der FAO im Welternährungsbericht von 1987 ist im Zeitraum von 1984–1986 der Nahrungsmittelkonsum in 46 Ländern zurückgegangen (FAO 1987, S. 18).

Eine Situation, deren Widersinn nicht offensichtlicher sein könnte: auf der einen Seite Überschüsse, auf der anderen Seite eine steigende Zahl hungernder Menschen mit abnehmender Nahrungsmittelverfügbarkeit. An überraschenden Meldungen ist der Agrarmarkt nicht arm. 1985 wurde Indien mit 24 Mio. Tonnen Getreideüberschüssen zum Exporteur von Nahrungsmitteln, während nach offiziellen Angaben immer noch 37 % der Menschen in Indien unterhalb der absoluten Armutsgrenze leben, »das heißt am Fuß der Getreideberge gehen Millionen hungrig schlafen« (Hoering 1987).

1986 hatte Zimbabwe eine Rekordernte bei Getreide. Nachdem die überschüssigen Getreidemengen in den angrenzenden Ländern nicht absetzbar waren, da dort die subventionierten Getreideüberschüsse aus den Industrieländern deutlich preisgünstiger angeboten wurden, erklärte der Landwirtschaftsminister des Landes, daß Zimbabwe sich noch eine so gute Ernte finanziell nicht leisten könne.

Die Hintergründe und Ursachen dieser scheinbar so widersinnigen und erschütternden Situation sind vielschichtig.

Lang ist der Streit der »Entwicklungstheoretiker«, Wissenschaftler und Politiker um die Ursachen dieser Situation. Wurden in den ersten Jahrzehnten nach dem Zweiten Weltkrieg vor allem interne Faktoren wie das Verhaftetsein der Bevölkerung in traditionellen Verhaltens- und Denkmustern, geographische oder innenpolitische Gründe für den zögerlichen Einstieg der Entwicklungsländer in die Moderne verantwortlich gemacht, so nahmen mit der Erkenntnis, daß die meisten Länder der Dritten Welt statt dem Eingang eher dem Notausgang zustrebten, Erklärungsansätze zu, die von der »Entwicklung der Unterentwicklung« sprachen. Vor allem lateinamerikanische Theoretiker versuchten aufzuzeigen, daß die externen Faktoren, vor allem die Rahmenbedingungen des Weltmarktes und des Welthandels, für die z.T. akuten Verschlechterungen der Lebensbedingungen von Millionen von Menschen

verantwortlich sind und die eigentlichen Hindernisse einer Entwicklung darstellen.
   In vielen Erklärungsansätzen werden inzwischen unterschiedliche interne und externe Faktoren zusammengebracht, allerdings mit sehr verschiedenen Gewichtungen. Zwischen der *Wohlfahrtschance Weltmarkt* und dem *Sachzwang Weltmarkt* werden alle Bewertungen gehandelt.
   Zur Erklärung der Situation der Landwirtschaft in den Ländern der Dritten Welt müssen sowohl regionale Eigenheiten, regions- und kontinentspezifische Entwicklungsmuster als auch rahmensetzende Bedingungen des Weltmarktes bzw. des Welthandels berücksichtigt werden. Die entscheidende Frage lautet: Wie groß sind die Spielräume regionaler und nationaler Entwicklung in Auseinandersetzung mit den Einflüssen internationaler Rahmenbedingungen?
   Zum Verständnis der Ausgangsbedingungen der Entwicklungsländer und möglicher Konsequenzen der aktuellen Verhandlungen für die Landwirtschaft und die Existenzgrundlage der Bauern, ist ein kurzer Blick auf historische Entwicklungslinien und die aktuellen Produktionsbedingungen der Landwirtschaft notwendig.
   Unter dem Sammelbegriff der Entwicklungsländer verbergen sich sehr unterschiedliche Länder, sehr unterschiedliche Regionen, mit ihren sozialen, kulturellen und ökologischen Eigenarten und Ausstattungen. Diese wurden in den letzten Jahrhunderten oft ähnlichen Entwicklungen und Interessen unterworfen. Im Rahmen des Weltmarktes vergleichen sich diese Regionen und Staaten. So konkurrieren die Bauern der Schwäbischen Alb mit den Farmern des »corn belt« der Vereinigten Staaten und dem indischen Kleinbauern in Maharastra.
   Die liberalen Ökonomen bewerten diese Konkurrenzsituation positiv, da der Wettbewerb die Länder zur Spezialisierung auf ihre konkurrenzfähigsten Produkte veranlaßt und die Staaten Wohlfahrtseffekte erzielen. Stimmt die Annahme, daß die Konkurrenzsituation alle beteiligten Länder Wohlfahrtsgewinne erzielen läßt, oder konkurrieren nicht vielmehr Regionen mit einer z.T. fragilen ökologischen und sozialen Ausstattung mit natürlichen und durch die wirtschaftliche Entwicklung gut ausgestatteten Gunstgebieten?

**Historische Entwicklung**

Seit der kolonialzeitlichen Eroberung der bis dahin unbekannten »weißen Flecken« der Landkarte, der Dritten Welt, wurde die Agrarentwicklung und die Agrarpolitik von den Interessen zunächst ausländischer und später auch heimischer Machteliten bestimmt.
   Kolonialzeitliche Agrarpolitik war von der Nachfrage der europäischen Länder nach Rohstoffen und Nahrungsmitteln dominiert. Mit der Übernahme der politischen Macht in den Ländern der Dritten Welt begann eine Ausrichtung der Produktion auf die Bedürfnisse europäischer Nachfrage. Wenn die ökonomischen Anreize nicht ausreichten, wurde die ortsansässige Bevölkerung zum Anbau der neuen Pro-

dukte und deren Vermarktung gezwungen (z.B. mit Kopfsteuer oder Zwangsarbeit). In Gebieten, in denen das Klima (keine Malaria) es zuließ, übernahmen die Europäer selbst den Boden und die Produktion (z.B. Karibik), meist in Form der Plantagenproduktion. Fehlende Arbeitskräfte wurden durch Sklaverei oder angeworbene Vertragsarbeiter bereitgestellt. Diese Form setzte sich in der Karibik, dem Nordosten Brasiliens sowie Süd- und Südostasien durch. Insbesondere Zucker, Tee, Kaffee und Tabak wurden in der ersten agroindustriellen Produktionsform, der Plantage (mehrere Stufen der Weiterverarbeitung auf der Plantage), gepflanzt. Viele Herkunftsgebiete dieser »klassischen« Kolonialwaren sind bis heute als schillernde Markennamen bekannt (Havanna- oder Sumatra-Zigarren, Ceylon- oder Assam-Tee etc.). Langfristige Veränderungen der europäischen Konsummuster ließen die Nachfrage kontinuierlich wachsen. Tee und Kaffee wurden nicht nur in den ab Mitte des 17. Jahrhunderts entstehenden Kaffeehäusern geschätzt, sondern in Verbindung mit Zucker zum wichtigsten Getränk der wachsenden europäischen Arbeiterschaft (Hobhouse 1987). Im übrigen Lateinamerika nahmen spanische Hacenderos und später auch multinationale Agrarunternehmen den besten Boden in Besitz. In Teilen Ostafrikas und im südlichen Afrika bauten mittlere und große Siedlerbetriebe auf den besten Flächen Exportprodukte an.

In den Kolonien lag die politische Macht für lange Zeit in den Händen der Großgrundbesitzer und Hacenderos. Der große Einfluß der ländlichen Machthaber sollte auch nach der Befreiung Lateinamerikas aus der kolonialen Abhängigkeit in der ersten Hälfte des 19. Jahrhunderts bestehen bleiben. Die kolonialstaatliche Verwaltung beschränkte sich darauf, die entstandenen Produktionssysteme militärisch und rechtlich abzusichern.

Zur Aufrechterhaltung der kolonialen Verwaltungsstruktur wurden Inländer auf kolonialen Schulen ausgebildet. Die Ausbildung kam einer kleinen Minderheit zugute, die besonders nach der Unabhängigkeit vieler Staaten zur Elite der Nation wurde, ausgebildet in den Werten der Kolonisatoren, mit einem bestimmten Verständnis von Entwicklung, Kultur und Zivilisation. Mit dem Beginn der Unabhängigkeit, bei den meisten Staaten ab der Mitte unseres Jahrhunderts, übernahm in Asien und Afrika vor allem die so ausgebildete Schicht aus Händlern und Beamten des Mittelstandes die Regierung. In Lateinamerika konnten die seit den 30er Jahren wichtiger werdenden Industrieunternehmer und später die städtischen Mittelschichten große Teile der Macht von der Agraroligarchie übernehmen. Das Interesse dieser Schichten an der Aufrechterhaltung der agrarischen Exportproduktion war groß. Die für eine Industrialisierung notwendigen Devisen und das Kapital sollten aus den Erlösen der Landwirtschaft gewonnen werden. Deshalb wurde staatlicherseits vor allem die Exportlandwirtschaft gefördert. Die eigene (importsubstitutive) Industrialisierung wurde mit Importbeschränkungen und Schutzzöllen gesichert. Durch Besteuerung und Abschöpfungen versuchten die neuen Eliten die zur Befriedigung ihrer eigenen Bedürfnisse notwendigen Gelder aus der Landwirtschaft abzuziehen.

So kam es in vielen Ländern zu einer Veränderung der innerstaatlichen Preisverhältnisse zugunsten der Städte und zuungunsten der landwirtschaftlichen (Welt)Marktproduzenten. Die Versorgung der Städte wurde Mittelpunkt staatlicher Politik. Nur geringe Anteile der aus der Landwirtschaft gezogenen Erlöse wurden reinvestiert. Effektive Investitionen in der Landwirtschaft erhielt der Exportsektor. Der übrigen Landwirtschaft kamen kaum staatliche Förderungen oder Kreditmöglichkeiten zugute. Die künstlich niedrig gehaltenen Preise für Grundnahrungsmittel nahmen den nicht für den (Welt)markt produzierenden Bauern die Produktionsanreize.

Voraussetzung für das Erstarken der Exportlandwirtschaft war der technische Fortschritt im Transportwesen. Die Dampfschiffahrt ließ Mitte des letzten Jahrhunderts die Transportzeiten erheblich kürzer werden. Erste Kühlschiffe brachten ab 1879 Agrargüter von Südamerika nach Europa. Diese Möglichkeiten konnten erst eine Massennachfrage in den Industrieländern nach schnell verderblichen exotischen Agrarexportgütern entstehen lassen. Know-how und das notwendige Kapital für die Investitionen in Handelsflotten, Zwischenlager und Verkaufsorganisation lagen von Beginn in den Händen der ehemaligen Kolonialmächte. Viele der heute noch aktiven und bedeutenden multinationalen Agrarhandelskonzerne begannen in dieser Zeit ihre Expansion. Die Agraroligarchie mußte mit dem Wachstum der Handelsmacht multinationaler Konzerne eine Schwächung ihrer Position hinnehmen.

Große Teile der Dritten Welt wurden nicht vom Kolonialismus erreicht. Nur knapp die Hälfte der Bevölkerung der heutigen Dritten Welt gelangte unter den Einfluß kolonialer Herrschaftssysteme. Die sich mit dem Kolonialismus ausprägende neue Weltwirtschaftsordnung war allerdings erdumspannend. Die entstehenden Strukturen der Handelsbeziehungen sind bis heute lebendig. Handelsnationen sind damals wie heute die ehemaligen Kolonialmächte geblieben. Immer noch 38 Entwicklungsländer beziehen mehr als 50% ihrer Exporterlöse aus dem Verkauf eines Gutes. Die Exportbilanzen anderer Länder weisen zwar Exporte mehrerer Agrargüter aus, verarbeitet werden die meisten Produkte aber immer noch in den Industrieländern (zum Mechanismus der »Zolleskalation« siehe Kapitel 2.3.).

Aus kolonialstaatlicher Kontrolle von Ländern und Handelswegen wurden privatwirtschaftliche Händler und Monopole. 80% aller Agrarexporte der Dritten Welt wickeln nach Angaben der o.g. FAO-Studie transnationale Konzerne ab. Bei Getreide werden 85% des gesamten Handels von nur noch sechs internationalen Firmen kontrolliert.

**Die Landwirtschaft in der Dritten Welt
unter dem Druck internationaler Handelskonflikte**

Die Auswirkungen der internationalen Handelskonflikte verstärken sowohl auf der Seite der Exporte als auch bei den Importen die strukturellen Probleme der Entwicklungsländer im Landwirtschaftsbereich.

Die Abhängigkeit der Entwicklungsländer vom Weltagrarmarkt ist nach wie vor hoch. Mit Agrarexporten erzielen die meisten Entwicklungsländer einen großen Teil ihrer Wirtschaftsleistung. Mehr als 50 Länder der Dritten Welt sind nach Angaben des UNCTAD-Sekretariats bei ihren Exporteinnahmen zu mehr als zwei Dritteln von Agrarexporten abhängig, bei vielen dieser Länder erreicht diese Prozentzahl sogar 80-90%.

Die landwirtschaftliche Exportproduktion, die in vielen Ländern nur einen kleinen Teil der landwirtschaftlichen Nutzfläche in Anspruch nimmt (im Durchschnitt in Afrika etwa 5%), absorbiert dennoch einen großen Teil der Ressourcen, wie Bewässerungsmöglichkeiten, Kapital für Düngemittel und Pflanzenschutzmittel. Die Exportproduktion nimmt dabei oft gute, wenn nicht die besten Böden der Länder in Anspruch.

Die Diskussion über die Wohlfahrtswirkungen der Agrarexporte für die Entwicklungsländer wird seit langem geführt (vgl. »Hunger durch Überfluß«, der überblick H. 1/83, »Hunger durch Agrarexporte?«, Bielefeld 1986). Seit Beginn der 50er Jahre machen viele Ökonomen und Politiker aus Ländern der Dritten Welt die weltwirtschaftlichen Rahmenbedingungen für die Verschlechterung der wirtschaftlichen Lage in den Entwicklungsländern verantwortlich. Strukturell oder durch Spekulation an den Börsen bedingte Preisschwankungen, sinkende Ausfuhrerlöse, steigende Kosten für Inputs, wie Maschinen, Düngemittel und Pestizide ließen die Austauschbedingungen für Entwicklungsländer schlechter werden. Die Auswirkungen der Einbindung der Landwirtschaft in die internationale Arbeitsteilung und die Marktmacht des Agrobusiness wurden zu strukturbestimmenden Einflußfaktoren für die Agrarentwicklung (s. Kap. 1.1.).

Vertreter der Länder der Dritten Welt forderten auf internationalen Konferenzen wie den UN-Konferenzen für Handel und Entwicklung (UNCTAD) stabile Preise und bessere Vermarktungsbedingungen. Unter dem Stichwort der Neuen Weltwirtschaftsordnung (NWWO) versuchten sie über feste Marktabsprachen für ihre Exportprodukte, stabile, einkalkulierbare Exporterlöse zu erstreiten.

Die Verschuldungskrise hat in den letzten Jahren viele Entwicklungsländer in erhöhtem Maße dazu gezwungen, ihre Deviseneinnahmen zur Begleichung des Schuldendienstes zu steigern. Der Notwendigkeit der meisten Entwicklungsländer, ihre Entwicklung und ihren wachsenden Schuldendienst mit Hilfe von Agrarexporten zu finanzieren, stehen aktuelle Entwicklungstendenzen des Weltagrarmarktes entgegen, die die Erlöse kontinuierlich sinken lassen.

Viele Märkte für Agrarprodukte sind von einer Nachfragesättigung betroffen. Die Nachfrage in den Industrieländern nach Agrarprodukten ist wegen des inzwischen hohen Niveaus kaum noch zu steigern. Insbesondere bei Genußprodukten wie Zukker, Kaffee, Tee etc. sind Verbrauchssteigerungen kaum noch zu erwarten. Auch der Konsum von vielen Nahrungsmitteln hat Dimensionen angenommen, die eine Steigerung größeren Ausmaßes ausschließen (z.B. nimmt jeder Bundesbürger bereits über 90 kg Fleisch und Wurst pro Jahr zu sich). Der Verbrauch in den meisten Entwicklungsländern stagniert infolge der fehlenden Kaufkraft der Verbraucher. Die Verschuldungskrise zwang viele Staaten zudem, oft weitreichende Einfuhrbeschränkungen zu erlassen. Deutlicher Indikator für die Nachfragesättigung ist die geringe Dynamik des Weltagrarmarktes in den letzten Jahren. Im Vergleich mit anderen Bereichen des Weltmarktes sind die Wachstumsraten bei Agrarprodukten deutlich geringer. Der Anteil des Agrarhandels am gesamten Warenaustausch hat sich von 1966 bis 1984 fast halbiert (OECD 1984). Selbst bei den wichtigsten Produkten (Ölsaaten, Futtermittel, Fleisch, Molkereiprodukte, Zucker, Früchte) erreichen die Wachstumsraten kaum die Hälfte der Wachstumsraten des Welthandels insgesamt (OECD 1984, im einzelnen siehe OECD 1987 Annex VI). Dabei ist zu berücksichtigen, daß der Weltagrarhandel deutlich schneller als die landwirtschaftliche Produktion gewachsen ist. Steigerungen des Weltagrarhandelsvolumens sind im wesentlichen auf das Wachstum der Verarbeitungskapazitäten der Nahrungsmittelindustrie und der Handelsmengen der Handelsunternehmen zurückzuführen.

Verschiedene Prozesse haben die Nachfrage nach Agrarrohstoffen kontinuierlich sinken lassen. Bei vielen Produktionstechniken ist eine Umorientierung von rohstoffintensiveren zu rohstoffsparenden Technologien und Verarbeitungsschritten zu beobachten. Neue Techniken, wie neue Röstverfahren bei Kaffee, verbrauchen weniger Rohmaterial. Der Ersatz von Naturprodukten durch synthetische Materialien, der beim Kautschuk durch synthetisches Gummi schon vor längerer Zeit begann, schränkt die Nachfrage nach Agrarprodukten ein. Aktuelles Beispiel ist der Weltmarkt für Zucker, auf dem das Vordringen von Zuckeraustauschstoffen zu einem erheblichen Rückgang der weltweiten Nachfrage nach Zucker führte. Die großen US-amerikanischen Softdrinkhersteller (Pepsico und Coca Cola) haben ihre gesamte Getränkeproduktion von Zucker auf Isoglucose umgestellt, einem aus Stärke gewonnenen Zuckerersatzstoff, der sehr kostengünstig als »Abfallprodukt« bei der Futtermittelherstellung aus Mais gewonnen wird.

Die Absatzmärkte für Kakao werden auf längere Sicht unsicher werden, da große Hersteller der Nahrungsmittelindustrie, wie Unilever, Forschungsvorhaben finanzieren, um Kakaobutter synthetisch aus Palm- und Kokosölen herzustellen. Die Überschüsse bei Palm- und Kokosöl sind weltweit so groß, daß diese Substitution ökonomisch sehr lukrativ werden kann.

Diese Tendenzen, die besonders in den letzten Jahren zu einem starken Preisverfall bei vielen Agrarexportprodukten geführt haben, werden durch die Tatsache verstärkt, daß Industrie- und Entwicklungsländer auf dem Weltmarkt keine unterschiedlichen Produkte anbieten, sondern die Ausfuhrpaletten sich oft überschneiden. Gerade bei den schnell wachsenden Bereichen des Agrarhandels, wie Fleisch-, Molkereiprodukten, Ölsaaten und landwirtschaftlichen Rohstoffen für industrielle Nutzung ist die Konkurrenz besonders hoch. Außer im Bereich der Ölsaaten und daraus hergestellten Produkten haben die Entwicklungsländer bei allen Produkten Anteile am Weltagrarmarkt verloren (OECD 1984, BUKO 1987).

Hintergrund dieser Anteilsverluste sind die internationalen Agrarhandelskonflikte. Im Subventions- und Dumpingwettlauf der Hauptagrarexporteure unter den Industrieländern (USA und EG) um Weltmarktanteile unterbieten die Industrieländer bei vielen Produkten die bestehenden Weltmarktpreise, ein Wettlauf, der erheblich zum Verfall der Weltmarktpreise beiträgt (siehe Kap. 1.3. / BUKO 1987). In diesem Konkurrenzkampf haben die ökonomisch potenteren Nationen mit weitreichenden Konsequenzen für Anbieter aus Ländern der Dritten Welt nicht nur den längeren Atem, sondern auch aus Gründen ihrer wirtschaftlichen Macht Vorteile bei der Markterschließung neuer Regionen.

Dies führte zu Verlusten ganzer Absatzmärkte für Entwicklungsländer. Der Anteil der Entwicklungsländer am internen Fleischhandel der Dritten Welt ist nach Angaben der FAO in den letzten 15 Jahren von 66 % auf 43 % gesunken. Mit subventionierten Tiefstpreisen hat gerade die EG in einigen Regionen langfristige Märkte für Rindfleisch erobert.

Die Marktchancen für Entwicklungsländerexporte haben sich im Wechselspiel von Exportdumping und Schutzmaßnahmen für die Binnenmärkte der Industrieländer in den letzten Jahren dramatisch verschlechtert. Das Beispiel der Europäischen Gemeinschaft zeigt, daß die Exportchancen der Entwicklungsländer auch durch die Handelsbarrieren der westlichen Industrieländer deutlich schlechter werden. Die Europäische Gemeinschaft stellt den vom Umfang weltweit bedeutendsten Markt für Agrargüter. War die EG in den ersten zwei Jahrzehnten ihrer Existenz noch großer Importeur von Agrargütern, hat sie inzwischen bei vielen Produkten das Selbstversorgungsniveau erreicht oder längst überschritten. Aber auch in den Bereichen, in denen die EG immer noch Importbedarf hat, werden die Chancen für Exporteure schlechter. Die Süderweiterung der EG deckt in zunehmendem Maße den Eigenanteil an Frühgemüse und Früchten, selbst tropischen Früchten (z.B. Bananen aus Kreta). Im Bereich der Ölsaaten haben spezielle Sonderförderungsprogramme (z.B. Sonnenblumen) zu einem höheren Grad an Selbstversorgung geführt, so daß beispielsweise die Soja-Importe von ca. 12 Mio. t 1980 bereits auf unter 10 Mio. t 1984–86 zurückgingen (Hein 1988).

Solche Veränderungen führen zu erheblichen Schwankungen der auf dem Weltmarkt gehandelten Mengen, Schwankungen, die den langfristigen Aufbau einer weltmarktabhängigen Agrarproduktion in Entwicklungsländern schwierig werden lassen.

Die genannten Faktoren haben bei den meisten Agrarhandelsgütern in den letzten Jahren zu einem *Zusammenbruch des Weltmarktpreises* geführt. Allein in den letzten sieben Jahren ging nach Angaben des »World Food Report« der FAO von 1987 der Preisindex für Nahrungsmittel von 1980 = 100 auf 71,9 im Jahr 1987 zurück (Engels 1988). Während die Preise für Importgüter (Maschinen, Agrarchemikalien etc.), die die Entwicklungsländer insbesondere auch zur Erzeugung ihrer Agrarexporte benötigen, gestiegen sind, haben sich die Exporteinnahmen der Entwicklungsländer im Agrarbereich allein im Jahr 1985 um 7 % verringert (Engels 1988). Die Austauschrelationen haben sich »für die Entwicklungsländer in jüngster Zeit dramatisch verschlechtert; die OECD schätzt den Einkommensverlust der Entwicklungsländer aus der weiter geöffneten Preisschere zwischen Agrarerzeugnissen und Produkten des verarbeiteten Gewerbes auf 3% des Bruttosozialprodukts der Entwicklungsländer« (Engels 1988, S. 100).

In der Situation der Verschuldungskrise wird es für die Entwicklungsländer, die zu großen Teilen von Agrarexporten leben, immer schwieriger, mit den sinkenden Exporteinnahmen steigende Schuldendienste zu bedienen.

Der starke Druck auf die Agrarpreise hat nicht nur die Vermarktungschancen und Erlöse für Agrarexportgüter in Mitleidenschaft gezogen, sondern auch die Binnenmärkte der Entwicklungsländer destabilisiert. Der Konkurrenzkampf um Marktanteile wird von den großen Anbietern mit harten Bandagen geführt. Das Angebot der hochsubventionierten Überschußmengen hat die Preise für Grundnahrungsmittel auf den ungeschützten Binnenmärkten der Entwicklungsländer abgesenkt. Traditionell nahrungsmittelimportierende Staaten haben diesen Preisverfall begrüßt, da er die Kosten für notwendige Nahrungsmittelimporte absenkt. Für die Produzenten von Grundnahrungsmitteln in den Entwicklungsländern, vor allem die Kleinbauern, bedeutet dies allerdings einen harten Konkurrenzkampf mit den Suventionskassen der westlichen Industrieländer. Die Bauern sind in der Folge häufig gezwungen, die Produktion der Nahrungsmittel auf den Eigenbedarf zu beschränken und die Produktion für den Binnenmarkt einzustellen. Die Abhängigkeit von Nahrungsmittelimporten der betroffenen Länder steigt, wie dies das Beispiel der Länder Afrikas südlich der Sahara zeigt, deren Nahrungsmittelimporte seit den 60er Jahren beständig wachsen (Indexwerte: 1961-65 = 100, 1976 = 160, 1980 = 290, 1984 = 380, Dritte Welt Haus Bielefeld 1986).

Ein großer Teil der Importe von billigen Nahrungsmitteln erreicht die Binnenmärkte in Form von Nahrungsmittelhilfe. Etwa 70% der Nahrungsmittelhilfe werden gegenwärtig als sogenannte »bulk supplies« an Entwicklungsländer geliefert. Diese Lieferungen gehen in der Regel an die Regierungen der Empfängerländer, die das Recht haben, diese Nahrungsmittel auf den lokalen Märkten zu verkaufen. Der Erlös kommt den Staatshaushalten zugute. Viele Regierungen können so einerseits ihren Haushalt verbessern und andererseits die günstige Versorgung der städtischen Verbraucher sicherstellen. So tritt die Nahrungsmittelhilfe in der Regel als Konkurrenz zur inländischen Produktion auf. Sie senkt die Binnenmarktpreise ab und führt häufig zur Vernachlässigung des binnenmarktorientierten Agrarsektors (Investitionen etc.). Sinkende Nahrungsmittelselbstversorgung, Veränderungen im Konsummuster der Bevölkerung erhöhen langfristig die Importabhängigkeit vieler Entwicklungsländer. Die Nahrungsmittelhilfe muß zunehmend durch kommerzielle Importe ergänzt oder ersetzt werden. So haben die kommerziellen Importe vor allem in Afrika einen immer größeren Anteil an den gesamten Nahrungsmittelimporten erhalten. Etwa ein Viertel der kommerziellen Ausfuhren auf dem Weltagrarmarkt geht in die Entwicklungsländer. Vor allem bei Getreide und bei Milch und Molkereiprodukten ist der Anteil mit etwa 50% sehr hoch.

In einigen afrikanischen Ländern übersteigen die Kosten für Nahrungsmittelimporte längst die Devisenerlöse aus dem Verkauf der Agrarexporte. Da die sinkende Devisenbilanz für diese Länder die Finanzierung der Agrarimporte immer schwieriger werden läßt, sind sie gleichzeitig wiederum gezwungen, um Nahrungsmittelhilfe zu bitten.

## Zur unterschiedlichen Interessenlage von Agrarexporteuren und Nahrungsmittelimporteuren

Die Situation der Landwirtschaft in den Entwicklungsländern ist auf Länderebene sehr unterschiedlich. Agrarpolitische Zielsetzungen sind auf Grund der äußeren Disparitäten wie Größe des Landes, Bevölkerungsdichte, Grad der Verstädterung, Abhängigkeiten von bestimmten Agrarexportgütern verschieden. Eine Formulierung gemeinsamer Forderungen der Länder der Dritten Welt zu den verschiedenen Aspekten des Agrarhandels und den Agrarverhandlungen der laufenden GATT-Runde ist deshalb nicht zu erwarten. (Einzelne Positionen siehe Kap. 3.3.)

Die Interessen der großen *Agrarexportnationen* unter den Entwicklungsländern – dies sind insbesondere viele südamerikanische Länder, aber auch Indonesien, die Philippinen, Malaysia und Thailand – liegen in einer Verbesserung der Exportmöglichkeiten durch eine weitgehende Öffnung der abgeschotteten Binnenmärkte der Industrienationen.

Die Zielsetzungen für die Regelung der eigenen Binnenmärkte gehen allerdings bei diesen Ländern weit auseinander. Manche stützen die nationale Produktion von Grundnahrungsmitteln, andere haben nur geringe Schutzmaßnahmen installiert.

Auf der anderen Seite stehen die großen *Agrarimportländer,* die entweder Schwierigkeiten haben, eine ausreichende Selbstversorgung mit Nahrungsmitteln zu erreichen, oder einen hohen Anteil städtischer Bevölkerung aufweisen (z.B.: Hongkong, Südkorea, Mexiko, Nigeria etc.), zu deren Versorgung sie auch in Zukunft kostengünstige Agrarimporte nutzen wollen. In vielen Fällen kommt dies einer agrarpolitischen Entscheidung gegen nationale Stützungsmaßnahmen zum Schutze einer eigenständigen Nahrungsmittelversorgung gleich, die bei den existierenden Weltmarktpreisen oftmals kostspieliger wäre als der Import hochsubventionierter Nahrungsmittel vom Weltmarkt.

Viele Länder importieren Nahrungsmittel und erwirtschaften gleichzeitig einen Großteil ihrer Deviseneinnahmen mit Agrarexporten. Agrarpolitische Prioritäten werden in dieser Gruppe unterschiedlich formuliert. Die Positionen reichen von der optimalen Förderung der Agrarexporte durch Kanalisierung landwirtschaftlicher Investitionen in die Exportbereiche und besseren Exportbedingungen, bis zum Schutz einheimischer Produzenten durch Festlegung garantierter Preise für Grundnahrungsmittel.

## Die Entwicklungsländer
zwischen Weltmarktproduktion und Binnenmarktschutz

Für die Händler und die Verarbeiter von Agrargütern wächst der Weltmarkt. Ungeahnte Gewinne eröffnen sich den großen internationalen Firmen des Agrobusiness. 30 Milliarden US-Dollar hat der US-Multi Philipp Morris – schon jetzt Nummer drei in der internationalen Hitliste der Agrarmultis – bis 1992 zur Verfügung, um im Nahrungsmittelbereich das Konzentrationskarussell weiterzudrehen (Wirtschaftswoche 35/88).

Die Konzentration in den der Landwirtschaft vor- und nachgelagerten Bereichen wird den Trend der weltweiten Industrialisierung der Landwirtschaft und Standardisierung der erzeugten Produkte verstärken. Wer mitzieht, den Industrialisierungszug besteigen will, wird im internationalen Vergleich mit der hochrationalisierten Agrarproduktion konkurrieren müssen. Wer nicht mitziehen kann, sei es aus Gründen ökologischer Beschränkung seiner natürlichen Produktionsbedingungen, sei es aus Gründen »unrentabler« Betriebsgrößen oder sozial bedingter »Modernisierungsschwierigkeiten«, wird aus Gründen komparativer Kostennachteile das Land verlassen müssen.

Die Situation der Verschuldungskrise hat für viele Länder der Dritten Welt eine Steigerung der Deviseneinnahmen durch Exporte zur vorherrschenden Maxime der Wirtschaftspolitik werden lassen. Auch die Weltbank und der Internationale Währungsfonds empfehlen in ihren Verhandlungen über die sogenannten »Strukturanpassungsdarlehen«, daß die Entwicklungsländer ihre Nahrungsmittelsicherheit durch Steigerung der Exporterlöse erhöhen sollen. Dazu sollen sie ihre komparativen Kostenvorteile ausnutzen (zum Begriff der Komparativen Kostenvorteile siehe Kap. 2.) (World Bank 1987). Die früher stärker durch Spekulation verursachten Preisschwankungen auf den Weltagrarmärkten sind im Überschuß- und Dumping-Supermarkt längst ins Rutschen gekommen. Der starke Rückgang des Preisniveaus macht es für Entwicklungsländer zunehmend schwierig, ihre oft beschworenen komparativen Kostenvorteile auf dem Weltmarkt zu realisieren. Nachfragerückgang, Substitution und Überschüsse kennzeichnen die Lage für die meisten Anbieter. Ein komparativer Kostennachteil vieler Entwicklungsländer bei der Produktion von Nahrungsmitteln ist aber auch nicht nachweisbar. Sinkt der Weltmarktpreis infolge eines subventionsgestützten Dumpingwettlaufs der ökonomisch potentesten Anbieter, ist der Weltmarktpreis ein verzerrter, der keine Belege für komparative Produktionsvorteile der Industrieländer erbringt. Die ökonomische Begründung der internationalen Arbeitsteilung im Agrarbereich steht auf tönernen Füßen.

Das niedrige Preisniveau auf den Binnenmärkten der Entwicklungsländer zerstört die Produktionsanreize der einheimischen Bauern. Langfristige Veränderungen des Konsumniveaus erzeugen eine Nachfrage nach international standardisierten und handelbaren Agrarhandelsgütern. So entstehen Absatzmärkte für die unter ökologisch zweifelhafter Intensivproduktion entstandenen Überschußprodukte der

Industrieländer, während die Nahrungsmittelselbstversorgung vieler Entwicklungsländer sinkt. Langfristig bedeutet dies für viele Länder, ihre steigenden Nahrungsmittelimporte durch die Erlöse der stagnierenden Agrarexporte zu finanzieren.

## 1.3 Die Weltmärkte werden abgesteckt: Agrarhandelskonflikt zwischen der EG und den USA

An erster Stelle auf der Anklagebank bei den Agrarverhandlungen der laufenden GATT-Runde sitzt die Europäische Gemeinschaft, angeklagt des fortgesetzten Agrarprotektionismus und des Exportdumpings. Chefankläger sind die USA, mit der Forderung nach bedingungsloser Liberalisierung des internationalen Agrarhandels.

Zwei Kontrahenten, die seit Jahren mit gewaltigen Haushaltsmitteln um dasselbe kämpfen: den Absatz der Überschußmengen ihrer Landwirtschaft. Die beiden größten Handelsblöcke der Erde lassen sich diese Schlacht etwas kosten. 26 Milliarden US-Dollar wandte die USA allein 1986 an Subventionen und anderen Stützungszahlungen für die Landwirtschaft auf. Nicht geringer fielen die Kosten der EG im selben Jahr mit knapp über 30 Milliarden US-Dollar aus (Zahlen, die allerdings alle Subventionen an die Landwirtschaft, auch die nicht handelsrelevanten umfassen).

Ein Handelskrieg macht Schlagzeilen: »Subventionierter Kampf um Weltagrarmärkte«; »Amerika bläst zum Krieg um die Welt-Agrarmärkte«; »EG will sich nicht ducken«; »Warnschuß der USA«; »Wenn Reagan die BICEP spielen läßt«; »›Spaghetti-Krieg‹ beendet«.

Die militärische Sprachverwendung belegt bereits die Ernsthaftigkeit der Auseinandersetzung. Viele Kommentatoren bewerten diese Konflikte als z.Z. wichtigste Belastung der Beziehungen zwischen der EG und den USA.

### Der Kampf um die Absatzmärkte

Wie in Kapitel 1.2. gezeigt, wächst der Weltagrarhandel langsamer als der Welthandel insgesamt. Der gehandelte Anteil des Weltnahrungsmittelverbrauchs ist dagegen beständig gewachsen. Lag zu Beginn der 50er Jahre der Anteil der gehandelten Nahrungsmittel etwa bei 2% der insgesamt verbrauchten Nahrungsmittel, war dieser Anteil Ende der 70er Jahre auf 12% angewachsen. Die Welternährung wird also zu einem immer größeren Teil über die Weltmärkte gedeckt.

Die steigende Bedeutung des Weltagrarhandels steht im Zusammenhang mit wichtigen agrarpolitischen Veränderungen, die mit Verlagerungen von Handelsströmen einhergingen.

Veränderungen erfuhren die Export- und Importmengen einzelner Länder: Der Nettoimportbedarf vieler Industrieländer ist gesunken. Relevante Einflußgrößen hierfür sind vor allem die agrarpolitischen Vorgaben in der EG und in Japan, deren Zielsetzung eine weitgehende Selbstversorgung bei den wichtigsten Nahrungsmitteln ist.

Gleichzeitig stieg der Importbedarf der Entwicklungsländer. Im Durchschnitt der 80er Jahre hatte sich die ehemals positive Agrarhandelsbilanz der Entwicklungsländer durch sinkende Exporterlöse und steigende Importmengen ausgeglichen. Allerdings ist diese Entwicklung regional höchst unterschiedlich. Während in Lateinamerika die Importe 1983 gerade einen wertmäßigen Anteil von einem Drittel an den Ausfuhren erreichen, haben asiatische Länder und insbesondere die Länder Afrikas bei stagnierenden Exporten einen steigenden Importbedarf (Basler 1985). Viele afrikanische Länder können dabei ihre Agrarimporte, die zum größten Teil aus Nahrungsmitteln bestehen, nicht mehr mit den Erlösen ihrer Agrarexporte finanzieren (s. Kap. 1.2).

Neben diesen wichtigen *Handelsverlagerungen* zwischen Ländergruppen kam es zu signifikanten Verlagerungen des Anteils einzelner Handelsprodukte am Weltmarkt. Seit Beginn der siebziger Jahre dehnte sich vor allem der Handel mit Ölsaaten und deren Verarbeitungsprodukten, mit Molkereiprodukten und mit Fleisch aus.

Diese Veränderungen spiegeln den Einfluß der Europäischen Gemeinschaft wider. Infolge des internen Strukturwandels der EG (wie die Industrialisierung der Tierhaltung) wurden Ölsaaten und deren Verarbeitungsprodukte, im wesentlichen Sojabohnen und Sojaschroterzeugnisse, vermehrt nachgefragt. Allein 60% des Weltexportes von Sojaerzeugnissen geht in die EG. Das Wachstum der Marktbereiche Fleisch und Molkereiprodukte steht ebenfalls mit dem Strukturwandel in der EG in Zusammenhang. Die agrarpolitische Förderung der sogenannten »Veredelungswirtschaft«, die auf Grund des weltweiten Zustroms von Futtermitteln in die EG möglich wurde, hatte schon frühzeitig zu Überschüssen der EG bei Molkereiprodukten und Fleisch geführt. Mit den erdölexportierenden Ländern entstanden ab 1973 (der Ölpreiserhöhung) auf einmal auch kaufkräftige Nachfrager nach Molkerei- und Fleischprodukten.

Der Handel mit Getreide, auf Grund seines Umfangs und seiner Bedeutung ein Sonderbereich des Weltagrarhandels, wuchs während der siebziger Jahre um durchschnittlich 8% pro Jahr. Sein wertmäßiger Anteil am Weltagrarhandel stieg nicht, da mit der zunehmenden weltweiten Überschußproduktion der Preis sank. Vor allem die verringerte Nachfrage der UdSSR seit 1984 führte zu Einbrüchen im Getreidehandel.

Stagnation kennzeichnet dagegen die Märkte vieler Genußprodukte, wie Kaffee und Tee. Bei Zucker kam es durch den Preisverfall (weltweites Überangebot) sogar zu einem wertmäßigen Rückgang des Handels.

Die Zunahme des Handels mit Ernährungsgütern ist eng mit dem Beginn einer *Exportorientierung der USA und der EG* verknüpft.

Schon zu Beginn des 20. Jahrhunderts begannen in den USA Prozesse, die bis heute die Landwirtschaftsentwicklung prägen. Schon vor und während des Ersten

Weltkrieges produzierte die US-Landwirtschaft für den Export. In den 20er Jahren wuchsen auf rund 15 % der Fläche Produkte für den Export, fast ausschließlich aber »non food products« wie Tabak und Baumwolle. Zur gleichen Zeit setzte in großem Ausmaß die Modernisierung und Industrialisierung der Landwirtschaft ein. Auf den Farmen und den der Landwirtschaft vor- und nachgelagerten Industriebereichen kamen neue arbeitssparende Techniken zum Einsatz, allerdings mit unterschiedlichen Auswirkungen auf die Farmen und Konzerne. In härtester Konkurrenz waren in den letzten Jahrzehnten des 19. Jahrhunderts zahlreiche Unternehmen der Agrargerätehersteller, der Nahrungsmittelindustrie und der Handelsunternehmen aus dem

---

### Wie funktioniert die US-Agrarpolitik?

1986 verabschiedeten die beiden Häuser der US-Regierung ein neues Landwirtschaftsgesetz (Farm Bill). Die öffentlichen Agrarausgaben in den USA haben inzwischen fast den Umfang der Aufwendungen der EG erreicht. Gleichwohl sind die Stützungssysteme sehr verschieden.

Hauptunterschied zwischen den Agrarpolitiken ist die Bedeutung des Preises. In den USA gilt der Weltmarktpreis als Handelspreis, während in der EG ein Binnenmarktpreis gebildet wird, der unabhängig vom Weltmarktpreis politisch festgelegt wird. Immer wieder entzündet sich die US-amerikanische Kritik an der europäischen Agrarpreispolitik an dem Binnenmarktpreis (zum Funktionsmechanismus der EG-Agrarpolitik siehe Kasten S. 43).

Zur Erläuterung des US-amerikanischen Mechanismus ist ein kleines »Preis-Einmaleins« unumgänglich.

Für die meisten Agrarprodukte der USA wird ein sogenannter Beleihungspreis (Loan Rate) festgelegt. Die meisten Bauern nehmen zu diesem Preis schon vor der Ernte von der Regierung Kredite auf. Nach einem Jahr werden die Kredite fällig. Liegt der Marktpreis (= Weltmarktpreis) dann unter dem Beleihungspreis, kann der Bauer die Ernte abliefern. Der Staat muß diese dann zu dem Beleihungspreis abnehmen. Der Beleihungspreis wird damit zum Mindestpreis für die US-Farmer. Gleichzeitig wird ein Zielpreis politisch festgelegt. Die Differenz zwischen dem Zielpreis und dem Beleihungspreis erhält der Farmer, wenn er bestimmte Bedingungen erfüllt, vom Staat in Form einer direkten Einkommensübertragung (deficiency payment). Nur ein Teil des deficiency payment wird allerdings in Bargeld ausgezahlt. Den anderen erhalten die Farmer in Form von Waren (Bezugsberechtigung für Überschußgetreide). Diese geschickte Regelung des sogenannten PIK-Programms (Payment in Kind) der Reagan-Regierung beteiligt die US-Farmer an der Überschußverwertung, müssen die Farmer doch selbst sehen, wie sie ihre Bezugsscheine meistbietend an die Handelsunternehmen verkaufen können.

Der starke Anstieg der US-Agrar-Haushaltskosten in den letzten Jahren ist bedingt durch die steigenden Defizit-Ausgleichszahlungen an die Farmer, da die Weltmarktpreise sanken. Die Politik der Preissenkungen wird in den USA mit der Zurückeroberung verlorener Weltmarktanteile begründet. Die »deficiency payments« werden so zu reinen Subventionen für Exporteure. Die Staatszuschüsse an die Bauern ermöglichen es gleichzeitig den Abnehmern (den Handelsunternehmen), mit Marktpreisen zu kalkulieren, die unter den Produktionskosten der Bauern liegen.

Dank dieses Mechanismus ist es den USA während der letzten Jahre gelungen, den Weltmarktpreis so stark zu drücken, daß fast allen anderen Produzenten (Agrarexporteuren, wie ihren Kollegen auf ungeschützten Binnenmärkten) die Luft ausgeht.

Wettbewerb ausgeschieden. Schon Mitte der 30er Jahre kontrollierten z.B. nur noch vier Firmen drei Viertel des Marktes für landwirtschaftliche Bedarfsgüter in den USA. Dies ermöglichte ihnen weitgehend, den Markt zu kontrollieren. In Zeiten von Hochkonjunktur konnten sie die Preise stark heraufsetzen und in Zeiten der Rezession die Preise in etwa stabil halten. Während der Weltwirtschaftskrise senkte die Industrie für landwirtschaftliche Bedarfsgüter ihre Produktion um 80%, der Preis fiel dagegen nur um 15%. Die Farmer konnten ihre Produktion jedoch nur um 6% verringern, während ihre Preise um über 60% in den Keller sackten. Dieses Preisbeispiel belegt die unterschiedlichen Möglichkeiten der an der Landwirtschaft beteiligten Gruppen, die Preisentwicklung zu regulieren. Das Wachstumsgefälle zwischen künstlich regulierten Preisen der Industrie und den freien Marktpreisen der Farmer (Kosten-Preis-Schere), zwang die Farmer schon frühzeitig zu starker betrieblicher Modernisierung und Konzentration, um in diesem Wettkampf mitzuhalten.

Nach der Weltwirtschaftskrise 1929 kam es zu einer Neuorientierung der Wirtschaftspolitik der USA, die unter dem Namen »New Deal« bekannt werden sollte. Die in der Folge realisierte Politik setzt bis heute Maßstäbe für die Agrarpolitik der USA. Als Hauptprobleme der Landwirtschaft wurden die hohe Überschußproduktion und die niedrigen Farmeinkommen diagnostiziert. Um diesen Problemen zu begegnen, wurde eine staatliche Regulierung von Angebot und Nachfrage institutionalisiert. Der Versuch, die Nahrungsmittelindustrie, die erheblich von den niedrigen Agrarpreisen profitierte, an den Kosten dieses Programmes zu beteiligen, scheiterte am Einspruch des Obersten Gerichtshofes der USA. Die Kosten tragen seitdem ausschließlich die Verbraucher als Steuerzahler.

An dem Mißverhältnis der Kosten-Preis-Relation zwischen Agrarpreisen und Preisen für landwirtschaftliche Ausrüstungsgüter änderte sich nichts. Der Druck dieser Kosten-Preis-Relation zwang die Farmer der USA zu einem erheblichen Intensivierungsschub. Um die steigenden Kosten aufbringen zu können, stieg die Notwendigkeit, immer mehr zu produzieren. Relativ hohe Nahrungsmittelpreise während des Zweiten Weltkrieges und des Koreakrieges ließen die Produktion weiter anschnellen. Die überheizte Agrarproduktion führte nach 1953 zu einer Änderung der Agrarpolitik des ›New Deal‹. Unter dem zunehmenden Einfluß des Agrobusiness drängte man auf eine weitergehende Modernisierung des Agrarsektors, Preissenkungen, Abbau der Preisstützung und Reduzierung der Farmen. Gleichzeitig wurden die Möglichkeiten gefördert, Agrarexporte verstärkt als außenpolitisches Mittel einzusetzen. Das P(ublic) L(aw) 480 erhielt 1954 folgenden Untertitel: »Ein Gesetz, um den Verbrauch amerikanischer Landwirtschaftsprodukte in anderen Ländern zu erhöhen, die Auslandsbeziehungen der Vereinigten Staaten zu verbessern und für andere Zwecke« (Krieg 1979, S. 276). Erwünschter Nebeneffekt dieses Nahrungsmittelhilfegesetzes sollte – vermittels einer langfristigen Umstellung von Konsumgewohnheiten in den belieferten Ländern (z.B.: Philippinen/Südkorea) – die Schaffung dauerhafter Absatzmärkte sein.

Die Preissenkungen und das Ende der Produktionskontrollen verpflichteten die

Farmer mit einem »technologischen Imperativ« (Wessel/Hantmann 1987, S. 46), ihre Produktion zu steigern. Der Anteil der Anschaffungs- und Betriebskosten für die technische Ausrüstung an den gesamten Farmkosten stieg zwischen 1940 und 1977 von einem auf zwei Drittel. Die mit dieser Technologie produzierten wachsenden Überschüsse senkten die Gewinne pro Hektar »und schickten die Farmer in ein Rennen, in dem nur wenige überleben und noch weniger siegen« konnten (Wessel/ Hantmann 1987).

Das Aufkommen von Hochertragssorten und der verstärkte Einsatz von Kunstdünger und Pestiziden ließ die Erntemengen so stark anwachsen, daß sich 1959 bereits die Ernte eines Jahres in den Lagerhäusern stapelte. Die staatlichen Kosten für die Landwirtschaftspolitik verdoppelten sich vom Ende der 50er Jahre bis Mitte der sechziger Jahre. Eine Neuformulierung der Agrarpolitik stand ins Haus. 1965 setzte Präsident Johnson dann eine nach ihrem Vorsitzenden benannte »Berg«-Kommission ein, die als Rettung der Agrarprobleme den Export empfahl. Eine große Anzahl der Kommissions-Mitglieder bestand aus Managern des Agrobusiness. Die Hersteller landwirtschaftlicher Geräte (z.B. John Deere / International Harvester) hatten ein besonderes Interesse durch eine höhere Produktion für ausländische Märkte, die Nachfrage nach technischen Ausrüstungsgeräten zu steigern. Auch die Nahrungsmittelindustrie suchte neue Absatzmärkte, da der Markt mit verpackten und vorverarbeiteten Nahrungsmitteln in den USA zu stagnieren begann.

Zwar war der Anteil der landwirtschaftlichen Nutzfläche, auf der Produkte für den Export angebaut wurden, nach einem Tief in den 50er Jahren, zu Beginn der 60er wieder auf knapp 20% gestiegen (Edwards 1986) – die Exportgüter hatten sich zu Getreide und Futtermitteln verlagert – aber große internationale Absatzmärkte fehlten. Zur Steigerung des Exportes wurde zu Beginn der 70er Jahre die Nutzung des PL 480 forciert und, nach Empfehlungen der Berg-Kommission, wurden die Zollschranken durchlässiger gemacht und die Preisstützungen abgebaut. Die Exportpolitik sollte in der Folge der Wirtschaftskrise Anfang der 70er eine zentrale Rolle in der amerikanischen Wirtschaftspolitik bekommen.

Beispiellos war der Erfolg der Maßnahmen. Mit der sowjetischen Nachfrage nach Getreide begann ab 1972 eine Dekade des Wachstums der US-Agrarexporte bislang ungekannten Ausmaßes. Von 7 Mrd. US-Dollar im Jahr 1970 stieg der Wert der Agrarexporte auf 40,5 Mrd. US-Dollar 1980. Ein jährlicher Anstieg des Exportvolumens um durchschnittlich 8% steigerte den Flächenanteil der Exporterzeugnisse auf 40% an der gesamten landwirtschaftlichen Nutzfläche (Edwards 1986). Der Dollarverfall und die steigende Weltmarktnachfrage machten die US-Produkte zunehmend wettbewerbsfähig.

Seit Existieren der EG gibt es Konflikte um Agrarhandelsgüter zwischen den USA und der EG. Bei den GATT-Verhandlungen 1962 setzten die USA durch, daß die 1957 gegründete EG nicht bei allen Produkten im Agrarbereich eine eigene Marktordnung mit dem damit verbundenen Binnenmarktschutz einführen konnte. Offene Märkte mußte die EG für die Produkte Sojabohnen, Ölkuchen, verschiedene andere Futtermittel und Baumwolle gewähren, andernfalls drohten die USA mit Einfuhrbeschränkungen für europäische Industriegüter. Diese Güterpalette entsprach den wichtigsten Agrarexporten der USA in die EG. Als Ersatz für die verlorengegangenen Märkte bei Getreide, Milch und Fleisch versuchten die USA in der Folge,»veredelte« Produkte wie Hähnchen stärker abzusetzen. Als die EG 1962 dann den Import von US-Geflügel erschwerte, kam es zum ersten, damals »Hähnchen-Krieg« titulierten, Handelskonflikt.

Die Begrenzung des europäischen Importmarktes war aber nicht der einzige

## Wie funktioniert die EG-Agrarpolitik?

Die Europäische Gemeinschaft hat im Rahmen ihrer gemeinsamen Agrarpolitik für die wichtigen Agrarprodukte Marktordnungen institutionalisiert. Der größte Teil der landwirtschaftlichen Erzeugnisse wird durch diese Marktordnungen erfaßt. Die Marktordnungen beinhalten bei den einzelnen Produkten unterschiedliche Regelmechanismen, doch sind sie in Aufbau und Funktion zu großen Teilen vergleichbar. Die Getreidemarktordnung, die eine der wichtigsten Instrumentarien der EG-Agrarpolitik ist, soll hier stellvertretend erläutert werden.

### *Binnenhandelsregelung*

Der *Richtpreis* gibt den politisch gewünschten Preis innerhalb der Gemeinschaft an. Zu Zeiten als die Nachfrage noch größer war als das Angebot, stellte der Richtpreis eine Obergrenze dar. Auf Grund der Überschußsituation orientiert sich der Markt inzwischen am *Interventionspreis*.

Wichtigste Größe der Marktordnung ist der Interventionspreis. Er wird auf Vorschlag der Kommission vom Ministerrat festgelegt. Sinkt der Marktpreis unter den Interventionspreis, kauft die EG überschüssiges Getreide auf (Intervention). Dadurch wird der Interventionspreis zu einem Mindestpreis.

### *Außenhandelsregelungen*

Die Getreidemarktordnung war vor allem eine Maßnahme des Außenschutzes. Die europäische Landwirtschaft sollte nicht den starken Preisschwankungen am Weltmarkt ausgesetzt sein, dessen Preisniveau inzwischen von Subventionen bestimmt wird. Da der Weltmarktpreis im Durchschnitt deutlich unter dem Binnenmarktpreis lag und liegt, werden auf Importe *Abschöpfungen* erhoben. Der so bestimmte *Schwellenpreis* für Agrarimporte in die EG liegt über dem Interventionspreis. Da der Marktpreis in der EG seit langem in der Höhe des Interventionspreises liegt, werden Exporte in die EG für andere Anbieter faktisch unmöglich.

Da gleichzeitig der Binnenmarktpreis im Durchschnitt über dem Weltmarktpreis liegt, muß die EG, will sie sie selber exportieren, die Differenz zwischen beiden Preisen dem Exporteur erstatten. Die *Exporterstattungen* müssen, wenn der Weltmarktpreis sinkt, automatisch steigen, da die Differenz zum Binnenmarktpreis wächst. Die im Wettlauf der Exportgiganten ruinierten Weltmarktpreise zwangen die EG zu beständig steigenden Exportsubventionen, die so zur Ursache des gewaltigen Haushaltsdefizits in der EG-Agrarkasse wurden.

Streitbereich zwischen USA und EG. Denn schon frühzeitig begann die Europäische Gemeinschaft mit der Produktion von Überschüssen.

Die Überschüsse waren nicht allein die Folge eines ungeahnten Produktivitätsschubes in der europäischen Landwirtschaft, wie dies oft dargestellt wird, sondern fester Interessenbestandteil der großen europäischen Agrarproduzenten Frankreich und Holland. Als »Grünes Erdöl Frankreichs« sollte der französische Präsident Giscard d'Estaing später die Agrarüberschüsse Frankreichs in ihrer Bedeutung kennzeichnen. Schon früh zeichneten sich diese Überschußberge ab. Bereits Mitte der 60er Jahre war die EG bei Getreide zum Selbstversorger geworden. Bei Butter war die Selbstversorgung bereits 1960 erreicht. 57 000 Tonnen umfaßte der Butterberg 1964 und 113 000 Tonnen 1967. Konflikte im Bereich der Agrarexporte waren schon vorprogrammiert.

Grundlage der Möglichkeit, die Agrarexporte auszudehnen, war das Wachstum der weltweiten Nachfrage. Neben der schon erwähnten »Freßwelle« in den erdölexportierenden Ländern ab 1973, führten die Möglichkeiten der günstigen Kreditaufnahme auch bei den nicht-erdölexportierenden Entwicklungsländern zu vergleichbaren Wirkungen. Große Mengen der Einnahmen aus den sprunghaft gestiegenen Ölexporten legten die zu Reichtum gekommenen OPEC-Staaten bei europäischen und amerikanischen Banken an. In der Folge der rückläufigen Investitionen in der Wirtschaftskrise der Industrieländer nach dem Ölpreisschock, suchten die Banken diese sogenannten »Petro-Dollars«, insbesondere in der Dritten Welt, wieder zu verleihen. In Folge der sehr günstigen Zinssätze begannen viele Entwicklungsländer sich große Summen bei den Geschäftsbanken zu leihen.

Die sich ab 1973 abzeichnenden Symptome einer Welternährungskrise (Auftreten der UdSSR als Weizenimporteur, Fehlernten bei Mais und Soja in den USA und Brasilien, Saheldürre in Afrika), die die FAO zur Durchführung der Welternährungskonferenz 1974 in Rom veranlaßten und die sich in vielen Publikationen der Zeit, wie dem Buch des Club of Rome über die »Grenzen des Wachstums« niederschlugen, ließen die Weltmarktpreise stark ansteigen. Dies ließ Investitionen in der Landwirtschaft sehr attraktiv werden. Ein großer Teil der Petro-Dollars floß nun neben der Kreditaufnahme der Entwicklungsländer in die Landwirtschaft, sowohl der Industrieländer als auch einiger Schwellenländer. Mit niedrigen Zinsen wurde das überschüssige Kapital nicht nur den Regierungsvertretern der Entwicklungsländer bei internationalen Konferenzen, sondern auch den landwirtschaftlichen Produzenten aufgedrängt. Die wichtigen Agrarexportländer verstärkten diese Tendenz, und erließen, um sich größere Weltmarktanteile zu verschaffen, besondere Förderprogramme wie das »Einzelbetriebliche Förderungsprogramm« der EG oder Staatsbürgschaften und verbilligte Agrarkredite in den USA. »Die Farmers Home Administration [Agrarkreditinstitut des amerikanischen Landwirtschaftsministeriums/ M.W.] haben uns fast in ihr Büro reingezerrt und uns das Geld in die Taschen gestopft«, zitieren Wessel und Hantmann den US-Farmer Merrie Kranz aus Michigan.

Andere Länder wie China und Indien unternahmen große Anstrengungen, die

Getreideproduktion anzukurbeln, z.T. über die Selbstversorgung hinaus. Dieser gewaltige Kapitalfluß in die Landwirtschaft ging einher mit einer beispiellosen Modernisierung der Landwirtschaft, vor allem in den Industrieländern.

Mit dem Beginn des neuen Jahrzehnts folgte die Ernüchterung. Die weltweiten Überschüsse, der steigende Dollarkurs in Folge der Anti-Inflationspolitik der USA, ließ die Exportmärkte stagnieren und die Preise ins Rutschen kommen. Die Zinsfalle schnappte zu. Die schrumpfenden Märkte, der fehlende Absatz und die fallenden Preise trieben Farmer weltweit in den Ruin. Eine neue Runde im Bauernsterben wurde eingeläutet. Um 30 Mio. ha (25%) hatten die USA in den 70er Jahren ihre landwirtschaftliche Nutzfläche ausgedehnt, hauptsächlich für Exportprodukte. Noch bevor sich die Investitionen der Farmer auszahlen konnten, sahen sich die spezialisierten und hoch modernisierten Farmer wachsenden Zinsforderungen und fallenden Erlösen ausgesetzt. Die zunehmende internationale Verschuldung, die Anfang der 80er Jahre als Verschuldungskrise ins Bewußtsein der Öffentlichkeit kam, und das Ende der frei fließenden Kreditmengen, ließ die Hoffnungen des Agrarexportbooms wie ein Kartenhaus zusammenstürzen. Schlagartig wurde deutlich, daß der Boom mit dem gepumpten Geld nicht nur Staaten an den Rand des Ruins gebracht hatte, sondern auch die Bauern. Die Verschuldung der US-Landwirtschaft hatte von 20 Mrd. US-Dollar 1970 auf 200 Mrd. US-Dollar 1984 (Ritschie/Ritsau 1986) zugenommen und lag damit höher als die Schuldenlast der beiden Hauptschuldnerländer Brasilien und Mexiko zusammen.

**Das Wachstum der Kosten und der Konflikte**

Schon frühzeitig hatten die EG und die USA Konflikte auch auf der Ebene des GATT ausgetragen. Ging es den USA in den sechziger Jahren noch um bessere Bedingungen für ihre Exporte in die EG, nahmen in den siebziger Jahren die Beschwerden über die Exportsubventionen der EG immer breiteren Raum ein. Das Mitte der 70er Jahre verabschiedete Handelsgesetz der USA sah erste Gegenmaßnahmen bei Exportsubventionen der EG vor. Der Einbruch auf den Agrarmärkten zu Beginn der 80er Jahre traf die USA besonders stark. 1982 fiel der Agrarexport um 15,5%. 1985 waren die Exporterlöse bis auf 34,5 Mrd. US-Dollar zurückgegangen.

Rund 20% der Einnahmen ihres gesamten Exportwertes erzielten die USA in den letzten Jahren mit Agrarexporten (zum Vergleich: EG 7–8%). Angesichts des gewaltigen Handelsbilanzdefizites der USA vor allem seit Beginn der 80er Jahre haben die Agrarexporte eine herausragende Stellung für die Wirtschaft der USA.

Der Zorn richtete sich vor allem gegen die EG, da die Verluste an Weltmarktanteilen direkt mit den erfolgreichen Vorstößen der EG auf den internationalen Agrarmärkten zusammenhingen.

Die Milch(marktordnung) machte es möglich. Der Sturm der Europäischen Gemeinschaft auf die Weltmärkte für Molkereiprodukte war überaus erfolgreich. Die

Milchmarktordnung konzentrierte sich von Beginn an auf Produkte, die haltbar, lagerbar und damit auch exportfähig sind. Die Subventionierung der frisch oder in Pulverform zur Verfütterung gelangten Magermilch sowie Stützungskäufe (Intervention) bei Butter (Butteröl) und bei Magermilchpulver wurden die bestimmenden Mechanismen der Milchmarktordnung. Um den rasch wachsenden Überschüssen Herr zu werden, wurden von der EG einige Programme wie Abschlacht- und Nichtvermarktungsaktionen (z.B. 1969-71 oder 1977-81) gestartet. Gleichzeitig wurden aber im Rahmen der betrieblichen Spezialisierung des »Einzelbetrieblichen Förderprogramms« Betriebe gefördert, die auf mindestens 40 Kühe aufstockten. So blieb der Gesamtbestand an Milchkühen in der EG annähernd konstant.

Mit dem Strukturwandel bei den Betrieben (die Kleinen gaben auf, die Großen stockten auf), ging ein öffentlich geförderter Strukturwandel bei den Molkereien einher. Die Konzentration auf immer weniger Molkereien, die in immer größerer Menge die Interventionsprodukte Magermilchpulver und Butteröl herstellten, machte von Beginn an Exporte unumgänglich.

Innerhalb nur weniger Jahre wurde die EG so zum Großexporteur. Der Außenhandel der EG mit Milchprodukten vervierfachte sich von 1975 bis 1980. 1981 hatte die EG einen Anteil von 53,9% auf den Märkten mit Milchprodukten erobert. Der Nachfragesteigerung verhalf die EG, wenn nötig, selbst auf die Sprünge. Über 90% des weltweiten Magermilchpulvers (davon produziert die EG 50-60%) wird von Ländern der Dritten Welt nachgefragt. Zur Steigerung der Nachfrage wurde auch Nahrungsmittelhilfe eingesetzt. Im Rahmen des weltweit größten Molkereiprogramms lieferte die EG als Nahrungsmittelhilfe seit 1970 368 000 Tonnen Magermilchpulver und 128 000 Tonnen Butteröl an Indien, die dort in neu gebauten Molkereien wieder zu Milch rekombiniert werden. Die einheimische kleinbäuerliche Milchwirtschaft in Indien wurde dabei stark in Mitleidenschaft gezogen. Durch solche Marktöffnungsdienste der Nahrungsmittelhilfe werden langfristige Verbrauchermärkte geschaffen.

Die Antwort der USA auf ihren Anteilsverlust am Milchmarkt ließ nicht lange auf sich warten. Durch Preisanhebungen schaffte die USA ab 1982 Anreize für Produktionssteigerungen in der Milcherzeugung. Die Subventionen der USA überholten ab 1982 mit 89 DM je Tonne die der EG um 10 DM (ifo-Schnelldienst 1984). Die Revanche gelang. Exportierten die USA im Durchschnitt der Jahre 1980-1982 noch 122 000 Tonnen, waren es 1984 bereits 264 000 Tonnen. So hatte die USA 1984 wieder 27% des Marktes erobert (EG 31%).

Der offene Schlagabtausch zwischen EG und USA war eröffnet. BICEP (Bonus Incentive Commodity Export Program) nannte sich die US-Strategie ab 1985. Die Revanche gelang nicht nur auf dem Milchmarkt. Auch bei Getreide (Weizen, Mais und Reis) machten die USA verlorenes Terrain wieder gut, allerdings fast zum Selbstkostenpreis. Während die Erlöse auf Grund der sinkenden Preise zurückgingen, stiegen die Subventionskosten in ungeahnte Höhen. In den siebziger Jahren ließ die USA sich die Landwirtschaft rund 2 Mrd. US-Dollar pro Jahr kosten. Bereits

1984 lag der Betrag bei 8 Mrd. US-Dollar. Nach dem BICEP-Start 1985 erreichte das Stützungsniveau 1986 mit 26 Mrd. US-Dollar das Niveau der EG (Ritschie/Ritsau 1986).
Im Wettstreit der Subventionsgiganten gingen die Weltmarktpreise in die Knie. Die Folgen für die Produzentenländer, die in dem Wettkampf nicht mithalten können, sind verheerend (s. Kap. 1.2.).
Die Kosten dieser Strategie haben auch für die Subventionierer Dimensionen erreicht, die die weitere Finanzierung in Frage stellen.
Die EG reagierte auf die Exportoffensive der USA mit einer Neukonzeption ihrer Agrarpolitik. Programmatisch wurde diese Reform im »Grünbuch« der EG-Kommission formuliert. Die Gemeinschaft möchte »ihre Rolle im internationalen Handel wahren« (Kommission der EG 1985, S. 2). Mittels einer stärker marktorientierten Preis- und Marktpolitik »sollte es möglich sein, neue Ressourcen zu erschließen [...] und neue Absatzmärkte für Agrarerzeugnisse zu finden« (ebd., S. 4/5). Die Linie wird deutlich: Durch Senkungen der Erzeugerpreise soll die EG in der Lage bleiben, Agrarexporte auf dem Weltmarkt abzusetzen. Niedrigere Preise sollen die Höhe der Exporterstattungen senken und die Exporte wieder finanzierbar machen. Für viele Bauern, die gerade mit Krediten versucht hatten, sich den Markttrends der Spezialisierung und Modernisierung anzupassen, kommt ein Nachlassen der Preise dem Konkurs gleich. Weitere Hofaufgaben und Konzentration in der Landwirtschaft werden die Folge sein.

1986 wurden in den USA das neue Landwirtschaftsgesetz ratifiziert. Die kaum noch finanzierbaren Kosten waren auch hier Anlaß zum FSA (Food Security Act). Das Landwirtschaftsgesetz für 1986–90 bedeutet einen tiefen Einschnitt für die amerikanische Landwirtschaft wie für das Geschehen auf den Weltmärkten. Neben Anbauflächenverringerung, Flächenstillegungen und anderen Maßnahmen zur Reduzierung der Überproduktion, sieht das Gesetz für Produkte, bei denen eine Importabhängigkeit der USA besteht (wie z.B. Zucker), protektionistische Maßnahmen vor. Der Bereich der Außenhandelsförderung nimmt einen wichtigen Teil des Gesetzes ein. Die kurz- und mittelfristigen Exportkreditprogramme werden fortgeschrieben. »Export Enhancement Program« nennt sich die Fortsetzung des BICEP. In dessen Rahmen sollen private Händler über die Dauer von drei Jahren kostenlos Waren aus den Beständen der CCC (Commodity Credit Cooperation, der amerikanischen Interventionsinstitution) im Wert von 2 Mrd. $ erhalten können, um US-Waren auf internationalen Märkten wettbewerbsfähig zu machen. Zudem ist ein Ausbau des Nahrungsmittelhilfeprogramms geplant, das gleichzeitig eine kosmetische Korrektur des Namens erfuhr: statt »Food as a weapon« nun »Food for progress« (Mangold 1986).

Die Regeln des Wettkampfes werden bleiben, die Folgen auch: Traditionelle Agrarexporteure werden aus dem Markt verdrängt. Für viele Länder der Dritten Welt insbesondere in Afrika stellen die billigen Nahrungsmittel vom Weltmarkt eine große Versuchung dar. Sie setzen weiterhin auf ihr bisheriges Entwicklungsmodell:

Ausbau der städtisch-industriellen Entwicklung durch niedrige inländische Nahrungsmittelpreise, Integration der eigenen Landwirtschaft in den Weltmarkt und Schutz der Industrie durch protektionistische Maßnahmen.

### Der alltägliche Kleinkrieg: Spaghetti, Soja, . . .

Der alltägliche Kleinkampf der Giganten führt immer wieder zu Konflikten bei einzelnen Produkten. Immer häufiger wird von den großen Handelsnationen die GATT-Schiedsstelle angerufen. Zwei Beispiele aus einer großen Zahl von Konflikten mögen dies veranschaulichen:

#### *Der Spaghettikrieg:*

1981 kam es zur ersten großen Klage gegen die Exportsubventionen der EG durch die US-amerikanische National Pasta Association. Erste Gespräche brachten kein Ergebnis. Deshalb verlangte die amerikanische Regierung in einem förmlichen GATT-Verfahren, die Exportsubventionen als unerlaubtes Handelshemmnis zu brandmarken. Als die EG den Verhandlungen im GATT fernblieb, kündigten die USA im Juni 85 eine Erhöhung ihrer Importzölle von einem auf 40 % an. Mit einem Reaktionsmuster, das bei zahlreichen anderen Konflikten inzwischen fest etabliert ist, reagierte die EG innerhalb einer Woche mit der Ankündigung von Gegenmaßnahmen: Erhöhung der Zölle für US-Zitronen und Walnüssen. Obwohl vorübergehend eine Einigung erzielt wurde, die Exporterstattungen zu halbieren, erhöhte die USA die Zölle am 1. 11. 1985, da keine Einigung im Bereich der Zitrusfrüchte erzielt werden konnte. Im Gegenzug verhängte die EG die angekündigten Zölle für Zitrusfrüchte und Walnüsse. Mitte 1986 wurden die Zölle von beiden Seiten zunächst zurückgenommen, eine endgültige Beilegung des Konfliktes erfolgte erst im Sommer 1987.

#### *Sojakonflikt:*

Ende 1987 wurde es den USA zuviel. Parallel zu dem gewaltigen Rückgang ihrer Soja-Exporte in die EG (von 3,5 Mrd. $ 1982 auf 2,1 Mrd. $ 1986) fördert die EG immer stärker den Anbau von Ölsaaten und Eiweißfrüchten. Im Januar 1988 kündigten die USA dann eine GATT-Klage gegen die EG-Ölsaatenförderung an (AgE,1/2/88), wenn die EG nicht zu Zugeständnissen bereit sei. Der europäische Agrarhandelskommissar de Clercq wies diese Kritik heftig zurück (AgE,16/88), indem er betonte, daß die EG weltweit größter Abnehmer US-amerikanischer Sojaprodukte sei, und solche Konflikte die Bereitschaft europäischer Erzeuger für Zugeständnisse bei den multinationalen Verhandlungen zur Agrarpolitik unterminieren würde. So werden mögliche Zugeständnisse bei den GATT-Verhandlungen selbst schon zur Verhandlungsmasse. Im April starteten die USA mit massiven Vergeltungsmaßnahmen. Mit Hilfe staatlicher Subventionen boten sie Sojaöl zu Dumpingpreisen an. Mit dem Preis für Sojaöl sackte auch der Preis für Sojaschrote ab. Inzwischen klagen die europäischen Sojaverarbeiter, daß die amerikanischen Sojaprodukte den europäischen Markt überschwemmen würden und kündigten erste Betriebsschließungen an.

Diese Art der Konflikteskalation muß vor dem Hintergrund der laufenden GATT-Verhandlungen gesehen werden. Die Konkurrenten versuchen, von eigenen Formen der Handelsverzerrung durch Klagen über Praktiken der anderen abzulenken. Die Zahl der GATT-Klagen ist gerade in der letzten Zeit sprunghaft gestiegen. Gleichzeitig werden Zugeständnisse vor Beginn oder außerhalb der eigentlichen GATT-Runde nicht mehr gewährt, da dies die eigene Verhandlungsposition schwächen würde.

# 2. Das GATT – Die herrschende Ordnung des Welthandels

Das Allgemeine Zoll- und Handelsabkommen / General Agreement on Tariffs and Trade GATT, ist, wenngleich nur als Provisorium konzipiert, das einzige Vertragswerk zur Ordnung und Gestaltung des Welthandels geblieben. Es wurde auf Initiative der USA am 30. 10. 1947 von 23 Staaten unterzeichnet. Mittlerweile (September 1988) umfaßt das GATT 96 Vertragsstaaten, davon 74 Entwicklungsländer, weitere 26 Länder (allesamt Entwicklungsländer) wenden die GATT-Regeln »de facto« an, ohne Vertragspartei zu sein.

Dieses Kapitel erläutert das Anliegen, die Grundprinzipien sowie die wichtigsten konkreten Vertragsbestimmungen des GATT. Es möchte dabei zugleich die historischen Hintergründe, die Interessen und die außenhandelstheoretischen Annahmen, die in das Vertragswerk Eingang gefunden haben, transparent machen. Die Darstellungsweise wird zunächst nur insoweit eine kritische sein, als die Realität der Welthandelsbeziehungen an den dem GATT immanenten Kriterien gemessen werden soll. Eine besondere Berücksichtigung finden dabei der Agrarhandel und die Rolle der Entwicklungsländer im GATT-System wie in der Struktur des derzeitigen Welthandels. Erst im letzten Abschnitt dieses Kapitels wird das GATT-System als Ideologie der herrschenden Welthandelsordnung grundsätzlich bewertet werden.

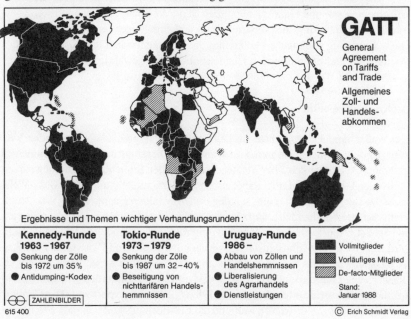

## 2.1 Die Bedeutung einer internationalen Handelsordnung

»Eine wichtige Rolle im Handel spielt der Export. Export ist, wenn die anderen kaufen sollen, was wir nicht kaufen können; auch ist es unpatriotisch, fremde Waren zu kaufen, daher muß das Ausland einheimische, also deutsche Waren konsumieren, weil wir sonst nicht konkurrenzfähig sind. Wenn der Export andersrum geht, heißt er Import, welches im Plural eine Zigarre ist. Weil billiger Weizen ungesund und lange nicht so bekömmlich ist wie teurer Roggen, haben wir den Schutzzoll, der den Zoll schützt sowie auch die deutsche Landwirtschaft« (Kurt Tucholsky, Weltbühne vom 15. 9. 31).

Als der Satiriker Tucholsky mit dieser Einführung in das Grundvokabular der Nationalökonomie zugleich die protektionistische deutsche Handelspolitik mit bitterem Spott bedachte, war der Welthandel in Unordnung geraten. Auf dem Höhepunkt der Weltwirtschaftskrise stand die Welt am Rande einer wirtschaftlichen und politischen Katastrophe. In dem Maße, in dem alle Handelsnationen ihre eigenen nationalen Interessen auf Kosten der anderen zu verteidigen suchten, mußten auch die hierfür zur Verfügung stehenden klassischen handelspolitischen Instrumente zur Behinderung der Einfuhren und zur Förderung des Exports ihre beabsichtigte stabilisierende Wirkung verfehlen.

Mit der Zunahme der Intensität der weltwirtschaftlichen Verflechtungen und der wechselseitigen Abhängigkeiten in der Nachkriegszeit ist heute die Einhaltung internationaler handelspolitischer Spielregeln mehr denn je unverzichtbar geworden. Das Allgemeine Zoll- und Handelsabkommen ist der Versuch, über eine weltweite vertragliche Vereinbarung entsprechende Rahmenbedingungen für eine internationale Handelsordnung abzustecken und damit die Berechenbarkeit und Kontinuität des Welthandels und der nationalen Handelspolitiken zu gewährleisten.

### Außenhandelspolitik

Der Außenhandel eines Landes umfaßt den gesamten grenzüberschreitenden Verkehr, Einfuhren wie Ausfuhren, von Waren und Dienstleistungen. Die Summe des gesamten Außenhandels aller Staaten der Erde (der Binnenhandel der jeweiligen nationalen Ökonomien findet dabei also keine Berücksichtigung) bildet den »Welthandel«. Der Welthandel erfuhr seit den fünfziger Jahren ein gewaltiges Wachstum. Hatte sich der Welthandelsumsatz im ersten Nachkriegsjahrzehnt schon verdoppelt, so liegt der Exportwert der im Jahr 1987 international gehandelten Güter mit 2 450 Mrd. US-$ beim fast 40fachen des entsprechenden Wertes von 1950 (GATT 1988, S. 1f.). Dabei wuchs das Volumen des Welthandels insgesamt wesentlich schneller als die weltweite Güterproduktion. Über zwei Drittel des Welthandels werden von den westlichen Industrieländern exportiert (1987: 69,7% der Exportwerte) bzw. importiert (71,2% der Importwerte), während die Entwicklungsländer gerade 1/5 der internationalen Güterströme auf sich vereinigen und der Anteil der Staatshandelsländer am Welthandel mit rund 10% nach wie vor bescheiden ausfällt (GATT 1988, S. 2). Größte Exporteure der Welt sind die USA, die Bundesrepublik Deutschland und Japan, die jeweils ein Zehntel der Weltexporte beherrschen.

Der bedeutende Einfluß, den die Außenhandelsbeziehungen eines Landes auf die Entwicklung seiner Binnenwirtschaft nehmen, macht es erforderlich, daß die Regulierung des Warenverkehrs eng mit den wirtschaftspolitischen Zielsetzungen eines Landes abgestimmt wird. Ohnehin bestehen zwischen Binnenhandel und Außenhandel keine ökonomisch-grundsätzlichen Unterschiede. Im vergangenen Jahrhundert galten auch die Handelsbeziehungen zwischen Hamburg und München noch als »Außenhandel«; und der Transport von süddeutschem Südmilchjoghurt auf die norddeutschen Märkte folgt demselben ökonomischen (Un-)Sinn wie die Einfuhr von argentinischem Rindfleisch in die Bundesrepublik.

Einer zentral verwalteten Wirtschaft entspricht als Ordnungsform für die außenwirtschaftlichen Beziehungen das staatliche *Außenhandelsmonopol;* so wird beispielsweise in der UdSSR der gesamte Zahlungs- und Leistungsverkehr mit dem Ausland staatlich geplant. Eine *Marktwirtschaft* hingegen findet ihre Entsprechung in einer liberalen Außenhandelspolitik, die jedem Individuum und Unternehmen den Austausch von Waren und Kapital mit dem Ausland grundsätzlich freistellt. Nach dem Außenwirtschaftsgesetz AWG aus dem Jahr 1961 ist der Außenwirtschaftsverkehr in der Bundesrepublik »grundsätzlich frei« (§ 1 AWG). Gleichwohl erläßt das Gesetz eine Vielzahl von Ausnahmen vom Prinzip der Außenhandelsfreiheit, die z.B. die Genehmigungspflicht für bestimmte Waren in/aus bestimmten Ziel/Herkunftsländer festschreiben. Dem Staat bleibt es weiterhin unbenommen, den grenzüberschreitenden Waren- und Kapitalverkehr zu beeinflussen.

Da die Verwirklichung binnenwirtschaftlicher Ziele wie z.B. Preisstabilität oder Vollbeschäftigung von völlig ungehinderten außenwirtschaftlichen Beziehungen unterminiert zu werden droht, verzichtet letztlich keines der marktwirtschaftlichen Industrieländer darauf, den Außenhandel zu regulieren. In welchem Maße Produktionsbereiche durch den internationalen Wettbewerb unter Druck geraten können, wurde beispielsweise in der Bundesrepublik in den siebziger Jahren in der Textil- und Bekleidungsindustrie besonders augenfällig, als rund 85 000 Arbeitsplätze infolge von Bekleidungsimporten aus »Billiglohnländern« verloren gingen. Ohne die mengenmäßige Begrenzung der Bekleidungsimporte in die EG im Rahmen des Welttextilabkommens würde es, so die Gewerkschaft Textil-Bekleidung, »hierzulande diesen Industriezweig gar nicht mehr geben« (Stuttgarter Zeitung, 26. 3. 1985).

Die Instrumente, die für eine Regulierung des Außenhandels zur Verfügung stehen, beeinflussen entweder die Preise oder direkt die Mengen der grenzüberschreitenden Waren, oder aber sie wirken auf die außenwirtschaftlichen Zahlungsvorgänge ein. Demgemäß nutzt die Außenhandelspolitik
- *preispolitische* (Zölle zur Verteuerung der Einfuhr und Exportsubventionen zur Verbilligung der Ausfuhr)

## Kleines Zoll-ABC

Zölle sind in einem Zolltarif oder in Zollisten festgeschriebene finanzielle Abgaben, die vom Staat bei grenzüberschreitenden Waren erhoben werden. Da Zölle sowohl den Import, als auch, was seltener vorkommt, den Transit und den Export betreffen können,

a) unterscheidet man je nach Richtung des Warenstroms zwischen *Einfuhr-, Durchgangs-* und *Ausfuhrzöllen.*

b) Je nach Bemessungsgrundlage stehen verschiedene Zolltypen zur Verfügung:
- Der *Wertzoll* wird als Prozentsatz von Einfuhrwerten ausgedrückt. Je höher der Preis einer Ware, desto höher ist auch die Zollbelastung. Ein Zollsatz von 10 % besagt beispielsweise, daß auf eine Ware mit einem Wert von DM 10000,- eine Zollabgabe von DM 1000,- erhoben wird. Als zu verzollender Wert wird im allgemeinen der *cif-Preis* (cif = cost, insurance, freight), also der Warenpreis einschließlich der Transport- und Versicherungskosten, zugrundegelegt.
- Bei einem *spezifischen Zoll* wird pro Mengeneinheit des Einfuhrgutes eine feste Zollabgabe erhoben; die Zollbelastung ist damit bei billigen wie bei teuren Waren gleich hoch.
- Mischzölle umfassen einen Wertzoll und schreiben gleichzeitig eine Mindestabgabe pro Mengeneinheit fest.

c) Je nach der Funktion eines Zolles spricht man von
- *Finanz- oder Fiskalzöllen,* wenn sie in erster Linie dazu dienen, dem Staat Einnahmen zu verschaffen, hingegen von
- *Schutz- oder Wirtschaftszöllen,* wenn sie über die Erhöhung der Einfuhrpreise den Schutz heimischer Produzenten vor der ausländischen Konkurrenz bezwecken sollen.
- Eine besondere Form des Schutzzolles ist der *Erziehungszoll,* der mit der Absicht eingeführt wird, einen im Aufbau befindlichen bestimmten Wirtschaftszweig nur so lange zu schützen, bis er international konkurrenzfähig ist.
- *Retorsionszölle* werden als Vergeltungsmaßnahmen gegenüber Handelspartnern erhoben, die ihrerseits handelsbeschränkende Maßnahmen verfügten.
- *Ausgleichszölle* liegen vor, wenn auf Einfuhren, die von ausländischen Regierungen subventioniert werden, eine Abgabe erhoben wird; Anti-Dumping-Zölle sollen die Importe von Waren verteuern, die von ausländischen Anbietern im internationalen Handel billiger angeboten werden als im Herstellungsland.

d) Zolltarife werden in der Regel nach Warengruppen und Verarbeitungsgraden, seltener auch nach Herkunftsländern klassifiziert:
- *Präferenzzölle* gewähren bestimmten bevorzugten Handelspartnern Zollvergünstigungen.
- Eine *Zollprogression* liegt vor, wenn der Zollsatz mit dem Verarbeitungsgrad einer Ware ansteigt; progressive Zölle, die Grundstoffe und Vorleistungen niedriger belasten als Halb- und Fertigwaren, bewirken zudem einen sogenannten Eskalationseffekt: Der *effektive Zollschutz* für be- und verarbeitete Produkte (der zusätzlich zur nominalen Zollbelastung des entsprechenden Produkts die Belastung des erzeugten Mehrwerts mißt) ist weitaus höher als der im Zolltarif ausgewiesene nominale Zollsatz.
- Die Einordnung einer Ware in eine bestimmte Produktklasse, die sogenannte *Tarifierung,* kann, wenn das importierte Gut in eine Tarifposition mit besonders hohen Zollsätzen eingeordnet wird, als zusätzliches Instrument benutzt werden, um bestimmte Importe zu benachteiligen.

- *mengenpolitische* (Kontingente zur Begrenzung der Ein- oder Ausfuhrmengen)
- *währungspolitische* Instrumente (z.B. Wechselkursänderungen)

Das geschichtlich älteste und wichtigste Lenkungsinstrument der Handelspolitik ist der Zoll. Allerdings hat der Zoll in den letzten Jahren seine klassische handelspolitische Bedeutung verloren, da sich die Außenhandelspolitik heute auch einer unübersehbaren Vielfalt von importbeschränkenden und exportfördernden Maßnahmen bedient, die als »nichttarifäre Handelshemmnisse« bezeichnet werden (hierzu ausführlich Kapitel 2.3.).

Die Wachstumsraten des Welthandels nach dem Zweiten Weltkrieg wären ohne eine internationale Abstimmung der nationalen Handelspolitiken nicht möglich gewesen. Ohne ein vertragliches Übereinkommen über die Zulässigkeit und Unzulässigkeit bestimmter Handelspraktiken liefen die wirtschaftspolitischen Konzepte der einzelnen Handelspartner Gefahr, durch unvorhersehbare Änderungen der Außenhandelspolitik anderer Länder zunichte gemacht zu werden. Ein Land, das seine Binnenwirtschaft wesentlich auf internationale Güterströme einstellt, muß sich darauf verlassen können, daß seine ausländischen Absatzmärkte offenbleiben und daß die Kontinuität der ausländischen Lieferungen gewahrt bleibt. Internationaler Handel erfordert langfristige Planung und riskante Investitionen; er reagiert auf Unsicherheit besonders empfindlich. Das GATT formuliert daher über die vertragliche Bindung der Mitgliedsstaaten eine Welthandelsordnung, die die Unsicherheit über den handelspolitischen Kurs der Handelspartner minimieren soll.

Die ordnungspolitischen Vorstellungen des GATT unterscheiden sich dabei fundamental von anderen, weitaus weniger wirksam gewordenen Initiativen der Nachkriegszeit, den internationalen Handel neu zu ordnen. Insbesondere die Entwicklungsländer haben sich darum bemüht, mit Internationalen Rohstoffabkommen feste Vereinbarungen über Preise, Liefer- und Abnahmemengen zwischen Rohstoffimporteuren und -exporteuren auszuhandeln. In der Erklärung über die Errichtung einer Neuen Weltwirtschaftsordnung vom Mai 1974 hat sich die UNO mit der Stimmenmehrheit der Entwicklungsländer dazu verpflichtet, auf die Errichtung einer Neuen Weltwirtschaftsordnung NWWO hinzuwirken, die insbesondere die Aufhebung der wirtschaftlichen Kluft zwischen den Industrie- und den Entwicklungsländern ermöglichen soll (vgl. Kapitel 2.6.). Beide Konzepte, multilaterale produktbezogene Handelsabkommen wie das umfassendere der NWWO, plädieren für die Einrichtung internationaler Steuerungsmechanismen für den Welthandel, die die internationalen Warenströme so beeinflussen, daß die ungleich schwächere Position der Entwicklungsländer im internationalen Wettbewerb ausgeglichen werden kann. Demgegenüber zielt das GATT gerade auf den weitgehenden Abbau jeder politischen Einflußnahme auf den internationalen Handel; der freie Weltmarkt, auf dem der internationale Wettbewerb ungehindert zum Tragen kommt, ist die Zielvorstellung des GATT. In der vom GATT umrissenen Welthandelsordnung kommt daher gerade die Marktmacht der führenden Industrienationen zum Ausdruck.

## Vom Nutzen des Außenhandels –
## Seine Begründung in der klassischen bürgerlichen Ökonomie

Kaum ein Staat des 20. Jahrhunderts hat sich konsequent einer autarken Wirtschaftspolitik verschrieben und sich vom Güteraustausch mit anderen Ländern abgekoppelt – als Ausnahmen wären allenfalls China bis zu Maos Tod oder der Nordjemen bis zum Ende des Imamats zu nennen. Offenbar sind die Gründe, die für einen regen länderübergreifenden Handel sprechen, in der Praxis »zwingend«. Auch die ökonomische Theorie hat sich, seitdem über die Wirtschaft systematisch nachgedacht wird, ganz wesentlich darum bemüht, den Nutzen des Handels, insbesondere des Außenhandels, zu begründen. Bereits die Pioniere der Nationalökonomie, die Merkantilisten des 17. Jahrhunderts, erblickten im Handel die Quelle allen nationalen Wohlstandes. Die sogenannte klassische Nationalökonomie, die zu Zeiten der britischen Vormachtstellung in der Welt vor allem von den Engländern Adam Smith und David Ricardo formuliert wurde, vermochte schließlich ein wissenschaftlich fundiertes geschlossenes Gedankengebäude zu errichten, das die Bedeutung eines freien Außenhandels für weltweiten Wohlstand und wirtschaftliches Wachstum zu belegen versuchte. Alle nachfolgenden außenhandelstheoretischen Positionen gründen auf dem Fundament der klassischen Nationalökonomie, sei es, daß sie deren Grundgedanken weiterentwickeln, sei es, daß sie diese als Kontrastfolie für eine ideologiekritische Analyse benutzen. Denn so sehr auch in der Wirtschaftswissenschaft von Gesetzen, Ableitungen und empirischen Belegen die Rede ist – ökonomische Erkenntnis ist stets interessengeleitete Erkenntnis, die immer die Züge ihrer Zeit und der gesellschaftlichen Herkunft ihrer Verfechter trägt.

Die vorherrschenden wirtschaftlichen Interessen, die in die konkrete Gestalt des GATT Eingang gefunden haben, kleiden sich in den wissenschaftlichen Rechtfertigungszusammenhang der klassischen Nationalökonomie. Vor einer Darstellung der wichtigsten GATT-Bestimmungen ist es daher angebracht, die Argumente anzuführen, die den Nutzen eines freien Handelssystems belegen sollen; ihrer Kritik widmet sich der letzte Abschnitt dieses Kapitels.

Warum Außenhandel? Die Literatur nennt vor allem vier Gründe, die es als sinnvoll erscheinen lassen, daß die Nationen regen Handel miteinander treiben:

a) Der Außenhandel gleicht die ungleiche räumliche und zeitliche Verfügbarkeit von Rohstoffen und Waren aus. Wenn man in Betracht zieht, daß beispielsweise die Weltvorräte des für Stahllegierungen notwendigen Molybdäns auf nur vier Länder konzentriert sind (USA, Chile, UdSSR und Kanada) oder daß Jutepflanzen nur im Monsunklima gedeihen, dann ist es naheliegend, daß sich Länder, die nicht über entsprechende Rohstoffvorkommen oder entsprechende ökologische Bedingungen verfügen, sich um den Erwerb dieser Güter im Ausland bemühen. Die Wurzeln des Fernhandels liegen denn auch im (Luxus-)Bedarf nach exotischen Erzeugnissen wie Pfeffer oder Weihrauch, die im »Abendland« selbst nicht verfügbar waren.

b) Der Außenhandel erweitert den Markt für die angebotenen Waren und fördert damit das wirtschaftliche Wachstum. Adam Smith hatte bereits nachgewiesen, daß mit der Zunahme der Nachfrage in einem expandierenden Markt im allgemeinen die aus wirtschaftlicher Tätigkeit resultierenden Gewinne wachsen.

c) Der Außenhandel intensiviert den wirtschaftlichen Wettbewerb und beschleunigt, indem er die heimische Wirtschaft dem Luftzug der ausländischen Konkurrenz aussetzt, strukturelle und technologische Innovationen. Die Fortschrittsimpulse, die der internationale Wettbewerb freisetzt, betonte vor allem Mancur Olsen. So galt beispielsweise die französische Industrie mit dem Ende des französischen Kolonialreiches Anfang der sechziger Jahre nicht zuletzt deshalb als veraltet, da die engen wirtschaftlichen Beziehungen zwischen dem Mutterland und den Kolonien die französische Industrie weitgehend von der internationalen Konkurrenz abschotteten.

d) Der Außenhandel ermöglicht es den Ländern, die Vorzüge der Internationalen Arbeitsteilung zu nutzen und sich auf die Produktion jener Güter zu spezialisieren, für die sie über die günstigste Ausstattung an Produktionsfaktoren verfügen. In der Bundesrepublik könnten durchaus Bananen im Unterglasanbau gepflanzt werden – mit einem immensen Einsatz von Kapital und Energie freilich. Das in der Bundesrepublik zur Verfügung stehende Potential an Ressourcen, Kapital und Arbeitskraft kann sicherlich vorteilhafter genutzt werden, wenn wir auf die Erzeugung von Bananen verzichten und diese in tropischen Ländern erwerben, die sie kostengünstiger produzieren können. Das Theorem der komparativen Kostenvorteile von David Ricardo erklärt, weshalb der Wohlstand aller Handelspartner wächst, wenn sie sich auf die Produktion jener Güter spezialisieren, die sie angesichts ihrer Standortvorteile am kostengünstigsten erzeugen können – und dementsprechend jene Güter, für die sie komparative Produktivitätsnachteile aufweisen, durch den Güteraustausch erwerben.

Das *Theorem* der komparativen Kostenvorteile ist bis heute der fundamentale Lehrsatz der Außenhandelstheorie; alle Aussagen über den Nutzen des Außenhandels sind nur Variationen über ein Thema von Ricardo. Ein Abschnitt aus dem im Auftrag des GATT-Generalsekretärs 1985 vorgelegten GATT-Grundsatzpapier der »Sieben Weisen« (GATT: »Trade policies for a better future«, Genf 1985) mag belegen, welche Bedeutung dem historischen Modell Ricardos gerade auch im GATT beigemessen wird:

»Schon seit alten Zeiten haben die Menschen herausgefunden, daß sie ihr Einkommen verbessern können, wenn sie spezialisierte Fähigkeiten entwickeln und die Früchte ihrer Arbeit dann auf dem Markt untereinander tauschen. Ein Bauer mag des Nähens kundig sein und ein Schneider mag wissen, wie man Hühner züchtet – doch jeder kann mehr erzeugen, wenn er seine Arbeit auf jene Tätigkeit konzentriert, die er am effizientesten beherrscht. Dasselbe trifft ebenso auf Länder zu. Der Handel ermöglicht es den Ländern, sich darauf zu konzentrieren, was sie am besten vermögen. Keine zwei Länder verfügen über die exakt gleiche Ausstattung an natürlichen Ressourcen, Klima oder Arbeitskraft. Diese Unterschiede geben jedem Land für einzelne Produkte einen »komparativen Kostenvorteil« gegenüber anderen Ländern. Der Handel übersetzt die jeweiligen Vorteile der verschiedenen Länder in die größtmögliche Produktivität für alle. Dies ist die klassische Theorie des internationalen Handels. Sie ist bis heute gültig« (ebd., S. 23).

## Das Theorem der komparativen Kostenvorteile

*Damals . . .*

David Ricardo in seinem 1817 erschienenen Werk »Grundsätze der politischen Ökonomie und der Besteuerung« (zit. n. der von F. Neumark herausgegebenen Ausgabe, Frankfurt 1972, S. 106ff.):
»Unter einem System von vollständig freiem Handel widmet natürlicherweise jedes Land sein Kapital und seine Arbeit solchen Verwendungen, die für es am vorteilhaftesten sind. Dieses Verfolgen des individuellen Nutzens ist wunderbar mit der allgemeinen Wohlfahrt der Allgemeinheit verbunden. Indem es Fleiß anregt, die Erfindungsgabe belohnt und am Erfolgreichsten die besonderen Kräfte, die von der Natur verliehen sind, ausnutzt, verteilt es die Arbeit am wirksamsten und wirtschaftlichsten . . .
. . . Dieser Grundsatz ist es, welcher bestimmt, daß Wein in Frankreich und Portugal, Getreide in Amerika und Polen angebaut und Metall und andere Waren in England verfertigt werden sollen.
. . . Hätte Portugal mit anderen Ländern keine Handelsbeziehung, so würde es gezwungen sein, statt einen großen Teil seines Kapitals und seines Fleißes zur Erzeugung von Weinen zu verwenden, mit denen es für seinen eigenen Konsum Tuch- und Metallwaren anderer Länder ersteht, einen Teil dieses Kapitals in der Fabrikation dieser Güter anzulegen, die es wahrscheinlich auf diese Weise in geringerer Qualität und Quantität erhalten würde.
England kann vielleicht so gestellt sein, daß man zur Tuchfabrikation der Arbeit von 100 Mann auf ein Jahr bedarf, und wenn es versuchte, den Wein zu erzeugen, möchte die Arbeit von 120 Mann für dieselbe Zeit nötig sein. Infolgedessen läge es in Englands eigenem Interesse, Wein zu importieren und durch die Ausfuhr von Tuch zu erstehen.
Um den Wein in Portugal zu produzieren, könnte vielleicht die Arbeit von nur 80 Mann im Jahre erforderlich sein, und um das Tuch daselbst zu fabrizieren, die von 90 Mann in derselben Zeit. Daher würde es für Portugal vorteilhaft sein, Wein zu exportieren im Tausche für Tuch. Dieser Tausch könnte sogar stattfinden, obgleich das von Portugal eingeführte Gut dort mit weniger Arbeit als in England produziert werden könnte.
. . . England exportierte Tuch gegen Wein, weil, indem es so handelte, seine eigene Arbeit produktiver gestaltet wurde; es besaß mehr Tuch und Wein, als wenn es beides für sich selbst fabriziert hätte; und Portugal importierte Tuch und führte Wein aus, weil die Arbeit von Portugal in der Weinerzeugung nutzbringender angewandt werden konnte.«

*und heute:*

Stefan Tangermann im Jahr 1983 in einem Aufsatz zur Frage »Wer ist schuld am Hunger in der Welt?« (Tangermann 1983, S. 10):
»Wer Armut überwinden, d.h. möglichst viel Kaufkraft erwirtschaften will, muß das produzieren, was er am besten erzeugen kann. Das müssen nicht Nahrungsmittel für den eigenen Bedarf sein, sondern es können andere Erzeugnisse sein, die sich verkaufen lassen. Für den Verkaufserlös lassen sich nämlich womöglich mehr Nahrungsmittel kaufen, als die Eigenproduktion erbracht hätte. (. . .) Dann kann es beispielsweise so sein, daß auf einem Stück Land 10 Doppelzentner Reis erzeugt werden können, auf dem gleichen Land aber so viel Tee produziert werden könnte, daß sich für den Erlös aus dem Teeverkauf 15 Doppelzentner Reis kaufen lassen.«

Mit dem vorstehend zitierten Beispiel der Handelsbeziehungen zwischen England und Portugal hebt Ricardo hervor, daß für einen für beide Seiten lohnenden Außenhandel nicht die absoluten Kostenunterschiede ausschlaggebend sind (die ja Portugal sowohl für Wein als auch für Tuch verzeichnet). Wirksam sind bereits komparative Kostenvorteile, die dann bestehen, wenn ein Land in der Produktion bestimmter Produkte im Vergleich (komparativ) zu anderen Produkten anderen Ländern überlegen ist. Denn mit der Aufnahme des Handels bilden sich internationale Preise für die getauschten Güter, die die relativen Kostenvorteile in absolute Preisvorteile transformieren. So läge im Falle des von Ricardo bemühten Beispiels das inländische Preisverhältnis in England vor Aufnahme des Handels bei 1 Einheit Tuch zu 0,83 Einheiten Wein, in Portugal aber bei 1 Einheit Tuch zu 1,125 Einheiten Wein. Angenommen, daß sich nach Aufnahme des Handels das internationale Preisverhältnis zwischen den beiden nationalen Niveaus bewegt, so daß es sich auf 1 Einheit Tuch zu 1 Einheit Wein beläuft. Nun können beide Länder einen Handelsgewinn erzielen; der Handel ermöglicht ihnen die Verfügung über mehr Güter, als wenn sie beide, Tuch wie Wein, autark hergestellt hätten. Denn England kann nun für 1 Einheit Tuch 0,17 Einheiten mehr Wein erwerben als im Zustand der Autarkie, und Portugal, in dem vor Aufnahme des Handels 1 Einheit Wein gegen 0,88 Einheiten Tuch eingetauscht werden mußten, erhält für 1 Einheit Wein nun 1 Einheit Tuch.

Der Gewinn des einen Landes wird somit nicht durch den Verlust des anderen Landes erkauft. Der internationale Handel ist der klassischen Außenhandelstheorie zufolge kein Nullsummenspiel, in dem jemand nur gewinnen kann, wenn jemand anderes verliert. Vielmehr erfahren alle am internationalen Handel beteiligten Länder eine Wohlfahrtsvermehrung. Das Wachstum des weltweiten Wohlstandes parallel zur Ausweitung des Handels verdankt sich zum einen den Vorteilen der Spezialisierung, zum anderen der Ausweitung der Konsummöglichkeiten:

– Indem sich jedes Land im Rahmen einer internationalen Arbeitsteilung auf die Produktion jener Güter spezialisiert, für die es die entsprechenden Standortvorteile aufweist, werden die Produktionsfaktoren der Welt in effizientester Weise genutzt; die Außenhandelstheorie hat sich im Anschluß an Ricardo vor allem darum bemüht, diesen Spezialsierungseffekt zu erklären und damit die Ursachen des Bestehens von komparativen Vorteilen zu erläutern. Ricardo führte die bestehenden Produktivitätsdifferenzen noch in erster Linie auf natürliche Faktoren (Klima, Verfügbarkeit von Ressourcen) zurück, während das Faktorproportionentheorem von Heckscher und Ohlin von einer unterschiedlichen Ausstattung der Länder mit den Produktionsfaktoren Kapital und Arbeit ausgeht, die jeweils die Spezialisierung auf kapital- oder arbeitsintensive Produktionszweige steuern. Neuere außenhandelstheoretische Ansätze betonen zusätzlich die Bedeutung der Arbeitskräftequalifikation (»Humankapital«) und des technologischen Entwicklungsstandes.

– Durch die Möglichkeit, Güter billiger zu erwerben, als sie im Inland selbst produziert werden könnten und zudem Güter zu erwerben, die im Inland überhaupt nicht verfügbar sind, führt der internationale Handel zu einer Verbilligung und Verbreiterung des für die Konsumenten zur Verfügung stehenden Warenangebotes.

Warum aber nun kann der allgemein wohlstandssteigernde Effekt des internationalen Handels erst, wie Ricardo betont, in »einem System von vollständig freiem Handel« zum Tragen kommen? Der Nutzen des freien Handels läßt sich am besten veranschaulichen, wenn wir die Kosten benennen, die einer Volkswirtschaft entstehen, wenn sie den Handel beispielsweise mit Zöllen zu behindern versucht. Betrachten wir die Wirkungen einer tarifären Protektion anhand eines vereinfachten ökonomischen Modells (nach Glismann u.a. 1986, S. 23ff.):

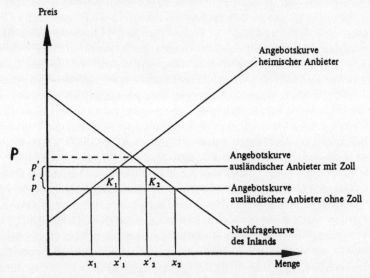

(Mit Genehmigung des Verlages Vandenhoeck & Ruprecht, Göttingen, aus: Glismann/Horn/Nehring Vaubel, Weltwirtschaftslehre. I: Außenhandels- und Währungspolitik, 3., überarb. u. erw. Auflage 1986. S. 24)

Die in diesem Diagramm von links unten nach rechts oben eingetragene Angebotsfunktion bringt zum Ausdruck, daß die Anbieter bei gegebener Faktorenausstattung in der Lage sind, von dem betrachteten Gut zu steigenden Preisen steigende Mengen anzubieten; demgegenüber folgt die Nachfragefunktion von links oben nach rechts unten der Einsicht, daß die Käufer in der Regel weniger geneigt sind, eine Ware zu erwerben, wenn deren Preis steigt. Der inländische Gleichgewichtspreis würde sich in einem autarken Wirtschaftssystem bei P einspielen, zu der die Menge M nachgefragt wird. Wenn nun jedoch ausländische Anbieter in der Lage sind, zu einem Preis p jede gewünschte Menge zu liefern, würden in einer vollständig offenen Wirtschaft die Konsumenten nunmehr die Menge $x_2$ nachfragen, während die Produktion der inländischen Anbieter zu diesem Preis auf die Menge $x_1$ schrumpfen würde.

Zum Schutz seiner einheimischen Produzenten könnte ein Staat veranlaßt sein, einen Zoll in Höhe von t zu erheben, so daß sich das Angebot ausländischer Anbieter auf das Preisniveau p' nach oben verschiebt und die inländischen Produzenten zu diesem Preis ihr Angebot auf die Menge $x'_1$ erweitern können (*Schutzeffekt* des Zolls), während die importierte Menge auf $x'_1 - x'_2$ zurückgeht (*Handelseffekt* des Zolls). Der Protektionismus hätte allerdings auch zur Folge, daß gegenüber einem freien Handel die insgesamt im Inland nachgefragte Menge von $x_2$ auf $x'_2$ sinkt (*Verbrauchseffekt* des Zolls).

Die Konsumenten müssen damit zu dem künstlichen Preis p' auf den Konsum der Menge $x_2 - x'_2$ verzichten. Die Fläche $K_2$ markiert die sogenannten »Konsumtionskosten der Protektion«. Weiterhin würde die Volkswirtschaft Kosten im Umfang des von $K_1$ bezeichneten Feldes sparen, wenn sie die zusätzliche Menge $x_1 - x'_1$ nicht selbst erzeugen, sondern günstiger im Ausland erwerben würde. Diese Fläche $K_1$ beschreibt die »Produktionskosten der Protektion«. Diese Produktions- und Konsumtionskosten sind Verluste, die eine protektionistische Volkswirtschaft erleidet; da sie weder im Inland noch im Ausland durch entsprechende Gewinne kompensiert werden, beschreibt sie die Außenhandelstheorie als »deadweight losses« (Finger/Olechowski 1987, S. 29f.).

Die Produktionskosten der Produktion fallen deshalb an, weil Produktionsfaktoren des Landes zur Herstellung einer Gütermenge gewissermaßen verschwendet werden, die man günstiger hätte im Ausland erwerben können. Nur ein System des vollständig von staatlichen Verzerrungen freien Wettbewerbs garantiert, so die liberale Ökonomie, die optimale Allokation der Produktionsfaktoren: d.h., nur wenn der internationale Handel nicht behindert wird, ist gewährleistet, daß die Produktionsfaktoren in jene Bereiche abwandern können, in denen sie die höchste Produktivität aufweisen. Und die ergibt sich in der Bundesrepublik, weltweit besehen, weder bei der Erzeugung von Bananen noch bei der Herstellung von Zucker ... Die Art und Weise, in der jede Form des Protektionismus die optimale Lenkungsfunktion des freien internationalen Wettbewerbs verzerrt, wurde schon von Ricardo vehement kritisiert: »Die einzige Wirkung höherer Zölle auf die Einfuhr von Fabrikaten oder von Getreide, oder einer Prämie auf ihre Ausfuhr ist die, einen Teil des Kapitals einer Verwendung zuzuführen, welche es natürlicherweise nicht suchen würde. Sie erzeugt eine verderbliche Verteilung des Vermögens der Gesellschaft, besticht einen Fabrikanten, ein verhältnismäßig weniger gewinnbringendes Unternehmen anzufangen oder fortzuführen. Sie ist die schlechteste Art von Besteuerung, denn sie gibt dem Ausland nicht alles, was sie dem Inlande entzieht« (Ricardo 1972, S. 320).

Das zentrale Anliegen des GATT, über eine Liberalisierung des internationalen Güteraustausches den weltweiten Handel zu fördern und damit letztlich dem Wohlstand aller Handelspartner dienlich zu sein, ist unverkennbar vom Geist der hier skizzierten liberalen Außenhandelstheorie geprägt. Und dennoch verrät der Vertragstext auch, daß die Signaturstaaten den Versprechungen der Ökonomen eine gewisse Skepsis entgegenbringen. Denn während die (neo-)klassische Außenhandelstheorie, wie hier nachvollzogen, zu belegen versucht, daß der Abbau von Importbeschränkungen zunächst einmal dem Importland selbst nützt, ist im GATT-Vertragstext immer von »Zugeständnissen« die Rede, wenn Importerleichterungen für die anderen Handelspartner geregelt werden sollen.

So sehr das Vertragswerk auch die Fahnen der bürgerlichen liberalen Ökonomie hochhält, so ist nicht minder der merkantilistische Geist in ihm lebendig, der einem Freihandel aus pragmatischen Gründen eher eine Handelspolitik vorzieht, die die Importverpflichtung maßvoll zu begrenzen versucht und mit der Glorifizierung des Freihandels zugleich auf die Erschließung neuer Absatzmärkte im Ausland drängt.

## 2.2 Entstehungsgeschichte und Zielsetzung des GATT

Das Allgemeine Zoll- und Handelsabkommen entstand 1947 im Zuge der insbesondere von den USA betriebenen Bemühungen um den Wiederaufbau der Weltwirtschaft und die Neuordnung der internationalen Wirtschaftsbeziehungen nach dem Kriege. Wenngleich nur als provisorisches Übergangsabkommen bis zur Einrichtung einer – bis heute nicht zustandegekommenen – Internationalen Handelsorganisation (ITO) konzipiert, bildet es den vertraglichen und institutionellen Rahmen der heutigen Welthandelsordnung. Die Weltwirtschaftskrise 1929–33 zum einen, die US-amerikanische Außenhandelspolitik der dreißiger Jahre zum anderen, markieren den historischen Grund, in dem das GATT wurzelt und der den Vertragstext auch in seiner heute gültigen Form unverkennbar prägt.

**Die Weltwirtschaftskrise und die Außenhandelspolitik der USA in den dreißiger Jahren**

Die Weltwirtschaft und der Welthandel erlitten in den Jahren 1929/30 ihre bis dahin schwersten Rückschläge. Die wirtschaftliche Erholung nach den Wirren des Ersten Weltkrieges hatte im Zeichen erstaunlicher technologischer Produktivitätsfortschritte, staatlicher Stützungsmaßnahmen für die einheimische Wirtschaft (die insbesondere die Bildung von Großkonzernen förderte) und einer allenthalben verbreiteten Schutzzollpolitik gestanden. Doch mit dem trügerischen Boom der »goldenen zwanziger Jahre« gingen wachsende Massenarbeitslosigkeit und sinkende Löhne einher, was zur Folge hatte, daß die Kaufkraftentwicklung weit hinter dem Produktionswachstum hinterher hinkte. Der Boom, der seinen Ausdruck in erster Linie in überzogenen Aktienkurssteigerungen und einer fortschreitenden Überproduktion gefunden hatte, erlebte mit dem »Schwarzen Donnerstag« an der New Yorker Börse am 24. 10. 29 sein jähes Ende. Dem Börsenkrach folgten weltweit Bankenzusammenbrüche und Firmenkonkurse, sowie ein massiver Rückgang der Industrieproduktion und Rohstofförderung infolge fallender Weltmarktpreise. Die gesamte Industrieproduktion in den USA brach 1930 um 20% gegenüber dem Vorjahr ein, die Welterzeugung an Stahl schrumpfte von 1929 bis 1932 von 120,4 auf 50,4 Mio. t, von Zinn von 192 auf 99 Tsd. t, von Kupfer von 1915 auf 886 Tsd. t (Kindleberger 1973,

S. 275 u. 293). Gleichzeitig allerdings blieb die Erzeugung der wichtigsten Agrargüter in der ersten Hälfte der dreißiger Jahre weitgehend stabil, was angesichts sinkender Kaufkraft und schwerwiegender Exporteinbrüche zu einem verheerenden Preisverfall (der Index der Weltagrarpreise sank von 1925 = 100 auf 1932 = 24,4; Kindleberger 1973, S. 87) und wachsenden Lagerbeständen führen mußte.

Zum Schutz der amerikanischen Landwirtschaft und Industrie unterzeichnete Präsident Hoover 1930 das Smoot-Hawley Tariff Act, das die Importzölle auf bisher ungewohnte Höhen anhob. Dies löste eine Welle von Gegenmaßnahmen der Handelspartner aus, die zwar als »Retorsionsmaßnahmen« zu legitimieren versucht wurden, dabei die »Vergeltung« (Retorsion) jedoch häufig als willkommener Vorwand zum Schutz der eigenen Wirtschaft genutzt wurde. Die meisten europäischen Länder erhöhten die Zölle und führten Kontingente ein, aber auch Kuba, Mexiko, Neuseeland, Kanada und Australien setzten höhere Tarife fest. Die Schweiz verfügte gar einen vollständigen Boykott amerikanischer Waren. Mit der Abwertung ihrer Währungen versuchten viele Industrie- und Entwicklungsländer zugleich, ihre Exporte zu erhöhen, die Importe zu verteuern und die Deflation zu bekämpfen – eine sogenannte »beggar-my-neighbour-policy«, die zur Eskalation der Krise führte, in dem Maße, wie sich alle wichtigen Handelsländer ihrer bedienten. Der Versuch, im Rahmen einer Welthandelskonferenz 1933 in London ein Zoll-Stillhalteabkommen und eine Stabilisierung der Währungen zu vereinbaren, scheiterte.

Die Spirale des Welthandels Januar 1929 – März 1933; Gesamtimporte von 75 Ländern (aus Kindleberger 1973, S. 87)

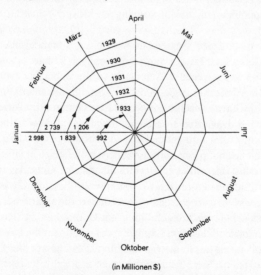

(in Millionen $)

(Aus: dtv 4124 Charles P. Kindleberger, Die Weltwirtschaftskrise, © 1973 Deutscher Taschenbuch Verlag, München.)

Der Umfang des Welthandels schrumpfte vom Januar 1929 an kontinuierlich und erreichte im Januar 1933 nur noch ein Drittel seines Wertes von 1929.

Infolge von Produktions- und Exportrückgang, Preisverfall und Firmenkonkursen wuchs die Massenarbeitslosigkeit: 1932 war weltweit rund 1/5 der erwerbsfähigen Bevölkerung ohne Arbeit. Die sozialen Folgen der Weltwirtschaftskrise hatten zweifellos Einfluß auf die politische Radikalisierung insbesondere in Deutschland und verhalfen hier dem Faschismus zum Durchbruch. Angesichts der folgenschweren protektionistischen Spirale, durch die die Weltwirtschaftskrise im Versuch, ihre Auswirkungen auf die jeweilige nationale Wirtschaft zu begrenzen, letztlich beschleunigt wurde, mag es einleuchten, daß »vor Beendigung des Zweiten Weltkriegs ... die demokratische Führungsschicht der USA die Meinung« vertrat, »das Fehlen eines offenen Welthandelssystems in den dreißiger Jahren sei ein Hauptgrund der ausbrechenden Feindseligkeiten gewesen« (Senti 1986, S. 5f.). Die von den Erfahrungen mit der Weltwirtschaftskrise geleitete Idee, daß ein freier Welthandel die internationalen Wirtschaftsbeziehungen zu fördern und dadurch auch den Weltfrieden zu stabilisieren vermag, ist eine der Leitvorstellungen, die in das GATT-Vertragswerk Eingang gefunden haben.

Eine andere historische Wurzel, die den »Spirit« des US-amerikanischen Engagements für das GATT-Vertragswerk prägte, liegt in der Neukonzeption der amerikanischen Außenhandelspolitik durch die Demokraten Mitte der dreißiger Jahre, als sich die neue weltwirtschaftliche Führungsrolle der USA bereits herauszukristallisieren begann. Anfang 1933 übernahm der Demokrat Roosevelt die amerikanische Präsidentschaft. Nachdem er schon im Wahlkampf die protektionistische Handelspolitik seines republikanischen Amtsvorgängers Hoover als eine der zentralen Ursachen der fortschreitenden Wirtschaftskrise gegeißelt hatte, unterzeichnete er 1934 mit dem »Reciprocal Trade Agreement Act« ein der Handelsliberalisierung verpflichtetes Handelsgesetz. Mit der darin vorgesehenen Ermächtigung des Präsidenten zum Abschluß von »Executive Agreements«, die nicht der Zustimmung des Senats bedürfen, begründete es zugleich die bis heute für die amerikanische Handelsgesetzgebung konstitutive Machtposition des Präsidenten beim Abschluß von Handelsvereinbarungen. Das »Reciprocal Trade Agreement Act« hatte zum erklärten Ziel, den rückläufigen Exporthandel der USA zu fördern und Absatzmärkte für die amerikanische Überschußproduktion zu sichern bzw. neu zu schaffen. Nicht zuletzt der drohende Verlust des britischen Marktes für amerikanische Agrarexporte wegen entsprechender Präferenzen für die Commonwealth-Staaten, die auf der Ottawa-Konferenz 1932 verfügt wurden, schien insbesondere die agrarischen Exportinteressen der USA schwerwiegend zu gefährden. Im Unterschied zu den anderen Industriestaaten, kam in den USA dem Exporthandel gerade für die Landwirtschaft eine maßgebliche Bedeutung zu: Immerhin resultierte Anfang der dreißiger Jahre mehr als 1/4 der amerikanischen Farmereinkommen aus Exporterlösen (Kindleberger 1973, S. 87).

Das Handelsgesetz von 1934, das auch unter dem Namen »Hull Programm« – benannt nach seinem entschiedenen Verfechter, dem US-Außenminister Cordell Hull – in die Wirtschaftsgeschichte einging, formulierte, in der Absicht, die amerikanischen Exportinteressen zu wahren, jene drei Prinzipien, die später zu den bestimmenden Elementen des GATT-Vertragstextes werden sollten:

* *Das Prinzip der Liberalisierung:* Zum Abbau der Handelsschranken ermächtigt das Gesetz den Präsidenten, Abkommen mit dem Ausland über Zollreduktionen bis zu 50% abzuschließen.
* *Das Prinzip der Meistbegünstigung:* Alle Vergünstigungen, welche die USA einer Vertragspartei gewähren, müssen bedingungslos auf alle anderen Vertragsparteien ausgeweitet werden.
* *Das Prinzip der Reziprozität* (das dem Handelsgesetz zugleich seinen Namen gibt): Handelshemmnisse werden seitens der Amerikaner nur bei entsprechenden Gegenleistungen der Vertragspartner abgebaut.

Im Sinne des Hull-Programms wurden bis Ende 1937 sechzehn Handelsabkommen abgeschlossen, die ein Drittel des amerikanischen Außenhandels betrafen. Wenngleich die Wirkung des Hull-Programms auf eine tatsächliche Neuordnung der internationalen Warenströme sehr begrenzt blieb (zum einen erfaßte der Großteil der vereinbarten Zollsenkungen nur ohnehin unwirksame Zölle, zum anderen wurde die Handelspolitik im Verlaufe des Zweiten Weltkrieges der Verteidigungspolitik untergeordnet), markiert es eine ideologische Wende der Handelspolitik in Zeiten zunehmenden Protektionismus. Indem es zugleich der amerikanischen Handelsstrategie Ausdruck gab, die eigene Wirtschaftsmacht mittels unbehinderter Exportzugänge und der Befriedigung des eigenen Importbedarfs über die billigsten Märkte zu stärken, prägte das Handelsgesetz von 1934 die amerikanischen Vorstöße zur Neuordnung der Weltwirtschaft nach dem Zweiten Weltkrieg.

**Das Bretton-Woods-System und die Havanna-Charta:
Neuordnung der Weltwirtschaft nach dem Zweiten Weltkrieg**

Zwar vermochte sich die Weltwirtschaft von den Kriegsschäden so rasch zu erholen, daß Welthandel und -produktion bereits 1948 wieder das Niveau der Vorkriegszeit erreichten – das Kriegsende jedoch hinterließ eine neue weltwirtschaftliche Rollenverteilung. Europa hatte seine ökonomische wie politische Führungsrolle an die USA verloren. Schon im Verlaufe der letzten Kriegsjahre bemühten sich die USA, ihrer neuen konkurrenzlosen weltwirtschaftlichen Vormachtstellung gemäß, um verschiedene internationale Initiativen zum Wiederaufbau und zur Neuordnung der Weltwirtschaft auf finanz- wie auf handelspolitischem Gebiet. So wurde das internationale Währungs- und Finanzwesen mit der »Währungs- und Finanzkonferenz« vom Juli 1944 im amerikanischen Bretton Woods neu geregelt. Um Abwertungswettläufe zu verhindern, die während der Weltwirtschaftskrise den Welthandel letztlich strangulierten, wurde mit dem »Bretton-Woods-System« ein internationales Wechselkurssystem auf der Basis fester Wechselkurse zwischen konvertiblen Währungen geschaffen. Als zentrale Institutionen zur Regulierung des Währungssystems und zur Finanzierung des wirtschaftlichen Wiederaufbaus wurden der Internationale Währungsfonds und die Weltbank eingerichtet. Analog zu diesen UNO-Sonderorganisationen, denen die Gewährleistung der finanz- und währungspolitischen Voraussetzungen für eine Ausweitung des Welthandels obliegt, sollte eine Internationale Handelsorganisation (International Trade Organization ITO) die handelspolitischen Grundlagen der weltwirtschaftlichen Integration konsolidieren.

Mit diesem Ziel, eine UNO-Sonderorganisation zur Festlegung der internationalen Handels- und Beschäftigungsordnung zu begründen, berief der Wirtschafts- und Sozialrat der UNO (ECOSOC = Economic and Social Council) eine internationale Konferenz für Handel und Beschäftigung ein, nachdem das amerikanische Außenministerium mit seinen »Proposals for Expansion of World Trade and Employment« im November 1945 entsprechende Vorschläge eingereicht hatte. Nach Vorkonferenzen in London 1946 und Genf 1947 wurde auf der UN-Konferenz für Handel und Beschäftigung, die vom November 1947 bis zum März 1948 in der kubanischen Hauptstadt tagte, die *Havanna Charta for an International Trade Organization* von 54 Staaten unterzeichnet. Die Legislativen in einer Reihe von Signaturstaaten lehnten jedoch eine Ratifizierung der Charta ab. Da insbesondere auch der Kongreß der USA angesichts kritischer Stimmen der amerikanischen Wirtschaft die Zustimmung zu der vom Statedepartement projektierten »Havanna-Charta« verweigerte, war das Schicksal der ITO besiegelt. Infolge des Scheiterns der Havanna-Charta kam jedoch einem vorab bereits beschlossenen provisorischen Abkommen eine überraschende Bedeutung zu: Die USA hatten bereits 1946 angeboten, Verhandlungen über Zollsenkungen und den Abbau nichttarifärer Handelshemmnisse auch außerhalb der noch nicht gegründeten ITO durchzuführen.

Das Ergebnis dieser Verhandlungen, die auf der Genfer Vorkonferenz 1947 erfolgten, wurde als »Allgemeines Zoll- und Handelsabkommen/GATT« zusammengefaßt und am 30. Oktober 1947 von 23 Staaten unterzeichnet und durch ein »Protocol of Provisional Application« mit Wirkung vom 1. 1. 1948 an vorläufig in Kraft gesetzt. Ursprünglich als handelspolitischer Teil IV der Havanna-Charta gedacht, geriet das GATT mit dem Scheitern der ITO zur Dauereinrichtung. Das GATT bedurfte nicht der Zustimmung des amerikanischen Kongresses, da die amerikanische Regierung zwar nicht über den Beitritt zu internationalen Organisationen entscheiden konnte, jedoch laut Handelsgesetz zum Abschluß von Handelsabkommen ermächtigt war. So ist auch das GATT bis heute nur ein Vertragswerk und keine mit anderen UNO-Sonderorganisationen wie z.B. dem IWF vergleichbare internationale Organisation. Gleichwohl hat es mit der Einrichtung des GATT-Sekretariats in Genf als Teil des UNO-Systems längst den Status einer selbständigen Institution angenommen.

Die Genfer Zollverhandlungen von 1947, die weitgehend dem Muster des Hull-

Programms folgten, erzielten neben der Festlegung handelspolitischer Grundprinzipien Zollreduktionen um durchschnittlich 20 %. Daß die Verhandlungsergebnisse nun jedoch nicht mehr wie vorgesehen in den weiteren ordnungspolitischen Kontext der Havanna-Charta eingebunden wurden, sollte sich insbesondere als Nachteil für die Entwicklungsländer herausstellen. Denn die Havanna-Charta umfaßte auch Bestimmungen über die Förderung der wirtschaftlichen Entwicklung und die Sicherung der Beschäftigung, die Vereinbarung internationaler Rohprodukteabkommen, sowie Ansätze einer internationalen Wettbewerbsordnung – Bestimmungen, die der besonderen Situation der Entwicklungsländer Rechnung trugen und die nun im übriggebliebenen handelspolitischen Fragment des GATT entfielen. Der auf Druck der Entwicklungsländer dem ursprünglichen GATT-Vertragstext 1966 noch beigefügte Teil IV über »Handel und Entwicklung« kann die weitergehenden Regelungen der Havanna-Charta nicht adäquat ersetzen.

### Das Bretton-Woods-System der internationalen Währungsordnung

Der Grundstein für die Neuordnung des Währungssystems nach dem Zweiten Weltkrieg wurde 1944 bei der Währungs- und Finanzkonferenz der Vereinten Nationen in Bretton Woods/USA gelegt. Vor der Neuordnung des Welthandels schien es notwendig, zunächst ein neues Währungssystem einzurichten und Regeln für den internationalen Kapitalverkehr festzulegen. Da Währungsabwertungen bzw. -aufwertungen zugleich als Import- bzw. Exportbeschränkungen wirksam werden können, wurde nach der Konzeption des Amerikaners White ein System fester Wechselkurse als der Expansion des Welthandels besonders zuträglich bewertet. Zudem sollte die Konvertibilität der Währungen, d.h. ihr unbeschränkter Umtausch untereinander, gewährleistet sein.

Mit dem Bretton-Woods-Abkommen legten die unterzeichnenden Länder den Wert ihrer Währung in Gold bzw. in US-Dollar fest (der sogenannte Gold-Dollar-Standard des Bretton-Woods-Systems) und verpflichteten sich, den Wechselkurs im Rahmen einer zulässigen Schwankungsbreite von 1 % stabil zu halten. Zur Überwachung der Wechselkurse wurde der *Internationale Währungsfonds IWF* eingerichtet, als Bank für die Vergabe von Entwicklungskrediten zugleich die *Weltbank/International Bank for Reconstruction and Development IBRD*. In beiden Bretton-Woods-Institutionen gilt im Unterschied zu allen anderen UN-(Sonder)Organisationen kein gleiches Stimmrecht; das Stimmrecht der Mitglieder ist vielmehr nach ihren Einzahlungsquoten gewichtet. Das Wechselkurssystem von Bretton Woods mit festen Wechselkursen und Gold-Dollar-Standard brach spätestens 1973 infolge des wachsenden amerikanischen Zahlungsbilanzdefizits zusammen. Die meisten Industrieländer gingen zu flexiblen Wechselkursen über. Mit der seit 1978 wirksamen Änderung der IWF-Statuten wurde diese Entwicklung des Währungssystems letztlich legalisiert, so daß es nun allen IWF-Mitgliedern freisteht, das ihnen angemessen erscheinende Wechselkurssystem zu wählen. Gleichzeitig wurde allerdings die Kompetenz des IWF gestärkt, die Wechselkurspolitik seiner Mitglieder zu überwachen.

### Zielsetzung des GATT

Die GATT-Präambel umreißt die Ziele des Abkommens und benennt die GATT-Grundprinzipien, die die Verwirklichung dieser Ziele gewährleisten sollen:

GATT-Präambel
Die Vertragspartner haben »*in der Erkenntnis, daß ihre Handels- und Wirtschaftsbeziehungen auf die Erhöhung des Lebensstandards, auf die Verwirklichung der Vollbeschäftigung, auf ein hohes und ständig steigenes Niveau des Realeinkommens und der wirksamen Nachfrage, auf die volle Erschließung der Hilfsquellen der Welt, auf die Steigerung der Produktion und des Austausches von Waren gerichtet sein sollen, und in dem Wunsche, zur Verwirklichung dieser Ziele durch den Abschluß von Vereinbarungen beizutragen, die auf der Grundlage der Gegenseitigkeit und zum gemeinsamen Nutzen auf einen wesentlichen Abbau der Zölle und anderen Handelsschranken sowie auf die Beseitigung der Diskriminierung im internationalen Handel abzielen, durch ihre Vertreter folgendes vereinbart*«

Es folgt Teil I, Art. I Allgemeine Meistbegünstigung.

Da weder die intensive Ausbeutung der Weltressourcen noch eine Steigerung des internationalen Warenaustausches ein wirtschaftspolitisches Ziel an sich sein kann, wird die unsystematische Aufzählung der GATT-Ziele in der Präambel von Kritikern auch gerne als »blumige Umschreibung dafür« verspottet, »daß die Vertragsparteien allen Mitgliedern alles Gute wünschten« (Glisman u.a. 1986, S. 96f.). Gleichwohl kristallisiert sich darin der ökonomische Fundamentalgedanke des GATT heraus: die der klassischen bürgerlichen Nationalökonomie entnommene Prämisse, daß sich das wirtschaftliche Wachstum und die Erhöhung des Wohlstandes für alle beteiligten Handelspartner gleichermaßen am besten durch die Steigerung des internationalen Warenhandels fördern lassen.

Als Instrumente, die die Steigerung des internationalen Handels gewährleisten sollen, verfügt die GATT-Präambel drei Grundprinzipien für eine Welthandelsord-

### Grundsätze des GATT

*1. Liberalisierungsprinzip:*
Die Vertragsparteien sollen nichttarifäre Handelshemmnisse, darunter insbesondre mengenmäßige Ein- und Ausfuhrbeschränkungen, beseitigen und im Rahmen regelmäßiger Zollverhandlungsrunden für die kollektive Absenkung der Zölle Sorge tragen, so daß ein weitgehend von Handelsbeschränkungen freier Handel möglich ist.

*2. Meistbegünstigungsprinzip (Prinzip der Nicht-Diskriminierung):*
Jeder Vertragspartner muß die einem anderen Land zugestandenen Handelserleichterungen unverzüglich und bedingungslos allen Vertragspartnerstaaten für alle gleichartigen Waren gewähren.

*3. Reziprozitätsprinzip:*
Wenn ein Land einem Vertragspartner handelspolitische Vergünstigungen einräumt, soll auch der Vertragspartner umgekehrt gleichwertige Gegenleistungen erbringen.

nung, denen alle anschließenden Detailregelungen verpflichtet sind und die die Autoren unverkennbar dem amerikanischen Handelsgesetz von 1934 entlehnten:
- Handelszugeständnisse sollen nach dem *Prinzip der Gegenseitigkeit (Reziprozität)* vereinbart werden;
- die erklärte Absicht, zum Abbau von Zöllen und anderen Handelsschranken beizutragen, verweist auf das *Prinzip der Liberalisierung*;
- das Verbot der Diskriminierung, das im anschließenden Art. I als *Prinzip der Meistbegünstigung* konkretisiert wird, drückt die Verpflichtung zur bedingungslosen Gleichbehandlung aller Vertragspartner aus.

## 2.3 Das Prinzip der Liberalisierung

Eine Wirtschaftsordnung ist liberal, wenn die Absichten der Wirtschaftssubjekte, untereinander in beliebige Geschäfte einzutreten, nicht durch staatliche Maßnahmen behindert, durchkreuzt oder beeinflußt werden. Demgemäß spricht man von einem liberalen Handel, wenn es Einzelpersonen oder Unternehmen freisteht, mit ausländischen Partnern Verträge abzuschließen. Das GATT enthält in diesem Sinne die Aufforderung zur Liberalisierung des Außenhandels, d.h. zur Beseitigung aller nationalen Handelshemmnisse, die den internationalen Wettbewerb behindern. Das GATT strebt eine weltweite, nicht-diskriminierende und reziproke Liberalisierung des Handels an: Die Beseitigung von Handelsschranken soll allen Handelspartnern gleichermaßen zugute kommen und auf der Basis der Gegenseitigkeit erfolgen. Das Liberalisierungsprinzip des GATT gründet in der freihandelstheoretischen Überzeugung, daß der ungehinderte internationale Warenaustausch zur Verbesserung der Güterversorgung und des Volkseinkommens aller beteiligten Länder führt.

Liberaler Handel ist, darauf weisen auch die unbedingten Befürworter des GATT-Systems hin, nicht gleichbedeutend mit gerechtem Handel: »Liberal trade differs from fair trade« (Finger/Olechowski 1987, S. 14). Im Unterschied zum freien Handel hat der Staat bei der Absicht, einen gerechten Handel zu gewährleisten, das Interesse, die Handelsbeziehungen so zu beeinflussen, daß auch andernfalls im internationalen Wettbewerb erfolglose Wirtschaftsparteien konkurrenzfähig werden. Dies wäre jedoch gleichbedeutend mit der Einrichtung von Handelshemmnissen und widerspräche damit in der Regel dem Liberalisierungsprinzip. Denn unter Handelshemmnissen werden im Sinne des GATT alle staatlichen Maßnahmen verstanden, die den Umfang, die Güterzusammensetzung und die regionale Ausrichtung des internationalen Handels beeinflussen.

Für die Konkretisierung des Liberalisierungsprinzips im GATT ist allerdings die Unterscheidung zwischen tarifären und nichttarifären Handelshemmnissen wesentlich. Die Zulässigkeit tarifärer Handelshemmnisse, das ist die Anwendung von in einem Tarif festgelegten Zöllen, wird vom GATT ausdrücklich bestätigt. Nichttarifäre

Handelshemmnisse hingegen, die alle nationalen Gesetze, Verwaltungsvorschriften und -praktiken umfassen, welche neben Zöllen eine Regulierung, Beschränkung oder Verzerrung des Warentausches bewirken, sind grundsätzlich zu beseitigen. Schutzmaßnahmen für die einheimische Wirtschaft, d.h. Protektion, sollen sich ausschließlich des handelspolitischen Instrumentes der Zölle bedienen. So gesehen verpflichtet das GATT also nicht zum Freihandel (vgl. Hilf/Petermann 1986, S. 97), zumal eine ganze Reihe von Ausnahmebestimmungen die vorübergehende Errichtung von Handelshemmnissen erlauben. Wenngleich der GATT-Vertragstext als Dokument der Genfer Zollsenkungsrunde von 1947 auf den Abbau von Zöllen im Rahmen regelmäßiger Zollverhandlungsrunden zielt, ist keine Vertragspartei gezwungen, an Verhandlungsrunden mit dem Ziel des Zollabbaus teilzunehmen. Über die vertragliche Bindung der Zolltarife jedoch soll das GATT stabile und transparente Rahmenbedingungen für den internationalen Handel gewährleisten und das Protektionsniveau der Vertragspartner nach oben begrenzen.

Nach der angegebenen Definition wirken nicht nur staatliche Maßnahmen zur Begrenzung des Marktzugangs, sondern auch zur Behinderung oder Förderung der Exporte als Handelshemmnisse. Eine staatliche Exportsubventionierung wirkt insofern »handelshemmend« und diskriminierend, als sie u.a. die Wettbewerbsfähigkeit anderer Anbieter auf dem Weltmarkt beeinträchtigt. Da zudem jede Form der Subventionierung und der Unterstützungsprogramme für einheimische Wirtschaftsbereiche (von den direkten Beihilfen für eine kränkelnde Branche wie z.B. die Stahlindustrie bis hin zu Maßnahmen der Regionalförderung), ohne daß dies damit beabsichtigt sein muß, auch den Außenhandel beeinflussen kann, zählen streng genommen auch Binnenmarktsubventionen zu den nicht-tarifären Handelshemmnissen. Bezogen auf die wichtigsten im GATT geregelten handelspolitischen Instrumente, konkretisiert sich das Liberalisierungsprinzip also in Regelungen über Konsolidierung (d.h. vertragliche Bindung) und den Abbau von Zöllen, Verbote von nicht-tarifären Handelshemmnissen, insbesondere von mengenmäßigen Beschränkungen, dem Verbot von Exportsubventionen und Regelungen über die Anwendung von »heimischen« Subventionen. Im folgenden soll das Prinzip der Liberalisierung nur hinsichtlich importbegrenzender Maßnahmen näher erläutert werden, während dem Problem der Subventionen in Kap. 2.7. ein getrennter Abschnitt gewidmet ist.

**Konsolidierung und Abbau von Zöllen**

Das GATT schreibt keiner Vertragspartei die Anwendung eines bestimmten und allgemeinen Zollniveaus oder gar die Beseitigung aller Zölle vor. So wenden auch die wichtigsten Handelsmächte nach dem Abschluß der bislang letzten Zollverhandlungsrunde, der sogenannten Tokio-Runde, auf Industrieprodukte nach wie vor je verschiedene Zollsätze an: Die EG belegt Industriegüterimporte mit Zöllen von durchschnittlich 6,0%, die USA mit 4,9%, Japan mit 5,4%. Mit dem Beitritt eines

Staates zum GATT allerdings werden zwischen dem beitretenden Staat und den übrigen Vertragsparteien im Verlaufe oft langwieriger Beitrittsverhandlungen Handelskonzessionen ausgehandelt, die Produkt für Produkt in sogenannten Länderlisten festgeschrieben werden. Diese Länderlisten (schedules of concessions) mit einem Umfang von jeweils 100 bis 200 Seiten sind Bestandteil des Abkommens und können nur in Ausnahmefällen wieder geändert werden.

Das GATT-Abkommen, dessen ursprünglicher Vertragstext nur wenige Seiten umfaßte, ist damit mittlerweile auf eine Büchersammlung von über zwei Metern Breite angewachsen (Institut der dt. Wirtschaft 1987, S. 3). Die in den Listen veröffentlichten Konzessions-Zollsätze dürfen keinesfalls überschritten, jedoch jederzeit unterschritten werden.

Die in einer Länderliste gebundenen nationalen Tarife werden in der GATT-Sprache als *konsolidierte* Zölle bezeichnet. Damit der Zollabbau nicht auf die Beitrittsverhandlungen beschränkt bleibt, erklären sich die Vertragsparteien bereit, im Rahmen von Zollverhandlungsrunden weitere Handelskonzessionen auszuhandeln: »*Die Vertragsparteien erkennen an, daß Zölle den Handel oft erheblich behindern; von großer Bedeutung für die Ausweitung des internationalen Handels sind daher . . . Verhandlungen, die eine wesentliche Herabsetzung des allgemeinen Niveaus der Zölle . . . bezwecken*« (Art. XXVIIIbis).

Im Verlaufe der nach der konstituierenden Genfer Zollrunde 1947 durchgeführten sechs weiteren Zollrunden konnten die innerhalb der GATT-Vertragsparteien angewandten Zollsätze soweit gesenkt werden, daß die durchschnittliche Zollbelastung auf Industrieprodukte nun nur noch 6,4 % (vor der Tokio-Runde noch 10,4 %) beträgt. Während die Zollzugeständnisse in den ersten Zollrunden noch in einem komplizierten Verfahren selektiv, d.h. Tarifposition für Tarifposition getrennt, ausgehandelt wurden, einigte man sich seit der Kennedy-Runde auf die lineare Methode, indem für alle Zolltarifpositionen gleichmäßige lineare Zollsenkungen um einen bestimmten Prozentsatz vereinbart wurden.

Die meisten der im Industriebereich gebräuchlichen Tarifpositionen sind mittlerweile konsolidiert und haben damit entsprechende Zollsenkungen erfahren, so daß in diesem Bereich kaum mehr mit tiefgreifenden Zollsenkungen im Rahmen von Zollrunden zu rechnen ist. Allerdings erheben Entwicklungsländer im allgemeinen auf importierte Industriegüter höhere Zölle als die Industrienationen. Im Agrarbereich sind gerade 2/3 der Tarifpositionen konsolidiert, was darüber Aufschluß gibt, daß der Handel mit Agrarprodukten bislang vielfach als Verhandlungsgegenstand ausgespart wurde. Ohnehin haben feste Zölle im Agrarhandel keine entscheidende Bedeutung; gebräuchlicher sind variable Zölle und eine Vielzahl nicht-tarifärer Handelshemmnisse.

Genaue Aussagen über die Höhe der von den einzelnen Ländern beim Grenzübertritt von Agrarprodukten erhobenen Abgaben sind daher kaum zu gewinnen. Jedoch ermöglicht der Vergleich zwischen Inlandspreisen und Einfuhrpreisen an der Grenze eine Bestimmung des Protektionsgrades und damit einen Vergleich über das

Ausmaß, in dem die jeweiligen Länder ihre Agrarmärkte schützen. Der *nominale Protektionskoeffizient NPK* wird als Quotient aus Inlandspreis und Einfuhrpreis »frei Grenze« gebildet. Wenn beispielsweise der EG Ende des Jahres 1987 auf dem Weltmarkt Weizen zum Preis von 130 $/t angeboten wurde, der EG-Inlandspreis für Weizen jedoch bei 220 $/t lag, so betrug der NPK für Weizen in der EG zu diesem Zeitpunkt 1,69 (wobei die Messung des Protektionsgrades allerdings unberücksichtigt lassen muß, daß der US-Weizen auf dem Weltmarkt nur mittels staatlicher Subventionen derart billig angeboten werden konnte, die Bewertung des NPK also angesichts manipulierter Weltmarktpreise fragwürdig ist). Die von der Weltbank vorgenommenen Berechnungen des NPK lassen den Schluß zu, daß die Industrieländer durchschnittlich die Märkte für Agrarprodukte stärker schützen als für Industrieprodukte, während für Entwicklungsländer im allgemeinen das umgekehrte gilt:

Nominale Protektionskoeffizienten in Industrieländern für Erzeugerpreise ausgewählter Agrarprodukte 1980 bis 1982:

| | | |
|---|---|---|
| Australien | 1,04 | |
| EG | 1,54 | |
| Sonstiges Europa | 1,84 | (Finnland, Norwegen, Österreich, Schweden, Schweiz) |
| Japan | 2,44 | |
| Kanada | 1,17 | |
| Neuseeland | 1,00 | |
| Vereinigte Staaten | 1,16 | |
| Gewogener Durchschnitt | 1,40 | |

(Quelle: Weltbank 1986, S. 133)

Schutz der Landwirtschaft im Vergleich zur Industrie in ausgewählten Entwicklungsländern 1980-82

| | Jahr | Relative Protektionsquote |
|---|---|---|
| Brasilien | 1980 | 0,65 |
| Mexiko | 1980 | 0,88 |
| Nigeria | 1980 | 0,35 |
| Ägypten | 1981 | 0,57 |
| Peru | 1981 | 0,68 |
| Korea | 1982 | 1,36 |
| Ecuador | 1983 | 0,65 |

(ein Verhältnis von unter 1,00 gibt an, daß die Landwirtschaft relativ schwächer geschützt ist als die Industrie. Die relative Protektionsquote ist berechnet als Quotient aus der Protektionsquote der Landwirtschaft und der Protektionsquote der Industrie)
(Quelle: Weltbank 1986, S. 73)

Der Erfolg des im Rahmen der GATT-Zollrunden erreichten Abbaus der Zolltarife erfährt neben dem erläuterten Fortbestand des Agrarprotektionismus in den Industrieländern eine weitere Einschränkung dadurch, daß die Anwendung einer Zollprogression insbesondere seitens der Industrieländer trotz allgemeiner Zollsenkungen aufrechterhalten blieb. Je nach Verarbeitungsstufe wenden die Industriestaaten unterschiedliche Zollsätze an. Der Import von Grundstoffen ist heute in fast allen Industriestaaten zollfrei, während die Halbfertigfabrikate einer Belastung von 4%, die Fertigprodukte Zöllen in Höhe von gar 7% unterliegen.

Dies trifft in besonderem Maße auch für Agrarprodukte und Nahrungsmittel zu. Während die EG einem großen Teil jener Agrarimporte aus Entwicklungsländern, die innerhalb der EG keiner Marktordnung unterliegen, im unverarbeiteten Zustand zollfreien Zugang gewährt oder nur geringe Zölle erhebt, schützt sie ihre Nahrungsmittelindustrie mit hohen Zöllen auf verarbeitete Agrarerzeugnisse. So beträgt der EG-Zollsatz für Kaffeeextrakt beispielsweise das achtfache des Zollsatzes für grüne Kaffeebohnen, die den Kaffeeröstereien ja gerade als billige Rohstoffe zur Verfügung stehen sollen. Folgende Tabelle benennt Beispiele für die Zollprogression im Agrarhandel für den Durchschnitt einiger wichtiger Industrieländer:

Tarifäre Handelshemmnisse für verarbeitete Agrarprodukte in Industrieländern

| Produkt und Produktionsstufe | Durchschnittliche Zollsätze |
|---|---|
| Fisch | |
|   Stufe 1: frisch | 3,5% |
|   Stufe 2: zubereitet | 5,5% |
| Gemüse | |
|   Stufe 1: frisch | 8,9% |
|   Stufe 2: zubereitet | 12,4% |
| Obst | |
|   Stufe 1: frisch | 4,8% |
|   Stufe 2: zubereitet | 14,4% |
| Kaffee | |
|   Stufe 1: grün, geröstet | 6,8% |
|   Stufe 2: verarbeitet | 9,4% |
| Kakao | |
|   Stufe 1: Bohnen | 2,6% |
|   Stufe 2: verarbeitet | 4,3% |
|   Stufe 3: Schokolade | 11,8% |
| Leder | |
|   Stufe 1: Rohfelle, Häute | 0,0% |
|   Stufe 2: verarbeitet | 4,2% |
|   Stufe 3: Leder-/Schuhwaren | 9,6% |

(Die Angaben gelten für Australien, die EG-9, Finnland, Japan, Kanada, Neuseeland, Norwegen, Österreich, Schweden und die Schweiz.)
(Quelle: Weltbank 1986, S. 147)

Die Tatsache, daß Vorleistungen niedriger verzollt werden als die aus ihnen hergestellten Produkte, führt dazu, daß die effektive Belastung der Wertschöpfung weitaus höher ist als der im Tarif festgelegte nominale Zollsatz.

Diesen *Eskalationseffekt* erläutert das nachfolgende Beispiel:
»Der gemeinsame EWG-Außenzoll auf rohe, nicht versponnene Jute sei Null; der Einkaufspreis betrage 80 DM/dz. Daraus hergestelltes ungezwirntes Jutegarn koste im Ausland 150 DM/dz und sei mit einem Zoll von 8 vH belastet. (Von Transportkosten sei der Einfachheit halber abgesehen.) Führt eine deutsche Jutespinnerei für 80 DM Rohjute ein, entstehen keine Zollkosten. Exportiert eine pakistanische Jutespinnerei Jutegarn in die BRD, entsteht eine Zollschuld von 12 DM (8 vH von 150 DM). Die Wertschöpfung der deutschen Jutespinnerei kann in unserem Beispiel 70 DM betragen, wenn kein Zoll erhoben wird. Die Existenz des genannten Nominalzolls erhöht den Produktionskostenspielraum in der BRD um 12 DM auf 82 DM: dies sind 17,1 vH der Wertschöpfung. Das bedeutet, daß die deutsche Jutespinnerei nicht mit 8 vH – d.h. in der Höhe des Nominalzolls – vor der Konkurrenz aus Drittländern geschützt ist, sondern mit 17,1 vH. – Um diesen Prozentsatz müssen ausländische Anbieter billiger produzieren, wenn sie auf dem deutschen Markt konkurrenzfähig sein wollen.« (Das Beispiel stammt aus: Donges, J.B., Fels, G., Neu, A.D. u.a., Protektion und Branchenstruktur der westdeutschen Wirtschaft, Kieler Studie Nr. 123, Tübingen 1973, S. 17 und 18).

So kann bereits eine leichte Zollprogression Entwicklungsländer, die eine Verarbeitungsindustrie aufzubauen versuchen, gravierend benachteiligen. Durch den besonderen Schutz, den damit die Verarbeitungsindustrien in den Industrieländern erfahren, wird die Rolle des Rohstofflieferanten, die viele Entwicklungsländer in der internationalen Arbeitsteilung nach wie vor innehaben, festgeschrieben.

**Nicht-tarifäre Handelshemmnisse**

Das einzige handelspolitische Instrument, das das GATT zur Regulierung der Importe ausdrücklich erlaubt, sind nicht-diskriminierende, konsolidierte und transparente Zölle. Demgegenüber verlangt das GATT die vollständige Beseitigung nichttarifärer Handelshemmnisse. Die unterschiedliche Bewertung von tarifären und nichttarifären Handelshemmnissen im GATT läßt sich historisch und außenhandelstheoretisch begründen. Die Begründer des GATT hatten die geschichtliche Erfahrung vor Augen, daß die Weltwirtschaft um die Jahrhundertwende bis zu Beginn des Ersten Weltkrieges eine Blütezeit erlebte, als Zölle das weitgehend einzige protektionistische Instrument darstellten. Der Zusammenbruch des Welthandels im Zuge der

Weltwirtschaftskrise wiederum wurde insbesondere durch zahllose nichttarifäre Handelshemmnisse beschleunigt, die in ihrer Willkür unvorhersehbar waren. Zölle sind, so die außenhandelstheoretische Rechtfertigung, marktkonforme Instrumente der Handelspolitik, die den Preismechanismus über den Ausgleich von Angebot und Nachfrage im internationalen Güteraustausch nicht außer Kraft setzen. Zwar erhöht der Zoll den binnenwirtschaftlichen Preis des geschützten Produkts gegenüber dem Niveau des internationalen Marktpreises, er koppelt den Binnenmarkt jedoch nicht von Preisentwicklungen jenseits der Grenzen ab, da der Binnenmarktpreis sich parallel zum Weltmarktpreis bewegen wird. Zollmauern können, wenn sie nicht prohibitive Höhen erreichen, d.h. so hoch angesetzt sind, daß jegliche Einfuhr verunmöglicht wird, stets überstiegen werden. Ein ausländischer Anbieter, der in der Lage ist, zu so günstigen Einfuhrpreisen zu verkaufen, daß auch nach dem Zollzuschlag der Inlandspreis der Import-Ware nicht über dem Preis der entsprechenden inländischen Erzeugnisse liegt, wird sich weiterhin im internationalen Wettbewerb behaupten können. Verfügt ein Land jedoch quantitative Restriktionen, wie sie die EG beispielsweise für zahlreiche Agrarprodukte, für Textilien, Eisen und Stahl anwendet, so kann auch ein noch so günstiger Exporteur nicht über das zugestandene Einfuhrkontingent hinaus liefern, selbst wenn ihn im Einfuhrland eine große Nachfrage erwarten würde. Mengenmäßige Handelsbeschränkungen koppeln den Binnenmarkt damit von den Entwicklungen des Weltmarktes ab; der internationale Wettbewerb wird nachhaltig unterbunden.

Die wichtigste Bestimmung des GATT über nichttarifäre Handelshemmnisse (NTH) betrifft die mengenmäßigen Handelsbeschränkungen. In Art. XI:1 ist festgelegt:

*»Außer Zöllen, Abgaben und sonstigen Belastungen darf eine Vertragspartei bei der Einfuhr einer Ware aus dem Gebiet einer anderen Vertragspartei oder bei der Ausfuhr einer Ware oder ihrem Verkauf zwecks Ausfuhr in das Gebiet einer anderen Vertragspartei Verbote oder Beschränkungen, sei es in Form von Kontingenten, Einfuhr- und Ausfuhrbewilligungen oder in Form anderer Maßnahmen, weder erlassen noch beibehalten.«*

Ein weiterer Artikel des GATT, Artikel III, verlangt die Gleichstellung ausländischer mit inländischen Waren auf dem Gebiet der inneren Abgaben und Rechtsvorschriften. Die Vertragsparteien anerkennen, daß auf eingeführte Waren indirekte Steuern und Rechtsvorschriften z.B. über den Verkauf, den Transport und die Verwendung von Waren nicht angewendet werden dürfen, so daß die inländische Produktion geschützt wird. Artikel VIII schließlich verbietet mit den diskriminierenden Zollabwicklungen eine weitere Form NTH's und regelt Gebühren und Förmlichkeiten im Zusammenhang mit der Einfuhr und Ausfuhr.

Angesichts der noch sehr unvollständigen Auflistung der heute gebräuchlichen Formen von NTH mag es nicht verwundern, daß die aufgezählten Bestimmungen des GATT hierzu längst nicht für alle denkbaren Handelspraktiken Regelungen zu treffen vermochten:

## Formen nicht-tarifärer Handelshemmnisse

### 1. Mengenbeschränkende Handelshemmnisse
a) Beschränkungen der Einfuhrmenge durch
- Einfuhrverbote
- globale Einfuhrkontingente, die eine maximale Einfuhrmenge für ein bestimmtes Produkt festlegen, dabei aber den Wettbewerb unter den Exporteuren im Rahmen der Quote zulassen
- aufgeteilte Einfuhrquoten, die die zulässigen Importmengen eines bestimmten Produkts unter verschiedenen Exportländern aufteilen

b) Freiwillige Exportselbstbeschränkungsabkommen

c) Beschränkungen der Ausfuhrmenge durch
- Ausfuhrverbote und Ausfuhrkontingente

### 2. Preisbeeinflussende Handelshemmnisse
a) preisliche Belastungen der Einfuhr durch
- variable Einfuhrabschöpfungen, die die Differenz zwischen dem Garantiepreis für Importe und dem schwankenden Weltmarktpreis »abschöpfen«
- staatliche Importsteuern wie spezielle Umsatz-, Mehrwert- oder Luxussteuern
- Einfuhrgebühren

b) preisliche Belastungen der Ausfuhr durch Exportbesteuerung

c) Binnenmarktsubventionen zur preislichen Entlastung der Inlandsproduktion
- Erzeugersubventionen (»heimische Subventionen«) zur Verbesserung der Wettbewerbsfähigkeit einzelner Wirtschaftsbereiche oder -regionen
- Verbrauchersubventionen zur Verbilligung der Konsumentenpreise

d) Exportsubventionen zur preislichen Entlastung der Ausfuhr
- offene Exportsubventionierung über die Gewährung von Prämien, z.B. Exporterstattungen
- versteckte Exportsubventionierung über vergünstigte Ausfuhrkredite, Rückvergütung der Umsatzsteuer bei der Ausfuhr etc.

### 3. Verfahrensvorschriften
über die Genehmigung, Abfertigung und Verzollung von Einfuhren und Ausfuhren

### 4. Technische Handelshemmnisse
a) Verbraucherschutzvorschriften/sanitäre und phytosanitäre Maßnahmen, die zum Schutz des Lebens und der Gesundheit von Menschen, Tieren und Pflanzen sowie dem Schutz der Umwelt bestimmte Qualitätsanforderungen (z.B. lebensmittelrechtliche), Kennzeichnungspflichten und Absatzregelungen verlangen

b) Technische Normen und Sicherheitsvorschriften

c) Verfahrensvorschriften über Prüfungs- und Zulassungsverfahren

### 5. Direkte Beteiligung der Regierung am Handel, z.B. in Form des
- Außenhandelsmonopols in Staatshandelsländern
- öffentlichen Beschaffungswesens

### 6. Währungs- und finanzpolitische Maßnahmen wie
- Wechselkursänderungen
- Devisenverkehrsbeschränkungen und Devisenbewirtschaftung

Einen kleinen Eindruck von der schier unerschöpflichen Palette nichttarifärer Handelshemmnisse zur Begrenzung der Importe, deren sich die meisten GATT-Vertragsparteien mittlerweile bedienen, können einige Schlaglichter vermitteln:
- »Auf Grund eines Abkommens mit Zypern ist die EG verpflichtet, jährlich in der Zeit vom 16. Mai bis zum 30. Juni ein Zollkontingent für Frühkartoffeln einzurichten. Für 1979 hat der EG-Ministerrat dieses Kontingent erst am 25. 6. ausgeschrieben. Die entsprechende Verordnung wurde im Amtsblatt vom 28. 6. veröffentlicht, welches den Importeuren erfahrungsgemäß kaum vor dem 30. 6. zugehen konnte. Für die Nutzung des Kontingents blieben damit höchstens einige Stunden übrig« (Matzke 1980, S. 26).
- Um sicherzustellen, daß die AKP-Staaten Tomaten, Zwiebeln und Karotten nur dann in die EG exportieren können, wenn die europäische Ernte vermarktet ist, gewährte die EG im Lomé-II-Abkommen folgende saisonale Zollkontingente: »Für Tomaten 60% Zollermäßigung, aber nur für den Zeitraum vom 15. 11. bis 30. 4. und für ein Kontingent von 2000 Tonnen. Für Zwiebeln 60% Zollermäßigung für den Zeitraum vom 15. 2. bis 15. 5. (Kontingent 500 Tonnen)...« (Matzke 1980, S. 21).
- »Um eine Lastwagenladung Goudakäse aus den Niederlanden nach Frankreich zu schaffen, so klagen beispielsweise die holländischen Exporteure, seien nicht weniger als 300 verschiedene Stempel und Unterschriften erforderlich« (Wirtschaftswoche 28/1983, S. 28).
- Will ein ausländischer Hersteller Fahrradrückstrahler, wie sie in der BRD seit 1982 vorgeschrieben sind, in die Bundesrepublik einführen, muß er zunächst die Einhaltung der entsprechenden DIN (Deutsche-Industrie-Norm)-Bestimmungen bestätigen lassen. Darüber hinaus aber schreibt § 67 der Straßenverkehrsordnung vor, daß lichttechnische Einrichtungen vom Kraftfahrt-Bundesamt in Flensburg zugelassen werden müssen. Und diese Zulassung ist wiederum von einer Prüfung durch das Lichttechnische Institut der Technischen Universität Karlsruhe abhängig. Erst nach Abschluß dieser Prüfungen wird die Einfuhr genehmigt (nach EG-Magazin 1/83, S. 12).
- »So haben zum Beispiel die Deutschen kürzlich Rasierschaum in Sprühdosen an der Grenze zurückgewiesen, weil auf der Sprühdose der Vermerk fehlte, daß es sich um eine Seife handelt, die für die Babypflege ungeeignet sei. Die deutsche Kosmetik-Verordnung schreibt vor, daß Seifen, die zur Babypflege nicht taugen, entsprechend zu kennzeichnen sind. Kanada hat den Import der gängigsten amerikanischen Spargelkonserven verboten, wenn dabei nicht die kanadische Konserven-Standardgröße verwendet wird...« (Senti 1986, S. 180).

Daß saisonale Einfuhrverbote, Einfuhrkontingente, freiwillige Selbstbeschränkungsabkommen und administrative Schikanen bei den Einfuhrformalitäten der Beschränkung von Importen dienen, ist unbestritten. Sie fallen damit in der Regel unter die Verbotsbestimmungen des GATT: Problematisch ist es allerdings, wie in der vorstehenden Liste aufgeführt, nationale technische Sicherheitsvorschriften und Normen (wie in der BRD beispielsweise in über 24 000 DIN-Normen festgelegt), sowie

Qualitätsmindestanforderungen, Kennzeichnungspflichten und lebensmittelrechtliche Bestimmungen als verschleierte handelspolitische Instrumente zu werten und demgemäß als »*technische Handelshemmnisse*« zu titulieren. Sie geben zunächst einmal dem berechtigten Anliegen Ausdruck, den Schutz des Lebens und der Gesundheit von Menschen, Tieren und Pflanzen wie auch den Schutz der öffentlichen Sittlichkeit zu gewährleisten. Artikel XX des GATT respektiert daher auch ausdrücklich das Recht des Selbstschutzes, allerdings »*unter dem Vorbehalt, daß die . . . Maßnahmen nicht so angewendet werden, daß sie einer willkürlichen und ungerechtfertigten Diskriminierung zwischen Ländern, in denen gleiche Verhältnisse bestehen, oder zu einer verschleierten Beschränkung des internationalen Handels führen*« (Art. XX). Beispiele wie die von Senti angeführten kanadischen Konserven-Normen zeigen allerdings, daß häufig »das Schutzinteresse von Leib und Leben nur als Deckmantel für einen versteckten Protektionismus verwendet wird« (Senti 1986, S. 180). Immerhin verzeichnet eine Auflistung nichttarifärer Handelshemmnisse, die im Rahmen der Tokio-Runde erstellt wurde, von den 800 notifizierten NTH allein 150 als »technische Handelshemmnisse«.

Um diesen im GATT bislang nur vage umrissenen Bereich näher zu regeln, setzte ein Teil der Unterzeichnerstaaten 1980 ein »Übereinkommen über technische Han-

### Das Hormonverbot – ein Handelshemmnis?

Bereits im Dezember 1985 hatte die EG ein Hormonverbot verfügt, das die Anwendung von Wachstumshormonen in der Tiermast untersagt und auch die Einfuhr von hormonbehandeltem Fleisch verbietet. Dieses Hormonverbot wird allerdings, wie der Hormonkälberskandal in der Bundesrepublik im Sommer 1988 deutlich gemacht hat, in der Praxis immer wieder unterlaufen und zudem bislang nicht EG-einheitlich angewandt. Nachdem Großbritannien und Dänemark aus produktionstechnischen Gründen gegen dieses Hormonverbot geklagt hatten, wurde es im Februar 1988 vom Europäischen Gerichtshof für unrechtmäßig erklärt. Daraufhin bestätigten die Landwirtschaftsminister der EG das Hormonverbot rückwirkend vom 1. 1. 1988, gestanden jedoch, um einen Handelskonflikt mit den USA zu vermeiden, eine einjährige Übergangsregelung ein, die bis zum 31. 12. 1988 die Einfuhr von hormonbehandeltem Fleisch erlaubt. Gegen das Auslaufen der Übergangsregelung haben die USA nun erneut Widerstand angekündigt. Der amerikanische Präsident hat Retorsionsmaßnahmen, u.a. die Erhöhung von Zöllen auf Importe aus der EG, für den Fall angedroht, daß US-Lieferungen unterbunden würden. Washington ist der Auffassung, daß das Hormonverbot wissenschaftlich nicht gerechtfertigt sei. Der Staatssekretär im US-Finanzministerium, Peter McPherson, sieht im EG-Hormonverbot ein »offensichtliches Manöver«, da die EG hiermit Handelshemmnisse unter dem Deckmantel von Vorschriften zum Gesundheitsschutz errichten würde. Die USA werden Gegenmaßnahmen ergreifen, falls die EG in der Frage der Hormone nicht zu einer für die amerikanischen Fleischexporteure zufriedenstellenden Lösung komme. Die Mehrzahl der südamerikanischen Fleischexporteure hat mittlerweile ihrerseits ein Hormonverbot in der Tiermast verfügt, um den EG-Einfuhrrichtlinien zu entsprechen. Die USA allerdings möchten im Rahmen der Uruguay-Runde des GATT entsprechenden Druck auf die EG ausüben, um eine Aussetzung des Hormonverbotes zu erzwingen.

(nach GATT 1988b, Agra Europe 37/88 und 39/88)

> **Die Schutzmaßnahmen (safeguards) –
> Ein Überblick über die wichtigsten GATT-Artikel:**
>
> Als Schutzmaßnahmen werden alle Import- oder Exportbeschränkungen bezeichnet, die ein Staat zum Schutze der landeseigenen Wirtschaft erläßt. Als Ausnahmen vom Liberalisierungsgebot und Diskriminierungsverbot gestattet das GATT eine Reihe von Schutzmaßnahmen für die Dauer des Vorliegens einer entsprechenden Gefährdung. Grundsätzlich sind die davon betroffenen Handelspartner berechtigt, Kompensationen einzufordern oder Gegenmaßnahmen zu ergreifen.
> Erlaubt sind Schutzmaßnahmen
> - zum Schutz der Landesversorgung und der Landwirtschaft (Art. XI:2)
> - zum Schutz der Zahlungsbilanz (Art. XII, Art. XVIII)
> - zum Schutz des Lebens und der Gesundheit von Menschen, Tieren und Pflanzen (Art. XXb)
> - zum Schutz der öffentlichen Sittlichkeit (Art. XXa)
> - zum Schutz des nationalen Kulturgutes (Art. XXf)
> - zur Wahrung der nationalen (militärischen) Sicherheit (Art. XXI)
> - zum Schutz vor Subventionen und Dumpingpraktiken (Art. VI)
> - zur Errichtung bestimmter Wirtschaftszweige (»infant industries«) in Entwicklungsländern (Art. XVIII)
> - zum Schutz einmal gewährter Zugeständnisse, die sich unter veränderten wirtschaftlichen Bedingungen oder bei Vertragsverletzung durch eine andere Partei als schädlich erweisen (Art. XXIII – Streitbeilegungsverfahren).
> - Nach der »Schutzklausel« (escape clause) des Art. XIX kann eine Vertragspartei weiterhin von eingegangenen Verpflichtungen zurücktreten, wenn sich diese zum Nachteil der eigenen Wirtschaft auswirken, sei es im Falle der Marktzerrüttung durch übermäßig ansteigende Importe, sei es durch von der eigenen Wirtschafts- oder Handelspolitik verschuldete »besondere Umstände«.

delshemmnisse« in Kraft. Das Übereinkommen fordert eine verbesserte Kooperation und Transparenz bei der Festlegung von Qualitätsstandards und technischen Normen und regelt die Legitimität von Gegenmaßnahmen wie das Schlichtungsverfahren im Konfliktfall. Parallel dazu bemüht sich beispielsweise der »Kodex Alimentarius« der FAO um eine Vereinheitlichung der Normen im Lebensmittelbereich. Lebensmittelrechtliche Bestimmungen werden von den GATT-Vertragsstaaten in ganz unterschiedlichem Maße auf Agrareinfuhren angewandt. So liegt der von Gesundheitsnormen erfaßte Anteil der Lebensmitteleinfuhren in Japan auf 95%, in Norwegen auf 94%, dagegen in der Schweiz bei nur 53% und in Australien bei 60% (Weltbank 1986, S. 136). In der EG wurden in letzter Zeit, gerade auch im Hinblick auf eine Harmonisierung der Gesundheits- und Qualitätsnormen für den angestrebten EG-Binnenmarkt ab 1992, die Abschaffung einer Reihe von Agrarerzeugnisse betreffenden Qualitätsvorschriften wegen ihrer handelsbeschränkenden Wirkung verlangt. Unter Bezugnahme auf die GATT-Bestimmungen forderten auch einige überseeische Handelspartnern beispielsweise die Aufhebung des deutschen Bier-Reinheitsgebotes, die Aufhebung des Verbotes der Anwendung von Hormonen in der Tiermast oder die Aufhebung des in Frankreich und in der Bundesrepublik noch gültigen Imitationsverbotes für Milchprodukte. Es ist jedoch nicht im Sinne des ursprünglichen GATT-Schutzartikels XX, wenn nunmehr die Entscheidung darüber, ob das Bier auch Mais und chemische Zusätze enthalten darf und aromatisierte Sojaextrakte als »Milch« verkauft werden können, ausschließlich unter handelspolitischen Gesichtspunkten gefällt werden sollte.

## Ausnahmen vom Zollabbau und vom Verbot mengenmäßiger Handelsbeschränkungen

Trotz der Zielsetzung des GATT, einen möglichst von staatlichen Handelshemmnissen freien Welthandel zu gewährleisten, gibt das Vertragswerk den Mitgliedern die Möglichkeit, in Notzeiten Vorkehrungen zum Schutz der eigenen Wirtschaft zu treffen. Die Schutz- und Ausnahmebestimmungen des GATT erkennen damit das Recht der Handelspartner an, unter veränderten weltwirtschaftlichen Bedingungen einmal gewährte Begünstigungen zu widerrufen und neue Restriktionen einzuführen. Zum anderen spiegelt die konkrete Ausformulierung der Ausnahmebestimmungen aber auch die entsprechenden handelspolitischen Interessen der einflußreichsten Handelsmächte zum Zeitpunkt des Vertragsabschlusses wider.

Drei wesentliche Ausnahmeklauseln gestehen es den Vertragsparteien zu, von einmal gewährten und vertraglich festgelegten Verpflichtungen abzuweichen:

– Gemäß der sogenannten »*Waiver-Autorität*« nach Art. XXV:5 sind die Vertragsparteien berechtigt, unter nicht näher definierten »außergewöhnlichen Umständen« eine Vertragspartei mit Zweidrittel-Mehrheit der abgegebenen Stimmen von Verpflichtungen aus dem Vertrag zu befreien. Einen solchen »Waiver« haben beispielsweise die USA 1955 in Anspruch genommen, um insbesondere Zucker- und Milchimporte mengenmäßi zu begrenzen. Der den USA gewährte Waiver gestattet es ihnen noch heute, für bestimmte landwirtschaftliche Erzeugnisse (Zucker, Milchprodukte, Baumwolle und Erdnüsse) Einfuhrkontingente zu erlassen.

– Wenn die Importe einer Ware in das Gebiet einer Vertragspartei unverhältnismäßig hoch ansteigen und dadurch den inländischen Erzeugern gleichartiger Waren ein ernsthafter Schaden zugefügt wird, kann diese Vertragspartei nach der *Schutzklausel (escape clause)* des Artikel XIX Einfuhrbeschränkungen für diese Ware festlegen. »Diese Schutzklausel wird auch im Agrarbereich häufig in Anspruch genommen. So stützte beispielsweise Kanada in den vergangenen Jahren wiederholt die Anwendung von Importquoten bei Rind- und Kalbfleisch auf Art. XIX, und die EG nimmt immer wieder diesen Artikel in Anspruch, wenn sie die Einfuhren bestimmter Arten von Obst und Gemüse beschränkt« (Hartwig/Tangermann 1987, S. 70f.). Auch das im August 1988 vom amerikanischen Präsidenten unterzeichnete umstrittene US-Handelsgesetz, das den Präsidenten zur Erhöhung von Zöllen und Festlegung von Importkontingenten zum Schutz nicht mehr international wettbewerbsfähiger Industriezweige ermächtigt, beruft sich auf die *escape clause* des GATT.

– Schließlich ist eine Vertragspartei dazu berechtigt, gegenüber einem Handelspartner, dem nach entsprechender GATT-Konsultation eine Vertragsverletzung nachgewiesen werden konnte, *Retorsionsmaßnahmen* zu ergreifen, d.h. Zollvergünstigungen zurückzunehmen und neue Einfuhrbeschränkungen anzuwenden.

Ausnahmen vom Zollabbau legitimiert das GATT für
- *Fiskalzölle:* Nach Art. II:2 darf eine Vertragspartei die Importe mit einer den inneren Abgaben gleichwertige Belastung belegen, die der Finanzierung des Staatshaushaltes dienen.
- *Anti-Dumping-Zölle:* Anti-Dumping-Zölle dürfen gemäß Art. VI auf Importprodukte erhoben werden, wenn das Exportland diese Waren »unter ihrem normalen Wert« in das Einfuhrland schleust. Da Anti-Dumping-Zölle ohne vorherige Konsultationen der GATT-Vertragsparteien erhoben werden dürfen, wurden insbesondere in der EG und in den USA mit der Begründung des Export-Dumpings »erhebliche neue Zollbelastungen auf Importe eingeführt, ohne adäquate Rechtfertigungen abzuwarten« (Glismann u.a. 1986, S. 99).

Den im GATT verfügten Ausnahmebestimmungen für das grundsätzliche Verbot mengenmäßiger Beschränkungen ging ein zähes Ringen zwischen den USA und den europäischen Staaten voraus. Die USA strebten, um ihre eigenen Exportmöglichkeiten zu verbessern und ihre Industrie bestmöglich auszulasten, eine grundsätzliche Abschaffung der mengenmäßigen Handelshemmnisse an, wobei sie allerdings, insbesondere gegen den Widerstand der Entwicklungsländer, auf Ausnahmebestimmungen für den Schutz ihrer Landwirtschaft drängten. Die Europäer sahen demgegenüber in den mengenmäßigen Importrestriktionen eine »Möglichkeit, ihrer Außenhandelsverschuldung zu wehren und die vom Krieg zerstörte Industrie aufzubauen« (Senti 1986, S. 159). Der letztlich ausgehandelte Kompromiß erlaubt daher die Anwendung mengenmäßiger Beschränkungen im Interesse der Erhaltung einer leistungsfähigen Landwirtschaft (Interesse der USA) und zum Schutze der Beschäftigung und der Zahlungsbilanz (Interesse Europas). So sind vom Verbot quantitativer Import- und Exportrestriktionen nach Art. XI:1 beispielsweise ausgenommen:
- *»Ausfuhrverbote oder Ausfuhrbeschränkungen, die vorübergehend angewendet werden, um einen kritischen Mangel an Lebensmitteln oder anderen . . . wichtigen Waren zu verhüten . . . «* (Art. XI:2a).
- *»Beschränkungen der Einfuhr von Erzeugnissen der Landwirtschaft oder Fischerei in jeglicher Form, die zur Durchführung von staatlichen Maßnahmen erforderlich sind«* (Art. XI:2c).
- Beschränkungen zum Schutz der Zahlungsbilanz, wenn damit der unmittelbar drohenden Gefahr einer bedeutenden Abnahme der Währungsreserven vorgebeugt werden soll (Art. XII); zugleich appelliert das GATT allerdings an die Vertragsparteien, ihre Wirtschaftspolitik so zu gestalten, daß ein Gleichgewicht der Zahlungsbilanz gewahrt bleibt (Art. XII:3a).

Bei einer eingehenden Lektüre der insgesamt 38 GATT-Artikel fällt auf, daß ein Großteil des Vertragstextes der Regelung von Ausnahmebestimmungen gewidmet ist und sich um die Klärung der Bedingungen bemüht, unter denen Schutzmaßnahmen zulässig sind. Die Anwendung von Schutzmaßnahmen in Form von neu eingeführten Zöllen, mengenmäßigen Handelsbeschränkungen und der Rücknahme eingegangener Verpflichtungen wird den Vertragsparteien nicht nur dann zugestanden, wenn sie die Gefährdung ihrer eigenen Wirtschaft durch eine aggressive Außenhandelspolitik anderer Vertragspartner z.B. durch unzulässige Exportsubventionen, befürchten müssen. Auch die Änderung der eigenen wirtschaftspolitischen Zielsetzungen kann unter bestimmten Umständen, z.B. aus agrarpolitischen, entwicklungspolitischen, finanzpolitischen aber auch sicherheitspolitischen Erwägungen eine legitime Anwendung von Schutzmaßnahmen begründen. Dergestalt bemüht sich das GATT darum, einen Ausgleich zwischen dem Prinzip der Liberalisierung und der Souveränität der Mitgliedsstaaten herbeizuführen. Liberale Außenhandelstheoretiker verleitet dies zu der Kritik, daß das GATT dem Liberalisierungsprinzip nicht konsequent genug folge: »Der GATT-Vertrag enthält gleichzeitig auch alle Möglichkeiten einer Umgehung seiner eigenen Grundsätze« (Glismann u.a. 1986, S. 109).

### Der Neue Protektionismus: Krise des GATT?

Seit dem Inkrafttreten des GATT im Jahr 1948 hat sich das Volumen des internationalen Warenhandels verzehnfacht. Dies läßt sich, gemessen an den Zielsetzungen des GATT, auch als eine Erfolgsmeldung für die vom GATT bewirkten Liberalisierungsbemühungen werten. Immerhin konnte im Verlaufe der GATT-Zollrunden das weltweite Zollniveau so weit gesenkt werden, daß Zölle heute den internationalen Güterverkehr nur noch unwesentlich beeinflussen. Gleichwohl müssen die entschiedensten Verfechter des GATT inzwischen einen ernsthaften und fortschreitenden Verfall des GATT-Systems (Finger/Olechowski 1987, S. 7) beklagen. Die Zunahme und Ausweitung nichttarifärer Handelshemmnisse hat seit Beginn der achtziger Jahre zu einem »Neuen Protektionismus« geführt, der den bis zum Ende der siebziger Jahre verwirklichten Abbau des tarifären Protektionismus weitgehend aufzuheben droht. Der bisherige Trend zur Aufhebung von Handelsrestriktionen hat im Zuge wachsender binnenwirtschaftlicher Probleme der einflußreichsten GATT-Mitglieder eine Kehrtwende erfahren (Weltbank 1986, S. 137).

Der Zoll hat als das klassische handelspolitische Instrument längst an Bedeutung verloren, um so erfindungsreicher wurden die Handelspolitiker bei der Suche nach anderen Handelshemmnissen. Die UNCTAD zählt 21 000 Fälle produktspezifischer nichttarifärer Maßnahmen, die zum größten Teil vom GATT als »Grauzonen-Maßnahmen« eingestuft werden müssen, da der Vertragstext angesichts der Vielfalt der praktizierten Maßnahmen hierfür keine Bestimmungen über Zulässigkeit oder Illegalität verfügt. In die Regelungslücken des GATT fallen beispielsweise die von der

EG für Agrar-Marktordnungsprodukte angewandten variablen Einfuhrabschöpfungen, wie auch die insbesondere für Agrarprodukte, Textilien, Autos und Elektrogeräte gebräuchlichen »freiwilligen« Selbstbeschränkungsabkommen. Die Kunst der nichttarifären Protektion liegt gerade darin, handelsbeschränkende Maßnahmen so zu tarnen, daß sie möglichen Handelspartnern nicht unmittelbar einsichtig sind.

Allerdings muß davon ausgegangen werden, daß insbesondere seitens der führenden Handelsmächte auch Maßnahmen zur Anwendung kommen, die dem GATT-Vertragstext eindeutig widersprechen, deren GATT-Widrigkeit jedoch deshalb nicht festgestellt wird, da kleinere Handelspartner eine entsprechende Klage nicht zu führen wagen: Im GATT gilt das Prinzip »wo kein Richter ist, ist auch kein Kläger«.

Die Weltbank schätzt, daß 1984 die Industrieländer insgesamt über 13 % der Einfuhren aus anderen Industrieländern, gar über 21 % der Einfuhren aus Entwicklungsländern mit nichttarifären Handelshemmnissen belegt haben (Weltbank 1986, S. 25). Nichttarifäre Handelshemmnisse werden auf Agrarprodukte dreimal häufiger angewandt als auf Industrieprodukte (Weltbank 1986, S. 137), mit einer gewichtigen Ausnahme allerdings: Spitzenreiter unter den von NTH verzerrten Handelssektoren ist noch vor dem Agrarbereich der Textil- und Bekleidungssektor (Finger/Olechowski 1987, S. 163). Von den Textil- und Bekleidungsimporten der EG aus Nicht-EG-Ländern beispielsweise sind weit über die Hälfte allein von freiwilligen Selbstbeschränkungsabkommen kontrolliert. Im Agrarhandel werden zwar die Einfuhren von agrarischen Rohstoffen, sowie von Kaffee, Tee und Kakao seitens der Industriestaaten kaum von NTHs behindert, wohingegen bei den sensiblen Märkten für Zucker, Fleisch, Vieh und Milchprodukte über die Hälfte aller Einfuhrpositionen über NTH abgeschottet werden (Weltbank 1986, S. 137).

Andere Schätzungen gehen davon aus, daß inzwischen über die Hälfte des gesamten Welthandels von nichttarifären Handelshemmnissen betroffen ist (Nohlen 1984, S. 243).

Zieht man weiterhin in Betracht,
- daß rund ein Drittel des internationalen Handels als Intrafirmenhandel innerhalb von multinationalen Unternehmen durchgeführt wird,
- daß weitere 30 % der Handelsgeschäfte direkt zwischen Regierungen oder Staatsunternehmen abgewickelt werden (vgl. Nohlen 1984, S. 242), ein Handel, der den Bestimmungen des GATT über das »öffentliche Beschaffungswesen« gemäß nicht dem Liberalisierungsprinzip unterliegt,
- und daß sich schließlich rund 15 % des Welthandels im Rahmen bilateraler Verträge bewegen, die außerhalb der multilateralen GATT-Vertragsbestimmungen liegen (Senti 1986, S. 167), so wird deutlich, daß der größte Teil der tatsächlich abgewickelten weltweiten Handelsgeschäfte vom Liberalisierungsprinzip des GATT unbetroffen bleibt.

Die häufig zu lesende Behauptung, daß das GATT, indem es den Außenhandel von 122 Staaten regelt, insgesamt 85 % des Welthandels ordne (so Hilf/Petersmann 1986, S. 121), bringt daher allenfalls den rechtlichen Anspruch des GATT zum Ausdruck. Die Wirklichkeit des Welthandels jedenfalls entzieht sich in wachsendem Maße den vom GATT verfügten Handelsregeln. Die Krise des GATT ist unübersehbar. Der vom Generaldirektor des GATT 1985 in Auftrag gegebene Grundsatzbericht der »Sieben Weisen«, der sogenannte »Leutwiler-Bericht« (GATT: Trade policies for a better future, Genf, März 1985), bemerkt, daß das GATT insbesondere an einer seiner wesentlichsten Aufgaben gescheitert ist: den einzelnen Regierungen im Interesse eines liberalen Welthandelssystems so den Rücken zu stärken, daß sie gegenüber den vielfältigen, auf spezifische Protektion drängenden Partikularinteressen im In- und Ausland standzuhalten vermögen (GATT 1985, S. 21). Der Bedeutungsverlust, den das GATT heute erleidet, kommt auch in der überraschenden Drohgebärde des Atlantikrates (einer Organisation der westlichen Industriestaaten) zum Ausdruck, eine Reform des GATT gar nicht erst zu versuchen, sondern im erlauchten Kreise der liberalisierungswilligen Industrieländer ein neues handelspolitisches Abkommen außerhalb des GATT, ein sogenanntes »GATT plus« zu schaffen.

Das Auseinanderklaffen von Rechtsanspruch und Rechtswirklichkeit ist das Problem einer jeden Rechtsordnung. Mehren sich die Verstöße gegen eine Rechtsordnung, so diskreditiert dies zunächst einmal nicht die Rechtsvorschriften, sondern diejenigen, die sich nicht an sie halten. Wenn die Wirklichkeit nicht mehr mit der Theorie übereinstimmt, die sie interpretieren oder ordnen will, dann ist dies, so wertete schon Hegel trocken, um so schlimmer für die Wirklichkeit. Das GATT bleibt jedenfalls ungeachtet seiner Krise der völkerrechtliche Rahmenvertrag für den Welthandel und ist insofern das normative »System der Welthandelsordnung«, dessen Reformbedürftigkeit angesichts veränderter weltwirtschaftlicher Rahmenbedingungen gleichwohl unbestritten ist.

Ohnehin ist das politische Gewicht des GATT weitaus höher einzuschätzen, als sein regulierender Einfluß auf den tatsächlichen Verlauf des Welthandels. Als Quelle für freihändlerische Appelle oder als Sündenbock (»wir würden ja gerne, doch unsere internationalen Verpflichtungen . . .«) steht das GATT nach wie vor im Mittelpunkt handelspolitischer Auseinandersetzungen. Daß nun dem allenthalben demonstrierten Bekenntnis zum freien Welthandel auch Taten folgen sollen, dafür haben sich die Minister der GATT-Vertragsparteien in Punta del Este verbürgt und es dabei der Uruguay-Runde zur Aufgabe gemacht, das GATT wieder zu stärken, die Anwendungsbereiche des GATT auszuweiten und einer wirksamen und durchsetzbaren Disziplin zu unterstellen.

Die Apologeten des GATT allerdings, die die schwindende Wirksamkeit des GATT-Systems so vehement beklagen, übersehen geflissentlich die zumindest aus der Sicht der Entwicklungsländer wesentlichste »Regelungslücke« des GATT: die Aktivitäten der transnationalen Konzerne. Als Vertrag zwischen Staaten will das GATT nur die handelspolitischen Maßnahmen von Regierungsseite, nicht jedoch die internationale Tätigkeit der Privatwirtschaft regeln. Die eigentlichen Akteure des internationalen Handels jedoch sind nicht die nationalen Regierungen, sondern multinationale Konzerne und private Handelsunternehmen (vgl. Kap. 1.1.). Die

Aktvititäten der Privatwirtschaft, für deren Regelung in der Havanna-Charta noch eine internationale Wettbewerbsordnung vorgegeben war, fallen nicht in das Mandat des GATT. Die Idee des freien internationalen Wettbewerbs wurde längst von der uneingeschränkten Dominanz, den Marktabsprachen, den Monopolbildungen und der Wettbewerbsmacht transnationaler Handelskonzerne unterhöhlt. Der Appell für eine handelspolitische Liberalisierung gerät so gesehen zu einem Aufruf an die Regierungen, den Verwertungsinteressen des internationalen Kapitals keine handelspolitischen Schranken zu setzen. Die Beseitigung der Zölle wird, wie Philip Raikes bemerkt, niemals zu einem freien Wettbewerb im internationalen Getreidehandel führen können, wenn fünf Konzerne über 80 % des gesamten Welthandels kontrollieren (CIIR 1987, S. 4).

## 2.4 Das Prinzip der Meistbegünstigung oder der Nicht-Diskriminierung

Während das Prinzip der Liberalisierung in erster Linie auf die weitgehende Öffnung der Märkte und damit auf den Abbau einer handelspolitisch verfügten Bevorzugung der einheimischen gegenüber ausländischen Waren zielt, verpflichtet das Prinzip der Meistbegünstigung zur Gleichbehandlung der ausländischen Handelspartner. Für eingeführte bzw. ausgeführte Waren sollen ungeachtet ihres Herkunfts- bzw. Ziellandes dieselben handelspolitischen Bedingungen gelten. Das *Meistbegünstigungsprinzip (most favored nations clause MFN)* ist damit gleichbedeutend mit einem *Diskriminierungsverbot (non-discrimination principle)*. In seiner im GATT festgelegten Form besagt das Meistbegünstigungsprinzip, daß jede Vertragspartei die einem anderen Land zugestandenen Handelsvorteile zugleich auch allen anderen Vertragsparteien gewähren muß. Die für den Handel mit einer bestimmten Ware mit dem am meisten begünstigten Land ausgehandelten Zugeständnisse sind unverzüglich und bedingungslos auf alle anderen Vertragsparteien auszuweiten. Die Meistbegünstigungsklausel ist keine Erfindung des GATT, sondern ein Element einer Vielzahl von Handelsverträgen seit dem 19. Jahrhundert. Im GATT als einem weltweiten und multilateralen Handelsvertragswerk jedoch wird das Meistbegünstigungsprinzip zur konstitutiven formellen Grundregel: Es stellt sicher, daß die zwischen einzelnen Handelspartnern erzielten Liberalisierungserfolge automatisch auf den gesamten Vertragsraum ausgedehnt werden.

Keine Regel ohne Ausnahme: Die wichtigsten vom GATT zugestandenen Ausnahmen vom Meistbegünstigungsprinzip betreffen Zollunionen sowie Präferenzabkommen mit Entwicklungsländern.

## Meistbegünstigung als formelle Grundregel des GATT

Der Grundsatz der Allgemeinen Meistbegünstigung ist in Artikel I:1 des GATT festgeschrieben: *»Bei Zöllen und Belastungen aller Art, die anläßlich oder im Zusammenhang mit der Einfuhr oder Ausfuhr (...) auferlegt werden, (...), werden alle Vorteile, Vergünstigungen, Vorrechte oder Befreiungen, die eine Vertragspartei für eine Ware gewährt, welche aus einem anderen Land stammt oder für dieses bestimmt ist, unverzüglich und bedingungslos für alle gleichartigen Waren gewährt, die aus den Gebieten der anderen Vertragsparteien stammen oder für diese bestimmt sind«.* In den Anwendungsbereich des Meistbegünstigungsprinzips sind nicht nur die grundsätzlich erlaubten tarifären Handelshemmnisse einbezogen, sondern darüber hinaus auch ausdrücklich die nichttarifären Handelshemmnisse, die im zulässigen Ausnahmefall ergriffen werden sollten. So dürfen handelspolitische Maßnahmen, die zum Schutz der Sittlichkeit, des Lebens und des Kulturgutes angewandt werden, nicht zur Diskriminierung einzelner Handelspartner führen (Art. XX); oder, ein anderes Beispiel, bei der Anwendung von mengenmäßigen Einfuhrbeschränkungen auf eine Ware sollen *»die Vertragsparteien eine Streuung des Handels mit dieser Ware anstreben, die soweit wie möglich den Anteilen entspricht, welche ohne solche Beschränkungen voraussichtlich auf die verschiedenen Vertragsparteien entfallen würden«* (Art. XIII:2).

Im Unterschied zu der beispielsweise von den USA bis 1923 praktizierten bedingten Meistbegünstigung, verpflichtet das GATT zu einer unbedingten Meistbegünstigung: Handelszugeständnisse, die einem Handelspartner gewährt werden, gelten automatisch für alle Vertragsparteien, ohne daß diese hierfür irgendwelche Gegenleistungen erbringen müssen. Der vertragsrechtliche Sinn einer Meistbegünstigungsklausel, die seit langem in zahlreichen bilateralen Handelsverträgen enthalten ist, liegt in der Garantie, daß ein bilateral ausgehandelter Handelsvertrag nicht durch die weiteren Handelsverträge der Vertragspartner mit anderen Ländern unterlaufen oder entwertet werden kann. Wenn ein Land A in einem Handelsvertrag für Einfuhren aus dem Land B Zollermäßigungen einräumt, anschließend jedoch auch mit einem Land C einen Handelsvertrag abschließt, in dem diesem für gleichartige Waren noch günstigere Zollsätze gewährt werden, so können die Einfuhren aus dem Land C die Einfuhren aus dem weniger begünstigten Land B auf dem Markt von A verdrängen und damit die für B aus dem ursprünglichen Handelsvertrag entstandenen Vorteile völlig zunichte machen. Daher bestanden gerade auch weniger mächtige Staaten bei der Aushandlung von Handelsverträgen auf einer Meistbegünstigungsklausel.

Indem die unbedingte Meistbegünstigung allen GATT-Vertragsparteien als vertraglich gesichertes Recht zusteht, bildet der Nicht-Diskriminierungsgrundsatz den Grundpfeiler des gesamten Vertragswerks. Er ist gewissermaßen die systembildende Kraft des GATT: werden zwischen einzelnen Vertragsparteien, sei es bei GATT-Beitrittsverhandlungen oder im Rahmen einer Zollrunde, Handelserleichterungen ausgehandelt und in den entsprechenden Länderlisten veröffentlicht, so greift automatisch das Meistbegünstigungsprinzip und überträgt die Zugeständnisse auf die Handelsbeziehungen mit allen anderen Vertragsparteien.

Im Sinne der Freihandelstheorie ist der Grundsatz der Nicht-Diskriminierung eine notwendige Voraussetzung dafür, daß die internationale Arbeitsteilung eine Gestalt annehmen kann, in der die komparativen Kostenvorteile aller Staaten in bestmöglicher Weise zur Wirkung kommen. Handelspolitische Maßnahmen, die Waren bei der Einfuhr bzw. Ausfuhr hinsichtlich ihres Herkunfts- bzw. Ziellandes bevorzugen oder benachteiligen, behindern eine Arbeitsteilung, die es jedem Land ermöglicht, sich auf jene Güter zu spezialisieren, die es billiger produzieren kann und gegen solche Güter zu tauschen, die andere billiger anbieten können.

Das Diskriminierungsverbot gewährleistet, daß die Produktion der einzelnen Güter an jene Standorte wandern kann, an denen sie mit den geringsten Kosten erstellt werden können. Der Meistbegünstigungsgrundsatz garantiert einem Land die Exportmärkte für jene Produkte, für deren Herstellung es über die bessere Faktorausstattung verfügt, und stellt darüber hinaus sicher, daß jedes Land seine Importe zu den günstigsten Kosten erhält.»Denn dieser Grundsatz verhindert jeden staatlichen Einfluß auf die Herkunft der Importe; sie bleibt unter voller Kontrolle von gewinnmaximierenden privaten Firmen« (Hilf/Petersmann 1986, S. 99). Und das Prinzip der Gewinnmaximierung ist eben im Argumentationszusammenhang der Freihandelstheoretiker der maßgebliche Motor des weltwirtschaftlichen Wachstums.

Ungeachtet der ökonomischen und handelsrechtlichen Bedeutung, die dem Meistbegünstigungsprinzip im GATT zukommt, wird es gleichwohl auch als politische Waffe eingesetzt. So verweigern beispielsweise die Vereinigten Staaten den osteuropäischen Staaten seit 1951 die Gewährung der Meistbegünstigung. Umgekehrt wird von den USA jeder Versuch, sie selbst von Handelszugeständnissen zwischen Dritten auszuschließen, schwer geahndet: So werden jedem Entwicklungsland, das einem anderen Handelspartner im Rahmen bilateraler Handelsabkommen Gegenpräferenzen anbietet, die amerikanischen Entwicklungshilfeleistungen nach dem Public Law 480 gestrichen. Aus diesem Grund hat auch die EG bei den Verhandlungen über das erste Lomé-Abkommen darauf verzichtet, von den AKP-Staaten Gegenpräferenzen einzufordern (Senti 1986, S. 102, Anm. 4).

**Die Ausnahmen: Präferenzabkommen und Zollunionen**

Die im ursprünglichen Vertragstext ausdrücklich benannten Ausnahmen vom Prinzip der Meistbegünstigung sind inzwischen ohne Bedeutung, die Vertragsparteien hatten darauf gedrängt, daß einzelne bei der Erarbeitung des GATT bestehende Präferenzabkommen vom Meistbegünstigungsgrundsatz ausgenommen werden sollen, so die Präferenzabkommen zwischen den USA und Kuba, zwischen Großbritannien und den Commonwealth-Ländern u.a. (Art. I:2 u. 3). Während diese historischen

Präferenzen mittlerweile ausgelaufen sind, erfuhr das GATT-Meistbegünstigungsprinzip im Verlaufe der siebziger Jahre eine bis heute maßgebliche Korrektur. Bereits seit 1964 drängten die Entwicklungsländer auf eine Änderung des GATT-Artikels über die Allgemeine Meistbegünstigung, die es ermöglicht, Ländern der Dritten Welt einen präferentiellen Zugang zu den Märkten der Industriestaaten zu gewähren. Nachdem bereits eine Vielzahl von Industriestaaten Präferenzabkommen mit Entwicklungsländern abgeschlossen hatten, erklärten die GATT-Mitglieder 1979 mit dem Erlaß der *Enabling Clause* die Präferenzierung der Entwicklungsländer als GATT-konform: »Ungeachtet des Artikels I des Allgemeinen Abkommens können die Vertragsparteien den Entwicklungsländern eine differenzierte und günstigere Behandlung gewähren, ohne diese Behandlung den anderen Vertragsparteien zu gewähren«. Mit der Enabling Clause wurden auch Präferenzabkommen im Süd-Süd-Handel für zulässig erklärt. (Näheres zur Bedeutung der Präferenzabkommen im Abschnitt 2.6. über den besonderen Status der Entwicklungsländer im GATT.)

Das zähe Ringen der Entwicklungsländer um die Enabling Clause wirft ein Schlaglicht darauf, daß das Diskriminierungsverbot offenbar nicht den Interessen der wirtschaftlich schwächeren GATT-Mitglieder entspricht. Tatsächlich ist die Forderung nach einer Gleichbehandlung der Handelspartner ungeachtet ihres Entwicklungsstandes, ihrer Handelsmacht und ihrer wirtschaftlichen Situation, auch wenn sie sich auf die bittere Gerechtigkeit des freien internationalen Wettbewerbs beruft, gerade nicht identisch mit einem Prinzip der Handelsgerechtigkeit, wie es von den Entwicklungsländern im Zuge ihrer Forderungen nach einer »Neuen Weltwirtschaftsordnung« ins Feld geführt wird. Die Entwicklungsländer klagen einen differenzierten Status für die einzelnen Mitglieder in einem internationalen Handelssystem ein, das der spezifischen wirtschaftlichen, sozialen und politischen Situation der jeweiligen Ländergruppen Rechnung trägt. Das Meistbegünstigungsprinzip hingegen widerspricht ausdrücklich jeder Form der handelspolitischen Bevorzugung, die den internationalen Wettbewerb verzerrt, da jede Präferierung der einen mit der Diskriminierung der anderen Handelspartner verbunden sei. So gesehen erfahren die am Ideal des Freihandels orientierten Grundsätze des GATT mit der Anerkennung des Sonderstatus der Entwicklungsländer und der Aussetzung der Meistbegünstigungsklausel eine bemerkenswerte Begrenzung.

Neben dem Recht, Präferenzabkommen mit Entwicklungsländern einzugehen, gestattet Art. XXIV den Mitgliedsländern, sich zu Zollunionen oder Freihandelszonen zusammenzuschließen und damit die unbedingte Meistbegünstigung außer Kraft zu setzen.

Ohne die ausdrückliche Befürwortung regionaler Wirtschaftsintegrationen gemäß Art. XXIV des GATT wäre beispielsweise die im EWG-Vertrag festgelegte »Gemeinschaftspräferenz«, d.h. die handelspolitische Bevorzugung von Waren aus dem Gemeinsamen Wirtschaftsraum gegenüber Waren aus Nicht-EWG-Ländern, ein klarer Verstoß gegen das Meistbegünstigungsprinzip. Zollunionen wie die EWG bzw. die heutige EG sind wirtschaftliche Zusammenschlüsse zwischen mehreren

Ländern, die ihre Handelsschranken im Binnenverkehr weitgehend beseitigen und darüber hinaus eine gemeinsame Außenhandelspolitik gegenüber Drittstaaten durchführen, wohingegen die Mitglieder der Zollgemeinschaft in einer Freihandelszone, wie z.B. der Lateinamerikanischen Integrationsassoziation ALADI, gegenüber Drittländern ihre nationale Handelspolitik beibehalten. Daß das GATT die Förderung der regionalen Integration gar als »wünschenswert« erklärt (Art. XXIV:4), verweist auf die vor allem politische Bedeutung, die die USA der Integration Westeuropas im Zuge ihres »containment«-Interesses (Begrenzung der kommunistischen Einflußsphäre) unmittelbar nach dem Kriege beimaßen. Je mehr sich allerdings die EWG als umfassendstes Integrationsprojekt der bisherigen Wirtschaftsgeschichte erweisen sollte, das mittlerweile, den Intrahandel mitgerechnet, rund 1/3 des gesamten Welthandels bestreitet, werteten die USA die EWG als »Bedrohung des GATT-Systems« (vgl. Hilf/Petersmann 1986, S. 142). »Die Zustimmung der Amerikaner zu Art. XXIV des GATT ist schließlich, (...) auf eine Unterschätzung der möglichen Integrationswirkungen beziehungsweise auf eine Über-

---

**Regionale Wirtschaftsintegrationsräume**

- *EFTA (European Free Trade Association)* - Freihandelszone zwischen Norwegen, Finnland, Schweden, Österreich und der Schweiz
- *ASEAN (Association of South-East Asien Nations)* - Verbund (seit 1967) zwischen Indonesien, Malaysia, den Philippinen, Singapur, Thailand und Brunei zur Förderung der regionalen wirtschaftlichen Zusammenarbeit mit gegenseitigen Handelspräferenzen
- *Anden-Pakt (Acuerdo de Cartagena)* - Wirtschaftsintegrationsraum (seit 1969) mit liberalisiertem Handel, supranationalen Institutionen und gemeinsamem Außenzoll (angestrebt) zwischen Bolivien, Peru, Ecuador, Kolumbien und Venezuela
- *ALADI (Asociación Latinoamericana de Integración)* - Integrationsassoziation (seit 1980) mit multilateralen Regionalpräferenzen zwischen 11 lateinamerikanischen Staaten (ursprünglich 1960–1980 Lateinamerikanische Freihandelszone ALALC)
- *La-Plata-Gruppe* - Kooperationsvertrag zur wirtschaftlichen Zusammenarbeit (seit 1969) insbesondere im Bereich der Infrastruktur zwischen Argentinien, Brasilien, Uruguay, Bolivien und Paraguay
- *MCCA (Mercado Común Centroamericano)* - zentralamerikanischer gemeinsamer Markt (seit 1960) zwischen Guatemala, El Salvador, Nicaragua, Honduras und Costa Rica mit dem Ziel einer Zollunion (seit der zentralamerikanischen Krise z.T. unwirksam)
- *ECOWAS (Economic Community of West African States, frz. CEDEAO)* - Wirtschaftsgemeinschaft aller 16 Staaten Westafrikas (seit 1975) mit gemeinsamem Markt (angestrebt bis 1990)
- *CEAO (Communauté Economique de l'Afrique de L'Ouest)* Westafrikanische Wirtschaftsgemeinschaft der frankophonen Länder als Teil der ECOWAS (seit 1974)
- *CEEAC (Communauté Economique des Etats de L'Afrique Centrale)* - Zentralfrikanische Wirtschaftsgemeinschaft (seit 1983) im Aufbau
- *RWG (Rat für Gegenseitige Wirtschaftshilfe, auch COMECON)* - Organisation ohne supranationale Kompetenzen zur wirtschaftlichen Zusammenarbeit zwischen UdSSR, Polen, Rumänien, Ungarn, Bulgarien, Albanien, DDR, Mongolei, Kuba und Vietnam
- *EG (Europäische Gemeinschaft)* - Zollunion mit 12 Mitgliedsstaaten

schätzung der eigenen Wirtschaftsmacht zurückzuführen« (Senti 1986, S. 118). Bis heute ist die GATT-Konformität der EWG bzw. der EG ebensowenig wie die der Europäischen Freihandelsassoziation EFTA oder der Lateinamerikanischen Freihandelszone definitiv geklärt.

Dessen ungeachtet ist unübersehbar, daß in den letzten Jahren, nicht zuletzt durch das erfolgreiche Vorbild der EG motiviert, die Bemühungen um die Bildung regionaler Integrationsräume zugenommen haben (Nord-Süd-aktuell 2/88, S. 155). Bereits in den sechziger Jahren hatte sich insbesondere die UN-Wirtschaftskommission für Lateinamerika CEPAL (Comisión Económica para América Latina) unter ihrem Leiter Raúl Prebisch als Fürsprecher regionaler Wirtschaftsintegrationen zwischen Entwicklungsländern profiliert. Die aus der Sicht der abhängigen Länder formulierte Kritik an der klassischen Außenhandelstheorie, als »Cepalismo« bekannt, sieht in einer Intensivierung der Süd-Süd-Handelsbeziehungen für die Entwicklungsländer einen erfolgversprechenden Weg, sich von für die Entwicklungsländer nachteiligen Wirkungen eines Welthandelssystems auszukoppeln, das in erster Linie von den Industrieländern dominiert wird.

## 2.5 Das Prinzip der Reziprozität – Verfahrensweisen und Organe des GATT

Da der Aufbau einer Internationalen Handelsorganisation gescheitert war, blieb das Allgemeine Zoll- und Handelsabkommen als ein provisorisches Vertragswerk übrig, dessen Durchsetzung, Überwachung und Fortentwicklung nicht im Rahmen einer internationalen Organisation gewährleistet werden konnte. Das GATT ist bis heute keine Internationale Organisation mit Mitgliedern, sondern ein Vertrag mit Vertragsparteien. Als Verwaltungsapparat für dieses internationale Abkommen wurde unter dem Dach des International Trade Centre/ Centre William Rappard in Genf das GATT-Sekretariat eingerichtet, für das derzeit rund 300 Mitarbeiter tätig sind. Auch wenn dem GATT jeder in Statuten festgelegte organisatorische Rahmen fehlt, hat sich der Vertrag damit dennoch zu einer Institution weiterentwickelt, mit Verwaltungsapparat, ständigen Organen und speziellen Verfahrensmodalitäten. Verhandlungen über Abkommensunterzeichnungen, Vertragsänderungen, Zollsenkungen und dem Abbau nichttarifärer Handelshemmnisse bleiben dabei den mittlerweile zum achten Mal einberufenen mehrjährigen Konferenzen bzw. Handelsrunden vorbehalten, während die ständigen institutionellen Einrichtungen des GATT für die Umsetzung der Beschlüsse und für Streitfälle zuständig sind.

Als grundlegende Verfahrensnorm des GATT gilt dabei, in Verhandlungsrunden wie in den anderen Entscheidungsverfahren, das Prinzip der Reziprozität.

## Reziproke und multilaterale Verhandlungsweise

Der Grundsatz des »do ut des« – »ich gebe, damit du gibst« – ist ein seit langem nicht nur im Handelsbereich gebräuchlicher Modus bei der Aushandlung bilateraler Verträge. Als Grundsatz der Gegenseitigkeit oder der Reziprozität gab er so auch dem amerikanischen Handelsgesetz von 1934, das dem GATT zum Vorbild diente, seinen Namen: »Reciprocal Trade Agreements Program«. Es ermächtigte den Präsidenten, Zölle für Importwaren zu reduzieren, wenn die Vertragspartner gleichzeitig auch den amerikanischen Exporten entsprechende Zugeständnisse einräumten. Mit der Verpflichtung, daß die Verhandlungen über eine Liberalisierung des Handels *»auf der Grundlage der Gegenseitigkeit«* zu erfolgen haben, fand das Reziprozitätsprinzip Eingang in das GATT (Präambel und Art. XXVIIIbis).

So folgten die Beitrittsverhandlungen zum GATT und die ersten Zollsenkungsrunden ursprünglich dem amerikanischen Muster: Die Handelspartner tauschen in bilateralen Verhandlungen Forderungslisten (request lists) und Angebotslisten (offer lists) für einzelnen Produktgruppen aus, die dann insoweit aufeinander abgestimmt werden, daß Konzessionen der einen Partei Gegenleistungen der anderen entsprechen, wobei es allerdings keine Kriterien dafür gibt, worin die »Gleichwertigkeit« entsprechender Zugeständnisse bestehen soll. Nach Abschluß der Verhandlungen werden die ausgehandelten Zollsätze in den jeweiligen Länderlisten »konsolidiert« und gemäß der Meistbegünstigungsklausel auf sämtliche GATT-Partner ausgedehnt. Die bilateral ausgehandelten Konzessionen erhalten damit multilaterale Wirkung. In der Kennedy-Runde wurde dieses sehr aufwendige bilaterale und produktspezifische Verfahren durch einen multilateralen und linearen Verhandlungsansatz ersetzt, der einen bestimmten Zollsenkungssatz für alle Produkte und alle Länder vorsah. Die einzelnen Länder tauschten hierbei Negativlisten (für Produkte, die sie aus dieser linearen Zollsenkung ausnehmen wollten) und nach Berücksichtigung der Vorbehalte der anderen Verhandlungspartner Positivlisten aus.

Trotz der beschworenen Multilateralität des Verhandlungsansatzes gründet die Verfahrensweise des GATT jedoch nach wie vor auf den Absprachen der Haupthandelsländer (principial suppliers) untereinander. Ohne Einigkeit zwischen den USA, der EG und Japan »kommt im GATT kein Entscheid zustande, was besagt, daß die bilaterale (beziehungsweise trilaterale) Verhandlungsweise in den letzten Jahren nicht an Bedeutung verloren hat« (Senti 1986, S. 60). Während die Handelsmächte das Prinzip der Reziprozität als Grundsatz eines »fairen« Handels verteidigen (Senti 1986, S. 64), sehen die Entwicklungsländer darin ein Druckmittel gegenüber den kleinen Staaten. Da diese außerstande sind, bedeutende Konzessionen in die Waagschale zu werfen, ist ihnen auch kaum die Möglichkeit gegeben, Forderungen gegenüber den Industrieländern durchzusetzen.

1965 jedoch vermochten die Entwicklungsländer die Anfügung eines Teils IV über »Handel und Entwicklung« an das GATT erwirken, der in Art. XXXVI:8 die Entwicklungsländer im allgemeinen von der Reziprozitätspflicht befreit: *»Die ent-*

*wickelten Vertragsparteien erwarten für die von ihnen in den Handelsverhandlungen eingegangenen Verpflichtungen zum Abbau oder zur Beseitigung von Zöllen und sonstigen Handelsschranken gegenüber dem Handel der weniger entwickelten Vertragsparteien keine Gegenleistung«.* Die Tokio-Runde relativierte diese generelle Nicht-Reziprozität jedoch dahingehend, daß von den Entwicklungsländern Gegenleistungen gemäß ihres wirtschaftlichen Entwicklungsstandes erwartet werden können (»Graduierung«).

Das Reziprozitätsprinzip hat heute in erster Linie verhandlungspolitische Bedeutung; sein ökonomischer Sinn ist umstritten (Glismann u.a. 1986, S. 100ff.). Solange das Weltwährungssystem ein System fester Wechselkurse war, konnte die Gegenseitigkeit von Handelszugeständnissen dazu beitragen, die Zahlungsbilanz eines Landes und damit auch seine Devisenbilanz und den Wechselkurs zu stabilisieren. Höhere Devisenausgaben für ansteigende Importe als Folge von Zollsenkungen sollten durch entsprechende Deviseneinnahmen durch Exporte dann ausgeglichen werden, wenn der Handelspartner gleichwertige Zugeständnisse gewährte. Angesichts des heutigen Währungssystems mit seinen flexiblen Wechselkursen kann das Reziprozitätsprinzip finanzpolitisch kaum mehr begründet werden, zumal eine ausgeglichene Zahlungsbilanz längst nicht mehr als Indiz für die wirtschaftliche Prosperität eines Landes dienen kann. Anstatt wechselseitige Liberalisierungsfortschritte zu begründen, wird das Prinzip der Gegenseitigkeit nach dem Motto »Auge um Auge, Zahn um Zahn« ohnehin in zunehmendem Maße als Begründung für Vergeltungsmaßnahmen herangezogen. Im Sinne dieser Interpretation des Reziprozitätsprinzips steht es den GATT-Organen gemäß Art. XXIII:2 selbst zu, eine geschädigte Vertragspartei zu Retorsionen oder Repressalien gegenüber dem Handelspartner, der sich eines Vertragsbruchs schuldig macht, zu ermächtigen. Allerdings hat das GATT bislang nur in einem einzigen Fall (1952: Niederlande gegen USA wegen amerikanischer Importbeschränkungen für Milchprodukte) ausdrücklich eine Ermächtigung zu Vergeltungsmaßnahmen ausgesprochen. In den Handelskonflikten zwischen den USA, der EG und Japan ist in den letzten Jahren allerdings unentwegt von Vergeltungs- und Retorsionsmaßnahmen die Rede.

**Konsultations- und Streitbeilegungsverfahren**

Um die größtmögliche Transparenz des internationalen Handelssystems für alle Beteiligten sicherzustellen, verlangt das GATT von den Vertragsparteien die Berichterstattung über die geplanten handelspolitischen Maßnahmen. Für Zolländerungen, die Einführung von Anti-Dumpingzöllen, für Schutzmaßnahmen, Subventionen u.a. besteht gegenüber dem GATT Notifikationspflicht, d.h. die geplanten Maßnahmen müssen dem GATT angezeigt werden. Bei Meinungsverschiedenheiten besteht weiterhin die Verpflichtung, der widersprechenden Partei Gelegenheit zu Konsultationen einzuräumen, die für den Fall, daß dabei keine Einigung erzielt werden kann, auf multilateraler Ebene im Rahmen des GATT weitergeführt werden.

Bei Währungsverletzungen wird das GATT grundsätzlich nur durch das Begehren einer Vertragspartei tätig. Es ist dabei darum bemüht, auf einen Ausgleich der Interessen der widerstreitenden Parteien hinzuwirken, zumal das GATT nicht die Möglichkeit hat, eine Vertragspartei wegen eines Vertragsbruches in irgendeiner Weise zu

---

**GATT-Streitbeilegungsverfahren gegen die EWG (Beispiele)**

Beschwerde:
1977 seitens Chile
Gegenstand:
Vereinbarkeit von EWG-Ausfuhrerstattungen für gemalzene Gerste mit Art. XVI
Verfahren:
Art. XXIII:1 Konsultationen und Vermittlungsverfahren; von Chile nicht weiter betrieben

Beschwerde:
1978 seitens Australien
Gegenstand:
EWG-Subventionen für die Ausfuhr von Zucker
Verfahren:
Panel-Bericht 1979 und anschließend zwei GATT-Arbeitsgruppen
Ergebnis:
Entscheidung des GATT-Rats 1979, daß die durch die Subventionen bewirkte Ausfuhrsteigerung von EWG-Zucker zu »einer ernsthaften Schädigung der Interessen« Australiens geführt hat und weiterhin zu führen droht (Art. XVI:1)

Beschwerde:
1981 seitens Australien
Gegenstand:
EWG-Erzeugersubventionen für Dosenfrüchte
Verfahren:
Art. XXIII:1 Konsultationen; kein weitergehender Verfahrensantrag

Beschwerde:
1982 seitens USA
Gegenstand:
Unvereinbarkeit von Präferenzen für die Einfuhr von Zitrusfrüchten aus Mittelmeerländern mit Art. 1
Verfahren:
Panel-Bericht 1985
Ergebnis:
(noch im GATT-Rat anhängig)

Beschwerde:
1982 seitens Japan
Gegenstand:
Unvereinbarkeit französischer Einfuhrbeschränkungen für Videorecorder mit Art. VIII und XI
Verfahren:
Art. XXIII:1 Konsultationen; nach Abschluß eines Selbstbeschränkungsabkommens Japan – EWG 1984 nicht weiter von Japan verfolgt
(nach: Hilf/Petersmann 1986, S. 168ff.)

bestrafen. Für den Streitfall regelt Artikel XXIII das Beschwerdeverfahren. Das formelle Beschwerdeverfahren wird üblicherweise in drei Phasen durchgeführt (Hilf/ Petersmann 1986, S. 144). Zunächst wird das Verfahren dadurch eingeleitet, daß die streitenden Parteien in eine bilaterale, später multilaterale Konsultation eintreten; führt dies zu keinem Ergebnis, befaßt sich der GATT-Rat auf Antrag mit dem Streitgegenstand und setzt eine aus interessierten Vertragsparteien zusammengesetzte »Arbeitsgruppe« oder ein aus drei oder fünf unabhängigen Experten zusammengesetztes »Panel« ein. Die Arbeitsgruppe bemüht sich unter Beteiligung der Streitparteien um eine Kompromißlösung, während das Expertenpanel die rechtlichen Gesichtspunkte beurteilt. Schließlich entscheidet der GATT-Rat auf der Grundlage des Arbeitsgruppen- oder Panelberichts.

Seit Inkrafttreten des GATT wurden rund 100 Streitbeilegungsverfahren gemäß Art. XXIII durchgeführt, die zum überwiegenden Teil Agrarhandelskonflikte betrafen. Allein im Zeitraum zwischen 1958 und 1984 wurden 19 Beschwerden gegen die EWG (und acht gegen einzelne EG-Staaten) eingeleitet, von denen sich 16 gegen Agrarhandelsbeschränkungen oder Agrarsubventionen der EG richteten.

Die aufgeführten Beispiele für Streitbeilegungsverfahren zeigen, daß das GATT in der Regel auf diplomatischem Wege interpretiert wird. In der Praxis werden kaum einmal Rechtswidrigkeitsurteile gefällt. Sie müßten ohnehin wirkungslos bleiben, da keine Vertragspartei dazu gezwungen werden kann, gefällte Entscheidungen zu akzeptieren. Das bedeutet aber auch, daß schwächere Vertragsparteien, für die der Vertrag einige wenige Sonderbestimmungen vorsieht, keinen Rechtsschutz gegen die Welthandelsmächte einklagen können. Sündenfälle ziehen in der Regel »eine vereinbarte Anpassung, eine Neubewertung der Interessen aller Partner sowie einen neuen Ausgleich der gegebenen Vorteile« (Hilf/Petersmann 1986, S. 15) nach sich.

### Die Organe des GATT

Oberstes Organ des GATT sind die *Vertragsparteien.* In der GATT-Terminologie wird, wenn von der Vollversammlung der Vertragsparteien als kollektives Entscheidungsgremium die Rede ist, VERTRAGSPARTEIEN (CONTRACTING PARTIES) in Großbuchstaben geschrieben, während »Vertragsparteien« für die Unterzeichnerstaaten steht, sofern sie individuell handeln (einer Schreibweise, der wir in diesem Handbuch nicht folgen). Die Vollversammlung der Vertreter der Vertragsparteien tagt einmal jährlich. Ein ständiger *GATT-Rat,* der seit 1960 eingesetzt wurde, entscheidet über die dringlichen Sachfragen zwischen den Vollversammlungen. Die Mitgliedschaft darin steht allen Vertragsparteien offen, er setzt sich derzeit jedoch nur aus 66 Mitgliedern zusammen. Der GATT-Rat tritt sechs bis neunmal im Jahr zusammen. Seine Entscheidungen werden durch eine Reihe ständiger Ausschüsse (wie z.B. dem Ausschuß für Fragen der Zahlungsbilanz und Importrestriktionen, dem Ausschuß für Handel und Entwicklung oder dem Ausschuß für Anti-

Dumpingpraktiken) von zeitlich befristeten Arbeitsgruppen oder aber von *Panels* vorbereitet, die sich nicht aus Delegationsvertretern der Vertragsparteien, sondern aus GATT-unabhängigen Experten zusammensetzen. Die Aufgaben der juristischen und administrativen Hilfestellung für die Vertragsparteien, der Vorbereitung und Durchführung der Konferenzen und Verhandlungsrunden und der Beobachtung des Welthandels obliegen dem GATT-Sekretariat. Es steht unter der Leitung eines Generaldirektors, z.Z. (seit 1980) dem Schweizer Arthur Dunkel.

Zur Vorbereitung oder zur endgültigen Verabschiedung besonders wichtiger Entscheidungen werden gelegentlich *Tagungen der zuständigen Minister* der Vertragsparteien einberufen. So wurde die Programmatik der Uruguay-Runde auf den GATT-Minister-Tagungen in Genf 1982 und in Punta del Este 1986 beschlossen.

Dem Abkommen kann jeder Staat beitreten; die Bedingungen hierfür werden stets zwischen ihm und den anderen Vertragsparteien ausgehandelt. Sollte dabei in einzelnen Fällen keine Einigung erzielt werden, kann jede alte Vertragspartei für sich die Anwendung des Abkommens gegenüber dem neuen Mitglied ausschließen (so wenden z.B. die USA das Abkommen auf Ungarn und Rumänien, oder Indien auf Südafrika nicht an). Auch Nicht-Vertragsparteien steht es auf Antrag frei, an den Verhandlungsrunden teilzunehmen. So verhandeln, bei derzeit 96 GATT-Mitgliedern, in der Uruguay-Runde 105 Länder miteinander. Die Bundesrepublik ist seit 1951 GATT-Vertragspartei. Gemäß des Art. 113 des EWG-Gründungsvertrages liegt jedoch die ausschließliche Kompetenz auf allen Gebieten der Hanelspolitik, die der GATT-Vertrag anspricht (mit Ausnahme der in Art. XII erlaubten Handelsbeschränkungen aus währungspolitischen Gründen) bei der Europäischen Gemeinschaft. Die EG-Kommission übt somit das Verhandlungsmandat beim GATT für ihre Mitgliedsstaaten aus. Als EG-Mitglied kann die Bundesrepublik nicht selbständig aus dem GATT austreten.

Im Unterschied zu anderen internationalen Organisationen wie z.B. dem Internationalen Währungsfonds besteht im GATT gleiches Stimmrecht: »*Jede Vertragspartei verfügt bei allen Sitzungen der Vertragsparteien über eine Stimme*« (Art. XXV:3). Für die Mehrzahl der von den Vertragsparteien bzw. dem Rat zu treffenden Beschlüssen würde laut Vertragstext eine einfache Mehrheit der Stimmen genügen (bei der Vergabe eines »waivers« 2/3 Mehrheit, bei Revision grundsätzlicher Artikel Einstimmigkeit). Da jedoch die Verweigerung einer Welthandelsmacht gegenüber einem GATT-Beschluß diesen in der Praxis unwirksam lassen würde, wird zwischen den großen Handelsmächten bis zum Konsens verhandelt. »Diese Rücksichtnahme

---

### Die GATT-Verhandlungsrunden und ihre wichtigsten Ergebnisse

*I: Genf 1947*
- Entstehung des General Agreement on Tariffs and Trade GATT
- Senkung des Zollniveaus um durchschnittlich 20%

*II: Annecy 1949*
- Beitrittsverhandlungen mit zehn Staaten
- durchschnittliche Zollsenkungen um 1-2%

*III: Torquay 1950-51*
- Beitrittsverhandlungen u.a. mit der BRD
- Keine Liberalisierungserfolge

*IV: Genf 1955-56*
- Allgemeine Zollsenkungen um 2-3%

*V: Genf 1961-1962 (Dillon-Runde)*
- Kompensationsverhandlungen mit den Mitgliedsstaaten der EWG
- Zollsenkungen um nur 1%

*VI: Genf 1964-67 (Kennedy-Runde)*
- Senkung der Zölle bis 1972 um 35% für Industrieprodukte
- Scheitern der Einbeziehung des Agrarmarktes, jedoch Konsolidierung der EWG-Zölle für Ölsaaten, Ölkuchen und Fette
- Anti-Dumping-Kodex
- Teil IV GATT »Handel und Entwicklung«

*VII: Genf 1973-1979 (Tokio-Runde)*
- Senkung der Zölle bis 1982 um 38%
- Internationale Agrarprodukteabkommen (Milch, Fleisch, Weizen)
- Enabling Clause zugunsten der Entwicklungsländer
- Sonderabkommen: Subventionskodex, Übereinkommen über technische Handelshemmnisse, Übereinkommen über das öffentliche Beschaffungswesen, Übereinkommen über den Zollwert, Übereinkommen über Einfuhrlizenzen

auf die Handelsmacht ist bis zu einem gewissen Grad der Ersatz für die fehlende Gewichtung der Stimmen« (Senti 1986, S. 45).

## 2.6 Die Entwicklungsländer im GATT

Als das Allgemeine Zoll- und Handelsabkommen 1948 in Kraft trat, befanden sich unter den 23 Unterzeichnerstaaten bereits 12 Entwicklungsländer. Inzwischen umfaßt das GATT 96 Vertragsparteien (1988), davon sind 65 Entwicklungsländer. Darüber hinaus wenden 28 Entwicklungsländer als de-facto-Vertragsparteien die GATT-Bestimmungen an. Das deutliche zahlenmäßige Übergewicht jedoch täuscht über den tatsächlichen, sehr geringen Einfluß der Entwicklungsländer auf den GATT-Vertragstext und den Verlauf der Verhandlungsrunden hinweg. Zwar verfügt im GATT jedes Land über eine Stimme; die Verfahrensregel jedoch, daß grundsätzlich bis zum Konsens aller Vertragsparteien verhandelt werden muß, schließt aus, daß die zahlenmäßige Mehrheit der Entwicklungsländer auch nur eine der Welthandelsmächte der westlichen Welt überstimmen könnte. Der Grundsatz der Einstimmigkeit bringt letztlich doch die Marktmacht der westlichen Industrienationen zum Tragen; so soll auch die Uruguay-Runde, wie der GATT-Chef-Unterhändler der EG, Tran van Thinh, erklärte, in erster Linie dem Interessenausgleich der großen Handelsblöcke USA, EG und Japan dienen:»die übrigen Teilnehmer hätten sich damit abzufinden, ob es ihnen passe oder nicht« (Handelsblatt, 5. 3. 87).

Die im Rahmen des GATT in den fünfziger und sechziger Jahren erzielten Liberalisierungsfortschritte haben in erster Linie den Handel der westlichen Industriestaaten untereinander gefördert. Für die Mehrzahl der vorwiegend rohstoffexportierenden Entwicklungsländer blieben die Zollsenkungen für Industrieprodukte ohne Belang. Daß der Welthandelsanteil der Entwicklungsländer seit Inkrafttreten des GATT von ursprünglich rund 30% auf heute rund 20% gesunken ist, ist aus der Sicht der Entwicklungsländer ein deutliches Indiz für den Mißerfolg des GATT.

Der ursprüngliche Vertragstext von 1948 nimmt keinerlei Rücksicht auf die besondere Situation der ärmeren Länder. Daher wird das GATT »mehr denn je als ein den Interessen und Problemen der Entwicklungsländer nicht angemessener Rahmen für den internationalen Handel angesehen« (Engels 1987, S. 57). Stattdessen schufen sich die Entwicklungsländer mit der United Conference on Trade and Development UNCTAD, die erstmals 1964 in Santiago de Chile durchgeführt wurde, ein handelspolitisches Forum, in dem die Entwicklungsländer ihre wirtschaftlichen Interessen deutlicher zu artikulieren vermochten. Nicht zuletzt die anhaltende Kritik der UNCTAD am GATT-System ermöglichte es, daß die Entwicklungsländer im Rahmen der Kennedy-Runde (1964-67) und der Tokio-Runde (1973-79) Modifikationen am GATT-Vertragstext durchsetzen konnten, die ihnen eine Sonderbehandlung zugestehen. Die heute wirksamen GATT-Ausnahmebestimmungen zugunsten der ärmeren Vertragsparteien beinhalten vor allem die Aussetzung des Prinzips der Meistbegünstigung, die Befreiung von der Reziprozitätspflicht, sowie das Zugeständnis, Sondermaßnahmen zur Förderung der wirtschaftlichen Entwicklung zu ergreifen.

### Befreiung von der Reziprozitätspflicht

Im Unterschied zu der in der GATT-Präambel formulierten Zielsetzung enthielt die Havanna-Charta noch die ausdrückliche Absicht, eine neue Welthandelsordnung zu schaffen, die auch der Förderung der wirtschaftlichen Entwicklung der Dritten Welt dient und den Entwicklungsländern den bestmöglichen Zugang zu den Märkten der Industriestaaten gewährt. Mit dem Scheitern der Havanna-Charta fiel diese entwicklungspolitische Verpflichtung einer Welthandelsordnung ebenso unter den Tisch wie die darin vorgesehenen Bestimmungen über die internationale Entwicklungspolitik. Übrig blieb als Allgemeines Zoll- und Handelsabkommen ein vertraglicher Rahmen für eine Welthandelsordnung, der von Industrieländern konzipiert wurde und dessen ordnungspolitische Vorstellungen auf die außenwirtschaftlichen Interessen marktwirtschaftlicher Industriegesellschaften zugeschnitten waren.

Erst nach langanhaltenden Kontroversen zwischen den Staaten des Südens und denen des Nordens, die bereits auf der Londoner Konferenz zur Schaffung einer Internationalen Handelsorganisation ihren Ausgang nahmen, wurde 1964 zur Berücksichtigung der speziellen Lage der Entwicklungsländer dem GATT ein Teil IV unter dem Titel »Handel und Entwicklung« (in Kraft seit 1966) beigefügt. Vorausgegangen war insbesondere der eindringliche Appell des ersten UNCTAD-Generalsekretärs Raúl Prebisch, dem fortschreitenden Verfall der Exporterlöse der Dritten Welt durch eine neue Handelspolitik zugunsten der Entwicklungsländer Einhalt zu gebieten (»Towards a New Trade Policy for Development«, New York 1964). Zwar nimmt Teil IV des GATT diesen Impuls auf und erklärt, daß die Ausfuhrerlöse der weniger entwickelten Vertragsparteien rasch und anhaltend gesteigert werden müssen (Art. XXXVI:2), er verpflichtet jedoch zu keinerlei konkreten Maßnahmen, die einer Verwirklichung dieses Zieles dienlich sein könnten. So wird mit Teil IV des GATT »der Bedeutung der Entwicklungsländer auf eloquente und unverbindliche Weise Rechnung getragen (. . .). Die in der Havanna-Charta vorgesehenen Bestimmungen über die wirtschaftliche Entwicklung (. . .) haben in Teil IV des GATT keinen adäquaten Ersatz gefunden« (Senti 1986, S. 314 u. 325).

Nur in einer Hinsicht können sich die ansonsten leerformelhaften Artikel des Teil IV zu einer praktisch wirksamen Aussage durchringen: »*Die entwickelten Vertragsparteien erwarten für die von ihnen in den Handelsverhandlungen eingegangenen Verpflichtungen zum Abbau oder zur Beseitigung von Zöllen und sonstigen Handelsschranken gegenüber dem Handel der weniger entwickelten Vertragsparteien keine Gegenleistung*«. (Art XXXVI:8). Damit sind die Entwicklungsländer grundsätzlich von der Reziprozitätspflicht befreit.

## Förderung der wirtschaftlichen Entwicklung

Ein Industriezweig, der sich erst im Aufbau befindet, läuft Gefahr, von entsprechenden Einfuhren aus dem Ausland bereits im Keim erstickt zu werden, wenn er schon frühzeitig dem internationalen Wettbewerb ausgesetzt wird. Diese Einsicht bewog schon den deutschen Nationalökonomen Friedrich List (und übrigens auch seinen amerikanischen Zeitgenossen Alexander Hamilton), seinerzeit selbst Angehöriger eines »Entwicklungslandes«, vor über 150 Jahren dazu, zeitlich begrenzte Schutzmaßnahmen (»Erziehungszölle«) für eine Wirtschaft im Frühstadium der Entwicklung zu fordern. Zu seinen Lebzeiten drängten die Briten unter dem Banner des Freihandels mit Manufakturwaren, die in der höher entwickelten Industrie Englands weitaus billiger produziert werden konnten als auf dem Kontinent, auf die deutschen Märkte. List warnte eindringlich vor den Folgen der billigeren Importe und begründete den Nutzen des Erziehungszolls: »Es ist wahr, daß die Schutzzölle im Anfang die Manufakturwaren verteuern; aber es ist ebenso wahr (...), daß sie im Laufe der Zeit bei einer zu Aufbringung einer vollständigen Manufakturkraft befähigten Nation wohlfeiler im Inland produziert als von außen eingeführt werden können. Wird daher durch die Schutzzölle ein Opfer an Werten gebracht, so wird dasselbe durch die Erwerbung einer Produktivkraft vergütet (...). Durch die industrielle Independenz und die daraus erwachsende innere Prosperität erwirbt die Nation die Mittel zum auswärtigen Handel...« (List 1959, S. 151f.).

Auch die Entwicklungsländer klagten bei der Formulierung des GATT-Vertragstextes mit gleichlautenden Argumenten die ausdrückliche Erlaubnis ein, ihre jungen Industrien entgegen des GATT-Liberalisierungsprinzips gegen die übermächtige Konkurrenz aus dem Norden schützen zu dürfen. Während die Industriestaaten selbst den Schutz ihrer Landwirtschaft durchzusetzen vermochten (z.B. mit Art. XI:2) verweigerten sie zunächst entsprechende Zugeständnisse zum Schutz der Industrie in den Entwicklungsländern. Nach zähem Ringen (hierzu Senti 1986, S. 266ff.) konnte erst 1955 mit der Revision des Artikel XVIII »Staatliche Unterstützung der wirtschaftlichen Entwicklung« eine Einigung erzielt werden, die es Vertragsparteien *»deren Wirtschaft nur einen niedrigen Lebensstandard zuläßt und sich in den Anfangsstadien der Entwicklung befindet«* (Art. XVIII:1) ermöglicht, bestimmte Wirtschaftszweige vorübergehend durch Importbeschränkungen zu schützen.

## Die »Enabling-Clause« und die Präferenzabkommen

Das im GATT vertretene freihändlerische Prinzip der Meistbegünstigung verlangt die Gleichbehandlung aller Handelspartner. Doch wie kann eine Industriemacht, die mit einer breit diversifizierten Angebotspalette rund zehn Prozent des gesamten Welthandels beherrscht, gleich behandelt werden wie beispielsweise Äthiopien, dessen Pro-Kopf-Brutto-Sozialprodukt gerade bei einem Hundertstel des Pro-Kopf-BSP der Bundesrepublik liegt, dessen Devisenerlöse nahezu ausschließlich von drei Exportprodukten (Kaffee, Häute, Rindfleisch) abhängig sind und das damit ein paar Promille des Weltmarktes abdeckt? Die handelspolitische Gleichbehandlung ungleicher Handelsparteien muß zwangsläufig im internatioalen Wettbewerb zur weiteren Schwächung der Position des weitaus weniger einflußreichen Landes führen, das weder politisches noch wirtschaftliches Verhandlungsgewicht in die Waagschale zu legen vermag.

Daher haben die Entwicklungsländer bereits auf der ersten UNCTAD-Vollversammlung im Jahre 1964 in Santiago de Chile die Aussetzung des GATT-Meistbegünstigungsprinzips gefordert und nicht-reziproke, allgemeine Präferenzen verlangt, die von den Industrieländern auf Fertig- und Halbfertigwarenimporte aus Ländern der Dritten Welt angewendet werden sollten. Auf der UNCTAD II 1968 in Neu Delhi wurde der Vorschlag zu einem *Allgemeinen Präferenzsystem APS* (General System of Preferences) mehrheitlich angenommen. Das APS verlangt, daß allen Entwicklungsländern (»Allgemeinheit«) günstigere Importzölle eingeräumt werden, für die die Industrieländer keine Gegenleistungen verlangen (»Nicht-Reziprozität«). Australien hatte zwar bereits 1966 allgemeine Zollpräferenzen für Entwicklungsländer zugestanden und dafür eine Ausnahmegenehmigung im Sinne des Waiver-Artikels XXV:5 GATT erhalten, die anderen Industriestaaten jedoch weigerten sich zunächst, das den GATT-Prinzipien widersprechende APS anzuwenden. Erst mit der im Rahmen der Tokio-Runde erlassenen sogenannten *Enabling Clause* wurde die Sonderbehandlung der Entwicklungsländer auf eine rechtliche Grundlage gestellt und das APS damit als GATT-konform erklärt. Die 1979 in Kraft getretene »Enabling Clause« lautet: »Ungeachtet des Artikels I des GATT können die Vertragsparteien den Entwicklungsländern eine differenzierte und günstigere Behandlung gewähren, ohne diese Behandlung den anderen Vertragsparteien zu gewähren«.

Die meisten westlichen Industriestaaten, aber auch eine Reihe sozialistischer Staaten wie die Sowjetunion oder Ungarn gewähren Entwicklungsländern mittlerweile Zollvergünstigungen. Die von den Entwicklungsländern in das APS gesetzten Erwartungen konnten mit der vom GATT erteilten Sonderklausel für Präferenzabkommen jedoch kaum erfüllt werden. So unterhalten beispielsweise viele Industriestaaten sehr verschiedene Präferenzabkommen mit bestimmten Entwicklungsländern, die letztlich wiederum zur handelspolitischen Diskriminierung innerhalb der Entwicklungsländer führen. So wird seitens der EG den AKP-Ländern durch die Lomé-Abkommen der ungehinderte zollfreie Zugang für alle Industrieprodukte eingeräumt. Ein entsprechendes Präferenzabkommen besteht ebenso mit den Mittelmeerländern. Allen übrigen Entwicklungsländern außer Taiwan gewährt das Allgemeine Präferenzsystem der EG Zollfreiheit für Industrieprodukte, allerdings mit mengenmäßigen Begrenzungen der zollfreien Einfuhr für die als »sensibel« bewerteten Produkte.

Da die EG, bedingt durch die spezifischen kolonialen Beziehungen einiger ihrer Mitgliedsstaaten, bereits seit ihrer Gründung Präferenzabkommen mit einzelnen Entwicklungsländern unterhielt, kam deren Vorzugsbehandlung wiederum mit dem APS in Konflikt. So widersetzten sich die vom Jaunde-Abkommen präferierten afrikanischen Länder dem APS, da sie sich dadurch in ihrer Vorzugsbehandlung durch die EWG gefährdet sahen. Umgekehrt scheiterte die von den Entwicklungsländern während der Kennedy-Runde eingebrachte Forderung zur Beseitigung aller Zölle auf tropische Produkte und Rohstoffe am Widerstand der EG, die nicht bereit war, die früher ausgehandelte Präferenzierung der assoziierten Jaunde-Staaten preiszugeben. In den unterschiedlichen Präferenzabkommen kommt damit häufig eine eher politisch denn ökonomisch motivierte Interessensicherung zum Ausdruck, die die Solidarität der Entwicklungsländer zu untergraben droht. Die weltwirtschaftliche Bedeutung der Präferenzabkommen ist letztlich erstaunlich gering. Das GATT selbst schätzt den Welthandelsanteil, der in den Genuß von Präferenzen kommt, auf nur drei bis vier Prozent des vom GATT erfaßten Welthandels (Senti 1986, S. 317). Eine Untersuchung des Deutschen Instituts für Wirtschaftsforschung stellte fest, daß im Jahre 1982 die für sensible Produkte wie Textilien, Schuhe oder Keramik und Glas von der Bundesrepublik Deutschland den Entwicklungsländern insgesamt gewährten Zollpräferenzen eine Zollentlastung von nicht einmal 20% bewirkten (Dt. Institut 1986, Tabelle 5 Anhang). Die spezifische Struktur des Allgemeinen Präferenzsystems der EG wirkt sich so gesehen geradezu als Handelshemmnis für einzelne Entwicklungsländer aus: »Insbesondere gegenüber den schon wettbewerbsfähigeren Entwicklungsländern greifen die Restriktionen des allgemeinen Präferenzsystems. Bei ihren wichtigen Exportprodukten sind die zollfreien Kontingente (...) oft schon zu Beginn des Jahres erschöpft...« (ebd. S. 33).

**Die Neue Weltwirtschaftsordnung – Kein Thema für GATT?**

Die angesichts der Handelsmacht der westlichen Industriestaaten vergleichsweise unbedeutenden Zugeständnisse, die die Entwicklungsländer im GATT-Verhand-

---

**Ausnahmen zugunsten der Entwicklungsländer –
Ein Überblick über die wichtigsten GATT-Bestimmungen:**

- Art. XVIII: *Schutzmaßnahmen* zugunsten der Errichtung bestimmter Wirtschaftszweige (*infant industries*) und zum Schutz der nationalen Wirtschaftspolitik in Ländern mit niederem Einkommen
- *Enabling Clause* der Tokio-Runde 1979: Ausnahmen vom Prinzip der Meistbegünstigung zugunsten der Entwicklungsländer / Zugeständnis von Präferenzabkommen
- Art. XXXVI: *Befreiung von der Reziprozitätspflicht;* von den weniger entwickelten Vertragsparteien werden keine Gegenleistungen für gewährte Zugeständnisse erwartet
- Teil IV GATT / Art. XXXVIff.: Allgemeines Bekenntnis zur Förderung des Handels und der Entwicklung

lungspoker ins Spiel bringen können, führten dazu, daß die bisherigen GATT-Runden weitgehend an den Anliegen der Entwicklungsländer vorbeiliefen. Demgegenüber vermag die UNCTAD mit ihren mittlerweile 168 Mitgliedern weitaus eher die Interessen der Dritten Welt zu artikulieren. Doch während das GATT als internationales Rechtssystem dem Welthandel mehr oder weniger verbindliche Vorschriften auferlegt, bleiben die auf den Welthandelskonferenzen mit der Stimmenmehrheit der Entwicklungsländer verabschiedeten Resolutionen oftmals als bloße Absichtserklärungen stehen, solange sich die Haupthandelsmächte ihrer Umsetzung widersetzen. Besonders deutlich wird dies bei dem von der UNCTAD bislang erfolglos betriebenen Bemühen, die von der UN-Generalversammlung 1974 beschlossene Errichtung einer Neuen Weltwirtschaftsordnung auf den Weg zu bringen.

Die Charta der wirtschaftlichen Rechte und Pflichten der Staaten, die im Anschluß an diese Erklärung von der UN-Vollversammlung im Dezember 1974 mit überwältigender Mehrheit verabschiedet wurde, konkretisiert die Forderungen der Dritten Welt für den Aufbau einer Neuen Weltwirtschaftsordnung und verfügt eine internationale Sozialverpflichtung für das wirtschaftliche Handeln. Zu den wenigen Gegenstimmen zählten bezeichnenderweise die der USA und der BRD. Die Appelle der UN und der UNCTAD für eine Neue Weltwirtschaftsordnung sprechen unverkennbar eine andere Sprache als das Freihandelsvokabular des GATT-Vertrages. Mit den übergeordneten Kriterien der »Gerechtigkeit«, sozialen Verpflichtung und der Aufhebung politischer und wirtschaftlicher Ungleichheit soll der Welthandel in einer Weise geordnet werden, die mit dem GATT-System, das nur die ökonomischen Steuerungsfaktoren des internationalen Wettbewerbs zuläßt, unverträglich ist.

**Aus der Erklärung der Vereinten Nationen
über die Errichtung einer Neuen Weltwirtschaftsordnung 1974**

Wir, die Mitglieder der Vereinten Nationen ... verkünden feierlich unsere gemeinsame Entschlossenheit, nachdrücklich auf die Errichtung einer Neuen Weltwirtschaftsordnung hinzuwirken, die auf Gerechtigkeit, souveräner Gleichheit, gegenseitiger Abhängigkeit, gemeinsamem Interesse und der Zusammenarbeit aller Staaten ungeachtet ihres wirtschaftlichen und gesellschaftlichen Systems beruht, die Ungleichheiten behebt und bestehende Ungerechtigkeiten beseitigt, die Aufhebung der sich vertiefenden Kluft zwischen den entwickelten Ländern und den Entwicklungsländern ermöglicht und eine sich ständig beschleunigende wirtschaftliche und soziale Entwicklung in Frieden und Gerechtigkeit für heutige und künftige Generationen sicherstellt.
Quelle: Entschließungen 3201 (S-VI), 3202 (S-VI) der Generalversammlung, 1. Mai 1974

Das Spannungsverhältnis zwischen UNCTAD und GATT wurde bereits mit der Gründung der UNCTAD als UN-Sonderorganisation 1964 angelegt. Sie geht auf die Initiative der sozialistischen Staaten und der Entwicklungsländer zurück, die damit ein Gegengewicht zu der einseitigen Orientierung des GATT an den Interessen der westlichen Industriestaaten schaffen wollten. Den Forderungen der Entwicklungsländer innerhalb der UNCTAD nach einer Neuen Weltwirtschaftsordnung jedoch blieb auf Grund ihres geringen politischen und wirtschaftlichen Gewichts bis heute der Erfolg versagt. Zwar sind GATT und UNCTAD mit der Einrichtung eines gemeinsamen »International Trade Center« in Genf mittlerweile unter einem Dach vereint, der Stimme der Entwicklungsländer im GATT konnte allerdings auch diese räumliche Nähe bislang nicht mehr Gehör verschaffen. Jedoch bemüht sich die UNCTAD darum, die Verhandlungsposition der Entwicklungsländer bei der nun laufenden Uruguay-Runde zu stärken. So hat der UNCTAD-Rat bei seiner Frühjahrskonferenz 1988 den Entwicklungsländern die technische Unterstützung bei der Erarbeitung von Verhandlungspositionen und bei der Verhandlungsführung zugesagt. Damit sollen für die Entwicklungsländer die infrastrukturellen Voraussetzungen geschaffen werden, ihre handelspolitischen Interessen besser wahrnehmen zu können (Nord-Süd-aktuell 2, 1988, S. 156).

## 2.7 Die Stellung der Landwirtschaft und des Agrarhandels im GATT

Der Landwirtschaft kommt in der Wirtschaftspolitik der meisten westlichen Industriestaaten eine Sonderstellung zu. So wird gerade auch in den EG-Mitgliedsstaaten, die sich ansonsten zu einer freien bzw. »sozialen« Marktwirtschaft bekennen, der Agrarmarkt nicht dem freien Spiel der Marktkräfte überantwortet, sondern mit Marktordnungen und spezifischen Strukturprogrammen staatlicherseits zu regulieren versucht. Die Bedeutung der Landwirtschaft für die nationale Ernährungssicherung, die Beschäftigungspolitik, die Natur- und Landschaftspflege wie auch als Rohstofflieferant für die verarbeitende (Nahrungsmittel-)Industrie veranlassen den Staat offenbar dazu, der Entwicklung des »primären Sektors« eine besondere Aufmerksamkeit zu widmen. Für den internationalen Agrarhandel allerdings sieht der Vertragstext des GATT keine sektorale Sonderrechtsordnung vor. Gemäß der Freihandelsphilosophie des GATT soll die GATT-Welthandelsordnung im Grundsatz gleichermaßen für Industrie- wie für Agrarprodukte gelten. Die jeweiligen nationalen Agrarpolitiken müssen daher zwangsläufig mit der GATT-Rechtsordnung, die einen weitgehend von staatlicher Einflußnahme freien Handel vorsieht, in Konflikt geraten.

So ist denn auch in der Abschlußerklärung der Genfer GATT-Ministertagung 1982 die Absicht betont worden, »die Landwirtschaft durch die Verbesserung der Wirksamkeit der GATT-Regeln stärker in das multilaterale Handelssystem einzubinden«. Dabei wird vor allem die Notwendigkeit hervorgehoben, dem Geist des GATT entsprechend den Marktzugang für Agrarprodukte zu verbessern und den internationalen Exportwettbewerb stärker der GATT-Disziplin zu unterwerfen (Finger/Olechowski 1987, S. 168). Diese Forderung hat in die Erklärung von Punta del Este Eingang gefunden und formuliert damit eines der zentralen Verhandlungsziele der derzeitigen Uruguay-Runde. Die Mehrzahl der importbeschränkenden und exportfördernden Maßnahmen, die den internationalen Agrarhandel heute beeinflussen, sind offenbar nicht GATT-konform. Gleichwohl enthält bereits der Vertragstext einige wenige Ausnahmebestimmungen, die Importbeschränkungen und Exportsubventionen im Agrarhandel unter bestimmten festgelegten Bedingungen zulassen. Diese Ausnahmebestimmungen vom Liberalisierungsprinzip, mit denen die einzelnen Staaten immer wieder ihre agrarprotektionistischen Maßnahmen zu legitimieren versuchen, waren ursprünglich auf Druck der USA im Hinblick auf deren, also der USA eigene spezifische nationalen agrarpolitischen Programme in das GATT eingefügt worden.

Als Ausdruck der amerikanischen Interessenlage jener Zeit weisen sie daher gerade nicht auf ein konzeptionelles Anliegen des GATT hin, zugunsten der agrarpolitischen Souveränität aller Mitgliedsstaaten den Agrarhandel vom Freihandelsprinzip »de jure« auszunehmen; und gerade in Ermangelung eines ordnungspolitischen Rahmens haben diese Ausnahmebestimmungen »de facto« eine von der Macht des Stärkeren, von Marktverzerrungen, Handelskriegen und Subventionswettläufen geprägte Welthandelsunordnung mit auf den Weg gebracht, die den Agrarmarkt vor allen anderen Produktionsmärkten auszeichnet.

**Ausnahmen vom Verbot nicht-tarifärer Handelsbeschränkungen zum Schutz der Landwirtschaft**

Das einzige vom GATT grundsätzlich zugelassene Instrument zum Schutz der einheimischen Märkte sind Zölle, da sie, sofern sie allen Handelspartnern hinsichtlich Höhe und Bemessungsgrundlage transparent sind, den Marktmechanismus und die Lenkungsfunktion der Preise zwar beeinflussen, jedoch nicht außer Kraft setzen (vgl. 2.3). Die von einem Land erlassenen Zölle werden im Zuge der Beitrittsver-

---

**Ausnahmen für den Agrarhandel –
Ein Überblick über die wichtigsten GATT-Artikel**

Als Ausnahmen vom allgemeinen Verbot handelshemmender und handelsverzerrender Maßnahmen erlaubt das GATT zugunsten der Landwirtschaft
- (Art. XI:2a) nichttarifäre Handelshemmnisse zum Schutz der Landesversorgung
- (Art. XI:2b) nichttarifäre Handelshemmnisse zum Schutz der Handelsnormen
- (Art. XI:2c) nichttarifäre Handelshemmnisse zum Schutz der nationalen Agrarpolitik
- (Art. XXb) nichttarifäre Handelshemmnisse zum Schutz des Lebens und der Gesundheit von Menschen, Tieren und Pflanzen
- (Art. XVI:1) Binnenmarktsubventionen
- (Art. XVI:3) Exportsubventionen, wenn diese nicht zur Erlangung eins unangemessenen Welthandelsanteils führen
- (Art. XXV:5) Zurücknahme eingegangener Verpflichtungen und Handhabung handelsbeschränkender Maßnahmen nach Erteilung eines »waiver« durch die 2/3 Mehrheit der Vertragsparteien

Weiterhin können für den Schutz der Landwirtschaft alle weiteren vom GATT genehmigten Schutzmaßnahmen angewandt werden (vgl. Kap. 2.3).

handlungen zum GATT neu verhandelt, in Listen gebunden (»konsolidiert«) und gegebenenfalls im Rahmen von Zollverhandlungsrunden gesenkt. Im Agrarbereich sind längst nicht alle nationalen Tarifpositionen Gegenstand von Beitritts- bzw. Zollverhandlungen gewesen. Nach der bisher letzten Zollrunde, der Tokio-Runde, sind so nur 2/3 der Agrarzölle der wichtigsten westlichen Industriestaaten konsolidiert, wohingegen nahezu alle Industrieprodukte betreffende Tarife in Listen gebunden sind (Senti 1986, S. 141).

Doch ohnehin spielen im Agrarbereich seit jeher mengenmäßige Handelsbeschränkungen eine wichtigere handelspolitische Rolle als Zölle. Die Anwendung mengenmäßiger Handelsbeschränkungen ist nach Art. XV:1 des GATT grundsätzlich verboten. Art. XI:2 jedoch erklärt die Anwendung von Kontingenten bei der Ein- oder Ausfuhr für Agrarerzeugnisse unter bestimmten Bedingungen für zulässig:

- So sind Ausfuhrbeschränkungen erlaubt, »*die vorübergehend angewendet werden, um einen kritischen Mangel an Lebensmitteln oder anderen für die ausführende Vetragspartei wichtigen Waren zu verhüten oder zu beseitigen*« (Art. XI: 2a). In diesem Sinne war das von den USA 1973 verfügte Ausfuhrverbot für Sojabohnen GATT-konform, zumal das Embargo nach guten Ernteergebnissen und damit nach der Beendigung der Inlands-Versorgungskrise, im Spätsommer 1973 wieder umgehend aufgehoben wurde.

- Ebenso sind Handelsbeschränkungen erlaubt, die der Einhaltung von *Normen zum Schutze des Lebens* und der Gesundheit von Menschen, Tieren und Pflanzen dienen (Art. XI:2b, Art. XV). Beispielsweise erlaubt dieser Artikel, die Vorschrift zu erlassen, daß Säcke und Behälter, die denaturiertes Milchpulver enthalten, mit der Aufschrift »Nur für Futterzwecke« gekennzeichnet sein müssen und dementsprechend Lieferungen ohne diese Kennzeichnung an der Grenze zurückgewiesen werden können.

- Schließlich sind nichttarifäre Einfuhrbeschränkungen für landwirtschaftliche Produkte dann erlaubt, wenn sie der *Durchsetzung nationaler agrarpolitischer Programme* dienen (Art. XI:2c). Diese Ausnahmebestimmung zum Schutz der nationalen Agrarpolitik, die von den USA zum Schutz ihrer Zucker- und Milchmärkte gegen den Widerstand der anderen GATT-Signaturstaaten durchgesetzt wurde, zählt zu den im Rahmen der Uruguay-Runde umstrittensten GATT-Artikeln, da schlechterdings jede agrarpolitische Maßnahme zur Rechtfertigung von Handelsbeschränkungen herangezogen werden könnte. Allerdings läßt das GATT nur unter ganz bestimmten Voraussetzungen die Kontingentierung von Importen flankierend zu entsprechenden Binnenmarktregelungen zu, dann nämlich, wenn

* gleichzeitig die Produktion des entsprechenden inländischen Erzeugnisses reduziert wird (so könnte die EG gemäß der GATT-Bestimmungen beispielsweise parallel zu den seit zwei Jahren erlassenen Maßnahmen zur Begrenzung der Getreideproduktion die Einfuhren von Getreidesubstituten begrenzen, die seit der Tokio-Runde die EG-Grenzen zollfrei passieren)

* bei einem inländischen Überangebot Sonderverkaufsaktionen die Angebotsmenge senken (so ist es der EG erlaubt, die im Rahmen des GATT ausgehandelten Butterimporte aus Neuseeland saisonal dann auszusetzen, wenn z.B. billige Weihnachtsbutter aus EG-Beständen »verscherbelt« wird)
* die Produktion eines tierischen Erzeugnisses, die größtenteils von der eingeführten Ware abhängt, beschränkt wird (so könnte die EG sich auf diesen GATT-Artikel berufen, wenn sie mit dem Verweis auf die Milchquotenregelung die seit der Kennedy-Runde konsolidierten Zölle für Ölsaaten-Importe erhöhen wollte).

Alle Einfuhrbeschränkungen dürfen allerdings nicht so beschaffen sein, »*daß sie zu einer Verminderung der Gesamteinfuhr im Verhältnis zur gesamten Inlandsproduktion führen*« (Art. XI.2), d.h. der Import darf höchstens im gleichen Ausmaß wie die inländische Produktion geschmälert werden. Die Interpretation und Durchsetzung dieser Ausnahmebestimmungen und ihrer doch sehr restriktiv formulierten Bedingungen allerdings ist in der Praxis, wie wohl bei allen GATT-Artikeln, immer auch von der Marktmacht des Interpreten abhängig. So konnten die Vertragsparteien 1951, als die USA Einfuhrbeschränkungen für Milchprodukte verfügten, ohne entsprechende Kürzungen der Milcherzeugung vorzunehmen, zwar einen Verstoß gegen die GATT-Bestimmungen nachweisen, jedoch keine Rücknahme der Importrestriktionen erreichen. Immerhin gestatteten die Vertragsparteien den Klage führenden Niederlanden entsprechende Retorsionsmaßnahmen gegen US-Einfuhren.

Wie sehr Marktmacht und Interpretationsmacht zusammenhängen, wird vollends deutlich, wenn man die beiden folgenreichsten GATT-Entscheidungen im Agrarbereich in Betracht zieht. So steht außer Zweifel, daß die in der EG mit jeder Marktordnung verbundenen variablen Abschöpfungen für Marktordnungsprodukte den GATT-Prinzipien widersprechen, da sie bedingungslos einen festgelegten Mindestpreis garantieren und damit weder einem vom GATT zugelassenen Zoll entsprechen, noch unter die Ausnahmebestimmungen des Art. XI fallen (Hilf/Petersmann 1986, S. 150). Trotz verschiedentlicher diesbezüglicher Klagen einzelner GATT-Parteien konnten sich die Vertragsparteien bis heute zu keiner Entscheidung über die GATT-(Nicht-)Konformität des Abschöpfungssystems der EG durchringen.

Vor allem aber vermochten die USA eine Sonderregelung zugunsten ihrer agrarpolitischen Interessen zu erwirken. Der Agrar-Waiver von 1955 ist »die wohl bedeutendste Sonderregelung im Agrarbereich, die im Rahmen des GATT für eine einzelne Vertragspartei vereinbart wurde« (Hartwig/Tangermann 1987, S. 70). Nach der Waiver-Autorität des Art. XXV:5 können die Vertragsparteien des GATT ein anderes GATT-Mitglied mit Zweidrittel-Mehrheit von Verpflichtungen aus dem Vertrag befreien. Die Vertragsparteien gewährten es den USA 1955, ursprünglich eingegangene Zollbindungen für Agrarprodukte auszusetzen und Kontingente festzusetzen, die zum Teil bis heute gültig sind. Die USA hatten seinerzeit die seit 1933 gültige Agrargesetzgebung (Agricultural Adjustment Act) erweitert, die nunmehr den Präsidenten dazu ermächtigte, Importbeschränkungen für Produkte zu beschließen, deren Einfuhr die eigenen agrarpolitischen Maßnahmen unwirksam zu machen drohten. Zur Angleichung der amerikanischen Agrargesetzgebung an das GATT genehmigten die Vertragsparteien einen immer wieder verlängerten »Waiver« (ein auch in der deutschsprachigen Literatur gebräuchlicher Begriff, der vom engl. »to waive an obligation« abgeleitet ist).

Die Ausnahmebestimmungen des GATT vom Verbot nichttarifärer Handelshemmnisse lassen es zu, daß agrarpolitische Maßnahmen auf dem Binnenmarkt von entsprechenden Schutzmaßnahmen gegenüber dem Ausland begleitet werden dürfen. Daher werten manche GATT-Kommentatoren den Art. XV:2 als »schwächsten Artikel des ganzen Vertragswerks« (Senti 1986, S. 257). Andererseits böten die Ausnahmebestimmungen zugunsten der Agrarpolitik durchaus eine Chance dafür, die völkerrechtliche agrarpolitische Souveränität im Rahmen einer internationalen Handelsordnung anzuerkennen, wäre nicht deren Durchsetzbarkeit gerade auch im Kontext des GATT eine Frage der wirtschaftlichen und politischen Macht.

**Subventionen**

Der Weltagrarmarkt ist nach Ansicht des Staatssekretärs im Bundeslandwirtschaftsministerium, von Geldern, längst »kein Markt mehr, sondern ein subventionierter Abladeplatz für Überschüsse« (zit. nach Hartwig/Tangermann 1987, S. 73). Preise, Mengen und Warenströme werden im Welthandel mit Agrarerzeugnissen durch Exportsubventionen verzerrt und gesteuert wie auf keinem anderen Produktemarkt sonst. In erster Linie liefern sich die USA und die EG als der Welt größte Agrarexportmächte einen subventionierten Handelskrieg um Absatzmärkte. Der EG steht hierfür das Instrument der Exporterstattungen zur Verfügung, das mittlerweile zum teuersten Ausgabenposten im EG-Agrarhaushalt geworden ist und beispielsweise 1985 rund 13 Milliarden DM verschlang. Die USA bedienen sich einer Vielzahl unterschiedlicher Instrumente zur Ausfuhrförderung ihrer Agrarexporte. So stellen sie im Rahmen des Export Enhancement Program EEP seit des »Food Security Act« aus dem Jahr 1986 1,9 Mrd. DM für Ausfuhrbeihilfen zur Verfügung, die bis 1990 auf 4,8 Mrd. DM aufgestockt werden (AgE 35/88); das erklärte Ziel des EEP ist es, Marktanteile zurückzugewinnen, die von anderen Handelspartnern wie insbesondere der EG mit »unfairen Handelspraktiken« erobert wurden. Mit einem speziell für den Milchmarkt geschaffenen »Dairy-Export-Incentive-Program« DEIP, das ebenfalls mit rund 1,9 Mrd. DM ausgestattet ist (Agrarwirtschaft 12/87, S. 427) soll die EG von den Milchmärkten des Nahen Ostens und Lateinamerikas wieder verdrängt werden. Mit Hilfe staatlicher Kreditbürgschaften und zinsloser Staatskredite (Blended Credit Program) gelang es den USA zudem, beispielsweise die Ausfuhr von Weizenmehl in einem Maße zu subventionieren, daß die EG von dem schon sicher geglaubten Absatzmarkt Ägypten wieder verdrängt werden konnte (Agrarwirtschaft 12/86, S. 381).

Daß die Agrarhandelspolitik heute in diesem Maße von subventionieren Exportoffensiven, Gegensubventionen und Vergeltungsmaßnahmen gekennzeichnet ist, die dem Geist des GATT zuwiderlaufen, wurde indes durchaus durch einen speziellen GATT-Artikel begünstigt, der der Landwirtschaft bei der Gewährung von Subventionen eine Ausnahmestellung zubilligt: Die Subventionsregeln des GATT sind in Art. XVI niedergelegt und wurden 1979 durch ein im Rahmen der Tokio-Runde vereinbartes »Übereinkommen zur Auslegung und Anwendung der Artikel VI, XVI und XXIII des GATT«, dem sogenannten *Subventionskodex*, konkretisiert und ergänzt. Sie untersagen die Gewährung von Exportsubventionen, da diese *»für andere (...) Vertragsparteien nachteilige Wirkungen haben (...) und die Erreichung der Ziele dieses Abkommens behindern«* (Art. XVI:2) können. Zulässig jedoch sind unter bestimmten Bedingungen Ausfuhrsubventionen für Grundstoffe (Art. XVI.3). Zu diesen »Grundstoffen« zählen in erster Linie Erzeugnisse der Landwirtschaft, der Forstwirtschaft und der Fischerei; Ausfuhrsubventionen für mineralische Rohstoffe sind seit dem Subventionskodex von 1979 nicht mehr zulässig. Ausfuhrsubventionen für landwirtschaftliche Grunderzeugnisse dürfen von einer Vertragspartei jedoch nicht in einem Maße gehandhabt werden, *»daß sie dadurch mehr als einen angemessenen Anteil an dem Welthandel (more than an equitable share) mit diesem Erzeugnis erhält«* (Art. XVI:3). Als Maß für den »angemessenen Anteil« soll der Welthandelsanteil mit der betreffenden Ware während einer früheren Vergleichsperiode der letzten drei Kalenderjahre dienen. Der Subventionskodex (der allerdings nicht von allen GATT-Vertragsparteien unterzeichnet wurde) legt darüber hinaus fest, daß jede Marktverdrängung anderer Unterzeichner mit Hilfe von Exportsubventionen bereits unzulässig ist.

Die diffuse Formel vom »angemessenen Welthandelsanteil« mußte zwangsläufig eine Fülle von GATT-Streitschlichtungsverfahren nach sich ziehen, die die schwierige Entscheidung darüber zu treffen hatten und haben, ob sich eine Vertragspartei mit Hilfe von Agrarexportsubventionen einen ihr nicht zustehenden Marktanteil erobert hat. Da es in der Regel angesichts der Komplexität der den Weltagrarmarkt beeinflussenden Faktoren nicht gelingen konnte, die Veränderung von Marktanteilen eindeutig auf die Anwendung entsprechender Exportsubventionen zurückzuführen, wurden diese Verfahren zumeist zuungunsten der Klage führenden geschädigten Handelsparteien entschieden. So hatten 1978 Brasilien und Australien gegen die EG-Ausfuhrerstattungen für Zucker geklagt, die es der EG ermöglicht hatten, ihre Zuckerexporte auf Kosten der brasilianischen und australischen Exporteure auszuweiten. Das GATT sah sich jedoch außerstande, der EG einen »unangemessenen« Anteil am Weltzuckermarkt nachzuweisen. Ebenso wurde 1983 eine von den USA gegen EG-Exportsubventionen für Weizenmehl eingebrachte Beschwerde zugunsten der EG entschieden. Zwar war unabweisbar, daß den Marktgewinnen der EG Verluste der USA entsprachen, die Ursache dieser Marktanteilsänderungen konnte jedoch nicht ausschließlich in den EG-Exportsubventionen gesehen werden, die damit für zulässig erklärt werden mußten (Bösche/Katranidis 1987, S. 186).

Im Unterschied zu den Ausfuhrsubventionen für Agrarerzeugnisse, die nur unter bestimmten einschränkenden Bedingungen angewendet werden dürfen (welche allerdings, wie dargelegt, in der Praxis kaum zu greifen vermögen), erlaubt das GATT grundsätzlich die Gewährung von Subventionen mit sozial- und binnenwirtschaftspolitischer Zielsetzung, sogenannte *heimische Subventionen* (Art. XVI:1), Subventionen zur Beseitigung wirtschaftlicher und sozialer Nachteile in bestimmten Regionen und zur Aufrechterhaltung der Beschäftigung verbleiben im Kompetenzbereich der einzelnen Staaten (vgl. Senti, S. 174f.). Dennoch fordert der Subventionskodex, diese Binnenmarktsubventionen auch dann möglichst zu unterlassen, wenn sie die Schädigung der handelspolitischen Interessen anderer Unterzeichnerstaaten zur Folge haben. Damit allerdings fallen alle binnenwirtschaftlichen Subventionen unter den Verdacht, handelspolitisch wirksam zu werden. Denn letztlich stärkt jede Produzentenbeihilfe die Wettbewerbsfähigkeit des unterstützten Unternehmens und zeitigt damit, auch wenn dies nicht beabsichtigt sein sollte, importbeschränkende oder exportfördernde Effekte.

Daß binnenwirtschaftliche Subventionen handelsbeschränkende Maßnahmen ersetzen können, zeigt beispielsweise die Reaktion der EWG auf ein gegen sie geführtes GATT-Beschwerdeverfahren im Jahr 1978. Der GATT-Rat kam dabei zu dem Ergebnis, daß das von der EWG angewandte Mindesteinfuhrpreissystem für Tomatenkonzentrate eine Handelsbeschränkung darstellt, die gemäß Art. XI GATT-widrig ist. Daraufhin setzte die EWG dieses Mindestpreissystem aus, erließ jedoch zugleich Produktionsbeihilferegelungen für die Verarbeitung von Tomaten zu Tomatenkonzentrat, die letztlich die Konkurrenzfähigkeit von Drittlandseinfuhren wiederum zu schwächen vermochten. Um die im GATT bisher noch festgeschriebene Unterscheidung von heimischen Subventionen und Exportsubventionen bzw. Importbeschränkungen aufzuheben, haben deshalb im Rahmen der derzeitigen Uruguay-Runde eine Reihe von Verhandlungsparteien das Meßinstrument des »producer subsidy equivalent PSE« (vgl. 3.3.) eingebracht, das jede Form der Agrarsubvention ungeachtet ihrer binnenwirtschaftlichen oder handelspolitischen Absicht einheitlich bewerten soll.

### Dumping und Anti-Dumping

Der Subventionskodex verbietet es den Unterzeichnerstaaten, Exportsubventionen für landwirtschaftliche Erzeugnisse in einem Ausmaß anzuwenden, daß »die Preise wesentlich unter den Preisen anderer Lieferanten auf demselben Markt liegen« (Hartwig/Tangermann 1987, S. 72). Dessen ungeachtet gewährten sowohl die USA als auch die EG Exportsubventionen insbesondere für Zucker und für Weizen, die zeitweilig den bis zu dreifachen Wert des letztendlich auf dem Weltmarkt erzielten Preises ausmachten. Da damit die Marktpreise für die entsprechenden Produkte sogar unter das Niveau der Produktionskosten gedrückt werden konnten, stellen diese Maßnahmen zweifellos einen Verstoß gegen das Übereinkommen dar. Wenngleich diese Formen der staatlichen Dumpingpreispolitik vom GATT untersagt sind, gleichwohl in der Praxis oftmals mißachtet werden, hat das GATT keinerlei Einfluß auf Dumpingangebote der Privatwirtschaft, sofern diese ohne staatliche Beihilfen erfolgen. Die Unternehmenstätigkeit der Privatwirtschaft steht nicht im direkten Einflußbereich des GATT. Gegenstand des GATT sind Regierungsmaßnahmen (Senti 1986, S. 174). Das GATT kann lediglich den von Dumpingeinfuhren betroffenen Staaten das Recht zu Gegenmaßnahmen einräumen.

Von Dumping ist im GATT dann die Rede, wenn »*Waren eines Landes unter ihrem normalen Wert auf den Markt eines anderen Landes gebracht werden*« (Art. VI:1). Der Anti-Dumping-Artikel VI des GATT erlaubt es den Vertragsparteien, Schutzzölle gegen entsprechende Einfuhren zu erlassen, wenn ein Dumping nachgewiesen werden kann und die Schädigung oder Bedrohung eines einheimischen Wirtschaftszweiges durch diese Dumping-Einfuhren festgestellt wird. Die amerikanische Regierung allerdings war gemäß dem amerikanischen Handelsgesetz von 1930 dazu ermächtigt, subventionierte Importe mit Ausgleichsabgaben zu belasten, ohne dabei eine Schädigung bestimmter Wirtschaftszweige nachweisen zu müssen. Erst mit der Unterzeichnung des Subventionskodex von 1979 erklärten sich die USA bereit, auf die bisherige Praxis der schadensunabhängigen Gegenmaßnahmen zu verzichten.

### Spezielle Abkommen über den Handel mit Agrarrohstoffen

Artikel XX des GATT erlaubt es den Vertragsparteien, internationalen Rohstoffabkommen beizutreten. Rohstoffabkommen sind völkerrechtliche Verträge zwischen rohstoffproduzierenden und -konsumierenden Ländern, die der Marktregulierung dienen sollen. Hierzu können sowohl Einfuhr- und Ausfuhrmengen festgeschrieben werden, als auch Mindestpreise über Mindestpreisregelungen oder Stabilisierungsreserven (»buffer-stocks«) sichergestellt sein. Für Agrarrohstoffe sind außerhalb des GATT Rohstoffabkommen für Zucker, Kakao, Kautschuk und Kaffee in Kraft, deren Wirksamkeit im allgemeinen allerdings darunter leidet, daß die wichtigsten Produzenten oder Importeure ihnen zumeist fernbleiben. Das Internationale Weizenabkommen, das dem internationalen Weizenrat obliegt, verfügt im Unterschied zu den vorgenannten Abkommen keinerlei Preis- oder Mengenabsprachen, sondern dient in erster Linie der Überwachung der Nahrungsmittelhilfe. Wenngleich Internationale Rohstoffabkommen als sektorale Preis- und/oder Mengenkartelle der freihändlerischen Grundidee des GATT widersprechen, wurden im Verlaufe der Tokio-Runde im Rahmen des GATT multilaterale Übereinkommen für den Handel mit Milcherzeugnissen und Rindfleisch abgeschlossen, nach Meinung von Senti gewissermaßen als »Ersatz für die Erfolglosigkeit bei den übrigen Agrarverhandlungen während der Tokio-Runde« (Senti 1986, S. 91). Die »Übereinkunft über Rindfleisch« dient letztlich nur der Marktbeobachtung, während die »Übereinkunft über Milcherzeugnisse« Mindestexportpreise für Voll- und Magermilchpulver, Butter und gewisse Käsesorten festschreibt. Das Internationale Milchabkommen hat inzwischen allerdings an Bedeutung verloren, da sich zum einen die EG für ihre hochsubventionierten Billigexporte von Butter einen Freibrief zu erwirken vermochten, und die USA als zweiter großer Milch(produkte)exporteur als Reaktion darauf 1985 aus dem Abkommen ausschieden. Daher sind die USA nicht mehr verpflichtet, sich an die GATT-Mindestpreisvereinbarungen zu halten (Agrarwirtschaft 12/87, S. 427).

**Die Landwirtschaft – ein Grauzonenbereich im GATT?**

Neben dem Dienstleistungsbereich, für den das GATT bislang keinerlei Regelungen vorsah, und dem Handel mit Textilien, für den im Internationalen Multifaser-Abkommen unter dem Dach des GATT eine sektorale Sonderordnung legitimiert wurde, hat sich insbesondere auch der Agrarhandel dem freihändlerischen GATT-Regelsystem weitgehend entzogen. Der Agrarhandel bewegt sich in einer Grauzone des GATT, da das Vertragswerk zwar den Agrarhandel unter Einbeziehung festgelegter Ausnahmebestimmungen vom Grundsatz her den GATT-Prinzipien unterordnet, jedoch eine solche Fülle von Regelungslücken ausweist, die es insbesondere den Agrarhandelsmächten erlaubt, ungestraft Handelshemmnisse aufzubauen und Exportoffensiven zu führen, deren Zulässigkeit oder Unzulässigkeit im GATT nicht entscheidbar ist. Typische Grauzonenmaßnahmen, die vorwiegend im Agrarbereich Anwendung finden und die im GATT-Vertragstext schlicht nicht vorgesehen waren, sind beispielsweise die Freiwilligen Selbstbeschränkungsabkommen.

Zudem vermag das GATT die Aus- und Einfuhrpraktiken staatlicher Handelsunternehmen oder Institutionen, den sogenannten »marketing boards«, nicht zu regeln. Auch in den westlichen Industriestaaten mit marktwirtschaftlichem System wird ein großer Teil des Handels mit landwirtschaftlichen Produkten unmittelbar von staatlichen Akteuren abgewickelt. So werden in Australien gar nahezu alle agrarischen Exporte von staatlichen Handelsunternehmen wie dem Australian Wheat Board durchgeführt. Auf die Gesichtspunkte, die das Marktverhalten der staatlichen oder halbstaatlichen »marketing boards« steuern, hat das GATT kaum Einfluß.

Doch die GATT-Regeln werden im internationalen Agrarhandel nicht nur durch Ausnutzung von Regelungslücken unterlaufen. Zudem zeigen die Vertragsparteien im Agrarbereich offensichtlich besonders wenig Skrupel, eindeutig GATT-widrige Maßnahmen zu ergreifen. Unter den insgesamt 94 in dem Zeitraum 1948–1985 im GATT vorgebrachten Beschwerden zur Einleitung eines Streitbeilegungsverfahrens »waren 44 Beschwerden, die den Handel mit landwirtschaftlichen Erzeugnissen betrafen, davon 16, die sich auf Importbeschränkungen im Agrarbereich bezogen« (Hartwig/Tangermann 1987, S. 72). Auf der Liste der Beklagten steht dabei die EWG/EG an erster Stelle (Hilf/Petersmann 1986, S. III). Daß die GATT-Streitbeilegungsverfahren allerdings kaum dazu beitragen konnten, mehr Disziplin in den internationalen Agrarhandel zu bringen, verweist weniger auf eine »Regelungslücke«

des GATT als vielmehr auf ein Machtdefizit. Das GATT verfügt über keinerlei Sanktionsmittel; es ist somit nicht in der Lage, ein GATT-widriges Verhalten einer Vertragspartei zu unterbinden. In einem solchen Fall vermag das GATT nur die betroffenen Handelspartner dazu zu ermächtigen, entsprechende Gegenmaßnahmen zu ergreifen. So muß es nicht verwundern, daß sich gerade die großen Agrarhandelsmächte den kleineren Handelspartnern gegenüber ungestraft GATT-widriger Handelsbeschränkungen oder unzulässige Subventionswettläufe erlauben können.

Auf Grund der dargelegten Regelungs- und Durchsetzungsschwächen des GATT-Systems muß also beklagt werden, daß es dem GATT nicht gelungen ist, die Ausweitung von Handelskonflikten im Agrarbereich einzudämmen und damit insbesondere die wirtschaftlich schwächeren Vertragsparteien vor den Folgen der mit staatlicher Subventionsmacht geführten Agrarhandelskriege zu schützen. Auf der anderen Seite allerdings respektiert der gültige Vertragstext die agrarpolitische Souveränität der Mitgliedsstaaten. Jede GATT-Vertragspartei ist prinzipiell dazu ermächtigt, ihren Agrarhandel so zu regulieren, daß Weltmarkteinflüsse die binnenwirtschaftlichen agrarpolitischen Zielsetzungen nicht unterlaufen können. Dieses Zugeständnis umfaßt die Einführung von Importbeschränkungen zum Schutz der Landwirtschaft oder zur Durchführung nationaler agrarpolitischer Programme, wie auch die staatliche Unterstützung der einheimischen Landwirtschaft mit Mitteln der Preis-, Einkommens- oder Strukturpolitik.

Die besondere Bedeutung der Agrarverhandlungen im Rahmen der Uruguay-Runde liegt nun gerade darin, daß einzelne Vertragsparteien wie insbesondere die USA in dieser Anerkennung der nationalen agrarpolitischen Kompetenz ebenfalls eine Regelungsschwäche des GATT erblicken. Denn jede binnenwirtschaftliche Maßnahme zum Schutz der einheimischen Landwirtschaft habe protektionistische und damit handelsrelevante Effekte. Mit der Erhebung der nationalen Agrarpolitiken zum Verhandlungsgegenstand handelspolitischer Vereinbarungen drohen damit in letzter Konsequenz die binnenwirtschaftlichen Maßnahmen zum Schutz und zur Förderung der Landwirtschaft dem freihändlerischen Geist des GATT unterstellt zu werden.

## 2.8 Das GATT-System – Modell einer idealen Welthandelsordnung? Ideologiekritische Anmerkungen

Eine *Ideologie* ist die Gesamtheit der Anschauungen, Theorien und Normen einer gesellschaftlichen Klasse, in der deren ökonomisch-politische Lage und ihr spezifisches Interesse zum Ausdruck kommen. Das Partikularinteresse, das diese oder jene Weltanschauung prägt, wird jedoch nicht offen eingestanden, vielmehr werden darin die Interessen der Verfechter eines ideologischen Gedankengebäudes als Interessen aller Mitglieder einer Gesellschaft ausgegeben. Eine ideologiekritische Analyse ist somit darum bemüht, die verschleierte Abhängigkeit der ideologischen Aussagen von der materiellen Interessenlage ihrer Verfechter aufzudecken, zu entlarven.

Das theoretische Gedankengebäude, auf das sich das GATT-System beruft, ist das der klassischen bürgerlichen Ökonomie. Es wurde bereits von Marx und Engels einer eingehenden ideologiekritischen Analyse unterzogen. Marx formulierte dabei das vernichtende Urteil, die bürgerliche Ökonomie mit ihren Hauptvertretern Adam Smith und David Ricardo, beschränke sich darauf, »die banalen und selbstgefälligen Vorstellungen der bürgerlichen Produktionsagenten von ihrer eignen besten Welt zu systematisieren, pedantisieren und als ewige Wahrheiten zu proklamieren« (Marx 1962, S. 95).

Eine Ideologiekritik des GATT hätte in erster Linie zu überprüfen, inwieweit im zentralen Anliegen des GATT, mit einer Liberalisierung des internationalen Warenverkehrs den Welthandel auszuweiten, tatsächlich, wie proklamiert, der Wohlfahrt aller Handelsländer gleichermaßen gedient ist, oder hinter dergleichen Formeln vom Allgemeininteresse nur die wirtschaftlichen Interessen einiger Weniger einhergehen. Daß der Vertragstext unverkennbar die Handschrift der Vereinigten Staaten trägt, wurde bereits im Abschnitt über die Entstehungsgeschichte des GATT deutlich. Zum Abschluß der Darstellung des GATT-Systems sollen hier nun noch einige kritische Anmerkungen zum theoretisch-konzeptionellen Rahmen des GATT nachgetragen werden.

Die außenhandelstheoretische Rechtfertigung der Liberalisierungsprogrammatik des GATT reicht, wie in Kapitel 2.1 entfaltet, auf das Theorem der komparativen Kostenvorteile von David Ricardo zurück. Berücksichtigt man den historischen Zusammenhang, in dem der Begründer dieses Theorems steht, so wird die spezifische Interessenlage deutlich, die Ricardo im Gewande des allgemeinen Nutzens eines freien Welthandels verschleiert. England war zu Lebzeiten Ricardos unangefochtene Welthegemonialmacht, in wirtschaftlicher wie militärischer Hinsicht. Es produzierte zwei Drittel aller Kohle der Erde und die Hälfte allen Eisens. Um uneingeschränkt Rohstoffe für die verarbeitende Industrie beziehen zu können und umgekehrt die Absatzmärkte der Welt mit englischen Manufakturwaren zu beliefern, pries das britische Imperium die Vorzüge des Freihandels – und sicherte sich seine handelspolitischen Interessen notfalls mit Gewalt. Der britische Historiker Hobsbawm urteilt über die Zeit, in der Ricardo den freien Welthandel proklamierte: »Wenn ein Land mit der fortgeschrittenen Welt (d.h. vor allem mit Großbritannien) keine Beziehungen anknüpfen wollte, so wurde es mit Kanonenbooten und Marineinfanteristen dazu gezwungen« (Hobsbawm 1976, S. 141). Ricardo scheute sich nun nicht, den beiderseitigen Nutzen eines vollständig freien Handels an dem berühmten Beispiel der Handelsbeziehungen zwischen Portugal und England mit mathematischer Akribie zu belegen. Und gerade sein Beispiel zeugt von der von Hobsbawm erläuterten Kanonenbootpolitik unter der Flagge des Freihandels: Portugal wurde im Jahre 1776 von England unter Androhung militärischer Gewalt im »Vertrag von Methuen« zur Öffnung seines Marktes für englische Textilien gezwungen – um den Preis der Vernichtung der portugiesischen Tuchproduktion. Die Freiheit des Handels war schon immer eine einseitige Angelegenheit. Die Versprechungen der Freihandelstheoretiker sollten wohl nachträglich auch jene überzeugen, die man zu ihrem Glück zwingen mußte... Daß Portugal heute als vorwiegend landwirtschaftlich geprägtes Land der ärmste EG-Mitgliedsstaat ist, während Großbritannien noch immer zu den führenden Industrienationen der Welt zählt, wirft zudem ein Licht darauf, wie sehr der von den Freihandelstheoretikern begrüßte Austausch von Agrarprodukten gegen Fertigwaren die kolonialen Formen der Arbeitsteilung zu zementieren in der Lage ist.

Bereits unter den Zeitgenossen Ricardos regte sich Widerstand gegen den ideologischen Charakter der Freihandelslehre. Einer der scharfsinnigsten Kritiker war Friedrich List, seinerzeit Angehöriger eines »Entwicklungslandes«. List erachtete die Entfaltung der eigenen produktiven Kräfte, die Kraft, selbst Reichtum schaffen zu können, für ungleich wichtiger als kurzfristige Handelsgewinne. Die zerstörerische Wirkung von relativ günstigen Importen, die den Kriterien des Theorems von den komparativen Kostenvorteilen folgen, auf den Aufbau eigener wirtschaftlicher Kapazitäten entlarvte er mit einem berühmten Symbol aus der griechischen Mythologie: »Seitdem die Trojaner von den Griechen ein hölzernes Pferd geschenkt bekommen haben, ist für die Nationen eine bedenkliche Sache geworden, von anderen Nationen Präsente anzunehmen« (List 1959, S. 154).

Grundsätzlich bezweifelte auch List nicht, daß die Modellvoraussetzung eines Systems vollkommener internationaler Konkurrenz denkbar ist, das zu einer optimalen weltweiten Verteilung der Produktivkräfte führen kann. Der »freie« Wettbewerb zwischen Nationalökonomien mit unterschiedlichem Entwicklungszustand führe jedoch dazu, daß die wirtschaftliche Leistungsfähigkeit der fortgeschrittenen die Produktivkraftentfaltung der weniger entwickelten Handelsnation behindere. Das Modell des allseitigen Nutzens eines freien Handelssystems ist nur unter symmetrischen Ausgangsbedingungen gültig, die in der Realität kaum gegeben sind.

Unter den zahlreichen Argumenten, die mittlerweile gegen die Gültigkeit des Theorems der komparativen Kostenvorteile und gegen das Zutreffen der Modellvoraussetzungen der Freihandelsideologie ins Feld geführt werden, seien nur einige der wichtigsten aufgezählt:

- Wenn die Verfechter des Freihandels annehmen, daß der freie Wettbewerb die optimale Allokation der Produktionsfaktoren steuert, so setzen sie deren beliebige Beweglichkeit, deren vollständige Mobilität voraus. Doch weder kann der Acker, wie es das Sprichwort behauptet, zum besten Wirt wandern, noch sind Arbeitskräfte (aus nichtökonomischen Gründen) bereit, jederzeit Arbeitsorte oder Tätigkeitsbereiche zu wechseln.
- Bei der Bestimmung jener Produktionsbereiche, in denen ein Land über komparative Kostenvorteile verfügt, werden historisch gewachsene Produktionsstrukturen als quasi naturgegeben vorausgesetzt und festgeschrieben: Die »Bananenrepubliken« sind kein Ergebnis freier Nützlichkeitserwägungen. »Was United Brands,

Del Monte und Standard Fruit ›vorzügliches Bananenland‹ nennen, erweist sich als erstklassiges Ackerland« (Collins/Lappé 1980, S. 215). Ohne eine leidvolle Geschichte der kolonialen Ausbeutung und Unterdrückung könnten diese Länder heute genausogut als Exporteure von Fahrzeugen oder Elektroartikeln auftreten. Die ahistorische Naivität in der entsprechenden Argumentation eines anerkannten Ökonomen entlarvt sich selbst: »Entwicklungsländer sind – im Vergleich zu den Industrieländern – reichlich ausgestattet mit agrarischen und industriellen Rohstoffen sowie mit Arbeitskräften ohne oder mit nur niedriger Qualifikation; es mangelt ihnen an Kapital, und zwar sowohl an maschinellem Kapital als auch und ganz besonders an dem in Arbeitskräften inkorporierten Humankapital. Daraus erwachsen den Entwicklungsländern Standortvorteile in zwei großen Produktionsbereichen: den rohstoffintensiven und den arbeits- und lohnintensiven. . .« (J.B. Donges 1981, S. 247ff.).

– Ein Land, das seine angeblichen Standortvorteile als Exporteur insbesondere von agrarischen oder mineralischen Rohstoffen nutzt, und dafür Industriewaren importiert, wird langfristig wachsende Handelsnachteile erleiden. Gerade die Rohstoffexporte der Entwicklungsländer unterliegen seit Jahrzehnten fallenden Terms of Trade, das Austauschverhältnis zwischen Exportpreisen und Importpreisen verschlechtert sich zuungunsten der Rohstoffexporteure, die Kaufkraft ihrer Erzeugnisse gegenüber den Exporteuren für Industrieprodukte sinkt.

– Die Freihandelstheorie reduziert die unterschiedlichen Interessengruppen innerhalb eines Landes auf einen einzigen »homo oeconomicus«; das Land erscheint als eine einzige Produktionsheinheit, die sich betriebswirtschaftlich rational verhält. Die inneren sozialen Ungleichheiten spielen dabei keine Rolle. So mag es im Einzelfall zutreffen, daß eine Nationalökonomie aus dem freien Warenaustausch größtmöglichen Nutzen erzielt – und gleichwohl breite Bevölkerungskreise infolge des internationalen Wettbewerbs verarmen. Die Sojafürsten im Süden Brasiliens haben zweifellos ihren internationalen komparativen Kostenvorteil genutzt – und damit die Verelendung der landlosen Landbevölkerung beschleunigt. Brasilien mag Standtortvorteile als Soja-Produzent haben – sie zu realisieren kann jedoch unter den bestehenden sozialen Verhältnissen nicht im Interesse der Kleinbauern und Landarbeiter liegen.

– Die Freihandelstheorie mißachtet den externen Nutzen der bestimmten Produktionszweige, d.h. den Nutzen der Produktion, der sich nicht im betriebswirtschftlichen Kalkül und damit als »Kostenvorteil« niederschlägt. Es kann für eine Volkswirtschaft sehr wohl aus beschäftigungspolitischen, sozialpolitischen oder ökologischen Gründen, aus Gründen der Versorgungssicherheit und der Gleichmäßigkeit der wirtschaftlichen Entwicklung sinnvoll sein, Produktionsfaktoren gerade auch in Regionen zu binden, die international nicht wettbewerbsfähig sind.

Wie wenig das Theorem der komparativen Kostenvorteile dazu taugt, den internationalen Warenaustausch zu erklären, zeigt sich in aller Deutlichkeit bei der Analyse der derzeitigen internationalen Warenströme. Gerade die westlichen Industrienationen, die im Rahmen der aktuellen GATT-Runde als Verfechter des Freihandels auftreten, wickeln ihren Außenhandel in erster Linie mit Handelspartnern ab, die über eine weitgehend ähnliche Ausstattung an Produktionsfaktoren verfügen. Die Industrieländer, die im Intra-Industriehandel mehr als zwei Drittel des gesamten Welthandelsvolumens abdecken, tauschen überwiegend gleichartige Waren untereinander aus, die keine Wahrnehmung »komparativer Kostenvorteile« erkennen lassen.

Die Theorie des Freihandels ist Ideologie, insofern sie die Interessen einzelner als Interesse aller ausgibt. Der bereits von Adam Smith formulierte Grundsatz der liberalistischen Ökonomie, der sich auch im GATT-System niederschlägt, behauptet, daß die ungehinderte Entfaltung der Interessen der einzelnen Wirtschaftssubjekte den Fortschritt des allgemeinen Wohlstandes verbürgt. Wenn jeder seinen Eigennutz ungehindert verwirklichen kann, so Adam Smith, dient er dem Wohl aller. Aus dem freien Spiel der eigennützigen Kräfte ergibt sich die Harmonie des Allgemeinwohls. Zur Erklärung dieser sich selbst verwirklichenden Ordnung bemühte Adam Smith eine mysteriöse »invisible hand«, die in der Außenhandelstheorie David Ricardos als die »»wunderbare Weise«, in der die Reichtümer dieser Erde einander ergänzend verteilt sind, wiederkehrt. Doch die gegenseitige Neutralisierung des Profitstrebens der Individuen und die harmonische Auflösung der Individualinteressen in das Allgemeininteresse ist gefährdet, sobald sich ökonomische Machtpositionen herausbilden, sei es auf Grund der unterschiedlichen Leistungsfähigkeit der Individuen, sei es auf Grund der Vorteile der Massenproduktion (Giersch 1952, S. 524f.). Immerhin war Adam Smith noch Moralphilosoph genug, um die Verfolgung der Eigeninteressen in die Schranken der Gerechtigkeit und der Sittlichkeit zu verweisen.

Die liberalen Ökonomen der nachfolgenden Generationen erklärten jedoch diese außerökonomische Selbstbegrenzung für unnötig. Und so findet auch im GATT-System die Macht des einen Handelspartners seine Grenze nur in der Gegenmacht des anderen. Für eine Beschränkung des unlauteren Wettbewerbs, mit dem einzelne Handelspartner oder Unternehmen ihre Vormacht- oder Monopolstellung gegenüber schwächeren Partnern ausnutzen, ist im GATT-System offenbar kein Platz (eine internationale Wettbewerbsordnung war immerhin in der Havanna-Charta noch vorgesehen, Senti 1986, S. 349f.). Ohnehin ist das GATT-Vertragswerk nur darum bemüht, die handelspolitischen Maßnahmen seitens der Staaten in eine Ordnung zu bringen; das Engagement der privatwirtschaftlichen Handelsunternehmen bleibt von den GATT-Regeln unberührt. Die Schutzklauseln, die zugunsten schwächerer Handelspartner oder benachteiligter Wirtschaftsbereiche vorgesehen sind, sind ausdrücklich als Ausnahmebestimmungen charakterisiert. Die darin vorgesehene Rücksichtnahme auf die besondere Situation der Entwicklungsländer und der Landwirtschaft droht angesichts der eingebrachten Verhandlungsprogramme bei der Uruguay-Runde zurückgenommen zu werden. So atmet das GATT mehr denn je den Geist des frühen Manchester-Kapitalismus, dem es entsprang.

# 3. VerGATTerung der Landwirtschaft? Die Agrarverhandlungen im Rahmen der Uruguay-Runde – Verhandlungspositionen und Entwicklungstendenzen

## 3.1 Die Ziele und die Verhandlungsgegenstände der Uruguay-Runde (Erklärung von Punta del Este)

Unter Vorsitz des uruguayischen Außenministers Enrique Iglesias endete am 20. September 1986 die knapp einwöchige Ministerkonferenz der (damals noch) 92 GATT-Vertragsstaaten im uruguayischen Seebad Punta del Este. Mit der einstimmig verabschiedeten Erklärung von Punta del Este wurde eine neue multilaterale Verhandlungsrunde im Rahmen des GATT eröffnet, deren Dauer auf vier Jahre veranschlagt wurde.

Im Vorfeld hatte es heftige Auseinandersetzungen über die Verhandlungsgegenstände (s. Kap. 3.2.) gegeben. So legte der Vorbereitungsausschuß der Ministerrunde drei Entwürfe möglicher Abschlußerklärungen vor. Vor allem Fragen des Agrarhandels und der Agrarsubventionen, sowie der Bereich des Handels mit Dienstleistungen waren umstritten. Im Verlauf der Konferenz formulierten die Verhandlungsdelegationen von Kolumbien und der Schweiz einen Kompromißvorschlag, der von allen Teilnehmernationen akzeptiert wurde.

Die als »café-au-lait«-Kompromiß bezeichnete Erklärung der Ministerkonferenz beinhaltet neben einer allgemeinen Festlegung der Ziele und Themen auch konkrete Vereinbarungen über den künftigen Teilnehmerkreis und die Organisation der Verhandlungen.

Als allgemeine Ziele werden in der Erklärung von Punta del Este, ganz im Geiste des GATT-Vertragswerkes, vor allem die Beseitigung des Protektionismus und die Rückkehr zu einem funktionierenden Welthandelssystem formuliert. Die Erklärung gliedert sich in zwei Teile. Der erste Teil umfaßt die Regelungen zu Verhandlungen über den Warenhandel. Damit ein etwaiges Scheitern der Verhandlungen über eine Liberalisierung des Dienstleistungsbereichs – erstmals auf der Tagesordnung einer GATT-Runde – nicht den gesamten Verhandlungsverlauf beeinträchtigt, werden, wie im »café-au-lait«-Kompromiß vereinbart, die Verhandlungen über den Dienstleistungsverkehr in einem zweiten Teil geregelt.

Mit der Durchführung und Koordinierung der achten GATT-Verhandlungsrunde wurde von der Ministerkonferenz ein spezielles Komitee, das *Trade Negotiations Committee (TNC)*, beauftragt, das gewissermaßen den »Ältestenrat der Uruguay-Runde« darstellt (GATT, NUR 6/87). Den Vorsitz des TNC führt der GATT-Generaldirektor Arthur Dunkel, dem zugleich auch der Vorsitz der »Group of Negotiations on Goods« (der Verhandlungsgruppe für den Warenhandel) obliegt. Die Verhandlungen über den Dienstleistungsverkehr werden in einer eigenen Verhandlungsgruppe (»Group of Negotiations on Services«) geführt.

Die Verhandlungsgruppe über den Warenhandel ist in 14 Untergruppen aufgegliedert, gemäß den Verhandlungsgegenständen, die in der Erklärung von Punta del Este festgelegt wurden. Einen Überblick über die 14 Gruppen gibt das folgende Organigramm.

Vier Verhandlungsziele für den Bereich des Warenhandels werden in der Erklärung von Punta del Este genannt:
- stärkere Liberalisierung durch Verbesserung des Marktzuganges, sowie Senkung und Beseitigung von Zöllen, mengenmäßigen Beschränkungen und anderen nichttariflichen Maßnahmen und Hemmnissen;
- Stärkung der Rolle des GATT, Verbesserung des multilateralen Handelssystems und Einbindung weiterer Bereiche des Welthandels in vereinbarte, wirksame und durchsetzbare multilaterale Disziplinen;
- verbesserte Anpassungsfähigkeit des GATT-Systems durch den Ausbau der Beziehungen des GATT zu anderen internationalen Organisationen und Berücksichtigung von Veränderungen bei Handelsströmen und Handelserwartungen;
- Förderung von Maßnahmen auf nationaler und internationaler Ebene, um die Wechselbeziehungen zwischen der Handelspolitik und anderen Aspekten der Wirtschaftspolitik zu verstärken, Bemühungen um eine Verbesserung der Funktionsfähigkeit des internationalen Währungssystems und um eine Steigerung der Investitionen in den Entwicklungsländern (Europa-Archiv 1987, S. D 163-186).

Ein langer Streit im Vorfeld (s.u.) der Konferenz von Punta del Este über die Aufnahme von Verhandlungen über den Dienstleistungshandel wurde mit einem verfahrenstechnischen Kompromiß beigelegt. Die Verhandlungen werden zwar im Rahmen des GATT durchgeführt, jedoch in organisatorisch getrennter Form. Die Verhandlungsgruppe Dienstleistungen wird sich mit fünf Teilbereichen zuerst befassen müssen:
- Statistik und Begriffsbestimmungen;
- die Entwicklung allgemeiner Leitlinien für die Aufstellung von Grundsätzen und Regeln;
- Klärung des möglichen Umfangs eines Rahmenabkommens zum Dienstleistungsverkehr im Rahmen des GATT;
- Überprüfung bestehender Übereinkünfte in diesem Bereich;
- Auswertung bisheriger politischer Maßnahmen der Teilnehmer bezüglich des internationalen Dienstleistungsverkehrs.

Auf besonderes Drängen der Entwicklungsländer, die bei vielen Beschlüssen der Tokio-Runde noch immer auf eine Realisierung warten und bei den Vorverhandlungen oft heftig den zunehmenden Protektionismus der Industrieländer beklagten, wurden zwei besondere Verpflichtungen in den Vertragstext aufgenommen.

Im Rahmen eines *stand still* sollen während der Dauer der Verhandlungen keine neuen GATT-widrigen handelsbeschränkenden Maßnahmen ergriffen werden. In einem zweiten Schritt (*roll back*) verpflichten sich die Teilnehmer, alle handelsbeschränkenden oder -verzerrenden Maßnahmen, die mit den GATT-Regeln unvereinbar sind, bis zum formalen Abschluß der Uruguay-Runde abzubauen. »Stand still« und »roll back« sollen während der Uruguay-Runde von einem eigenen Organ, dem »surveillance Body« (siehe Organigramm), überwacht werden.

Die allgemeinen Verhandlungsgrundsätze wurden in die Erklärung wie folgt festgehalten:
- Transparenz der Verhandlungen und Übereinstimmung mit den genannten Zielen und den Regeln des GATT;
- die Verhandlungen sollen nach Handelssektoren getrennt durchgeführt werden, um ausgewogene Zugeständnisse innerhalb der Handelsbereiche zu erreichen und Forderungen nach sektorübergreifenden Kompensationen zu verhindern;
- und die entwickelten Länder verpflichten sich auf die Gegenseitigkeit von Zugeständnissen an Entwicklungsländer zu verzichten, wobei die Entwicklungsländer ihrerseits die Versicherung abgeben, mit fortschreitender Entwicklung die aus dem GATT-Regelwerk resultierenden Rechte und Pflichten anzuwenden.

Der Verhandlungsfahrplan sieht eine Gesamtdauer von vier Jahren für die Uruguay-Runde vor. Den Startschuß gab der Ausschuß für Handelsverhandlungen, der für die Gesamtorganisation der Uruguay-Runde zuständig ist, mit seiner ersten Sitzung am 27. Oktober 1986 in Genf. Am gleichen Tag tagten die Verhandlungsgruppe Warenhandel und die Verhandlungsgruppe Dienstleistungen zum ersten Mal. Bis Ende 1987 dauerte die Anfangsphase zur Feststellung der Probleme, zur Dokumentation der zur Verhandlung anstehenden Handelshemmnisse und zur Vorlage von Verhandlungsvorschlägen für die einzelnen Verhandlungsgruppen. Mit Beginn des Jahres 1988 setzten die eigentlichen Verhandlungen in den Verhandlungsgruppen ein.

Gemäß Artikel 113 des EWG-Vertrages liegt die Kompetenz für die Außenhandelspolitik der EG-Mitgliedsstaaten gegenüber Drittländern bei der EG-Kommission. Sie nimmt somit das Verhandlungsmandat der EG-Staaten im GATT wahr. Dem Außenkommissar der EG, Willy de Clercq (Generaldirektion I für die Außenbeziehungen der EG), obliegt die Zuständigkeit für die EG-Vertretung in der GATT-Uruguay-Runde. Der EG-Chefunterhändler in Genf ist Tran van Thinh; die Verhandlungen in der Verhandlungsgruppe »Landwirtschaft« führt der niederländische Generaldirektor für Landwirtschaft Aart de Zeeuw, der zugleich zum Leiter dieser Verhandlungsgruppe bestimmt wurde (vgl. Handelsblatt, 6. 3. 87).

**Verhandlungsalltag**

Was hinter den Türen des Internationalen Handelszentrums in der Rue de Lausanne in Genf verhandelt und gemauschelt, gestritten und besprochen wird, wird nur zum kleinen Teil an die interessierte Öffentlichkeit dringen. So läßt sich zunächst auch

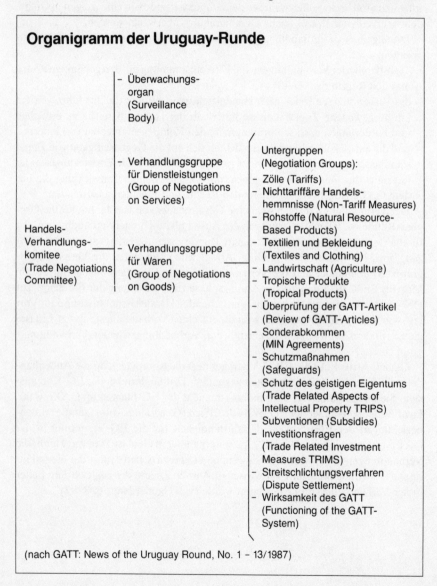

**Organigramm der Uruguay-Runde**

Handels-Verhandlungskomitee (Trade Negotiations Committee)
- Überwachungsorgan (Surveillance Body)
- Verhandlungsgruppe für Dienstleistungen (Group of Negotiations on Services)
- Verhandlungsgruppe für Waren (Group of Negotiations on Goods)

Untergruppen (Negotiation Groups):
- Zölle (Tariffs)
- Nichttariffäre Handelshemmnisse (Non-Tariff Measures)
- Rohstoffe (Natural Resource-Based Products)
- Textilien und Bekleidung (Textiles and Clothing)
- Landwirtschaft (Agriculture)
- Tropische Produkte (Tropical Products)
- Überprüfung der GATT-Artikel (Review of GATT-Articles)
- Sonderabkommen (MIN Agreements)
- Schutzmaßnahmen (Safeguards)
- Schutz des geistigen Eigentums (Trade Related Aspects of Intellectual Property TRIPS)
- Subventionen (Subsidies)
- Investitionsfragen (Trade Related Investment Measures TRIMS)
- Streitschlichtungsverfahren (Dispute Settlement)
- Wirksamkeit des GATT (Functioning of the GATT-System)

(nach GATT: News of the Uruguay Round, No. 1 – 13/1987)

kaum die Langwierigkeit der Verhandlungen nachvollziehen, die sich über Jahre erstrecken. Doch selbstverständlich sitzen in Genf nicht über Jahre hinweg dieselben Personen in geschlossenen Verhandlungszimmern und brüten unentwegt über dieselben Fragen. Die einzelnen Verhandlungsgruppen kommen in der Regel nur alle 4–8 Wochen für ein, zwei, gegebenenfalls auch mehrere Tage zusammen. Und die eigentliche Verhandlungsdiplomatie ist ohne Zweifel vor allem außerhalb dieser offiziellen Zusammenkünfte in Bewegung. Für den Juli 1988 teilt das GATT-Sekretariat folgenden Sitzungsfahrplan mit, der neben den spezifischen Verhandlungsgruppen der Uruguay-Runde auch die Zusammenkünfte der ständigen GATT-Ausschüsse aufführt:

| | In July | |
|---|---|---|
| | 1 | NG GATT Articles |
| | 1 | NG Tropical Products |
| | 5 | Committee on Budget |
| | 5–8 | NG Trade-Related Aspects of Intellectual Property Rights |
| | 6–8 | NG Tropical Products |
| | 11 + 14 + 15 | NG Safeguards |
| | 11–13 | NG Dispute Settlement |
| | 12 | Committee on Technical Barriers to Trade |
| | 13 | Committee on Trade and Development |
| | 13-14 | NG Agriculture |
| | 13-15 | Textiles Surveillance Body |
| | 18-22 | NG Services |
| | 18 | NG Non-Tariff Measures |
| | 20 | COUNCIL |
| (Quelle: GATT: Focus No. 55, | 21–22 | NG Textiles and Clothing |
| Genf July 1988) | Week 25 | Group of Negotiations on Goods Trade Negotiations Committee |

Einige Blitzlichter aus dem Verhandlungsalltag verschiedener Sitzungsgruppen der Uruguay-Runde können vielleicht einen Eindruck vom mühsamen Verhandlungsverlauf vermitteln:

Trade Negotiations Committee am 17. 12. 87:
Das Komitee kam unter dem Vorsitz von GATT-Generaldirektor Arthur Dunkel zusammen. Es hörte die Berichte von den Vorsitzenden der Verhandlungsgruppe Waren, der Verhandlungsgruppe Dienstleistungen und des Überwachungsorgans. M.G. Mathur hob in seinem Bericht über die Arbeit des Überwachungsorgans hervor, daß trotz einer Reihe von bilateralen Konsultationen über die Frage der Rücknahme handelsbeschränkender Maßnahmen bislang keine Erfolge beim »roll-back« bekannt seien. Arthur Dunkel sagte in seinem Bericht als Vorsitzender der Verhandlungsgruppe Waren, daß die Teilnehmer mittlerweile die Notwendigkeit anerkannt hätten, ein Klima des gegenseitigen Vertrauens zu schaffen und damit auch den Re-

gierungen und der Geschäftswelt ein positives Signal über die bislang geleistete Arbeit zu vermitteln. Der Vorsitzende der Verhandlungsgruppe Dienstleistungen, Botschafter Felipe Jaramillo, trug den Gruppenbericht vor. Er teilte mit, daß die Verhandlungsgruppe im Verlaufe des Jahres Fortschritte verzeichnen konnte.

Eine Einladung von Kanada, eine Zwischenauswertung der Uruguay-Runde auf Ministerebene in Montreal auszurichten, wurde sehr begrüßt, und der Vorschlag, die Zwischenauswertung gegen Ende des Jahres 1988 abzuhalten, fand breite Unterstützung. Der Vorsitzende übernahm die Aufgabe, mit den Verhandlungsteilnehmern darüber Gespräche zu führen, so daß eine definitive Entscheidung über den Termin der Zwischenauswertung bei der nächsten Sitzung des Trade Negotiations Committee am 18. 2. 88 getroffen werden konnte.
(nach GATT: NUR 13/1987, S. 1f.)

Verhandlungsgruppe Tropische Produkte, 25. April 1988:
Wie schon in der Januar-Sitzung der Verhandlungsgruppe beschlossen, tauschten eine Reihe von Teilnehmern ihre Angebots- und Forderungslisten für den Handel mit Kaffee, Tee, Kakao, Gewürzen, Tabak und anderen tropischen Produkten aus. Neun solcher Listen wurden eingebracht, die insgesamt von 32 Ländern kamen, darunter auch der EG und den ASEAN-Staaten. Ungarn brachte ein Angebot ein, nach dem es seine Zölle auf viele tropische Produkte auf Null zu reduzieren bereit ist. Die Teilnehmer bestätigten noch einmal die Absicht, bereits bis zum Ende des Jahres 1988 die Verhandlungen über tropische Produkte zu einem Abschluß zu bringen.
(nach GATT: NUR 16, Mai 1988, S. 3f.)

Verhandlungsgruppe Landwirtschaft, 20.-21. April 1988:
Die Verhandlungsgruppe prüfte drei neue Kommuniqués, die von Argentinien, Nigeria und Marokko eingebracht wurden. Argentinien präsentierte die Ergebnisse des Ministertreffens der Cairns-Gruppe, das im Februar in Bariloche stattgefunden hatte. Die Cairns-Gruppe hätte dabei festgestellt, daß die wichtigsten Agrarexportländer ihre protektionistischen Praktiken und andere wettbewerbsverzerrende Maßnahmen verstärkten. Es wurde die Notwendigkeit betont, den Weltagrarhandel mittels revidierter und gestärkter GATT-Regeln neu zu ordnen. Die Cairns-Gruppe hatte ein Programm vorgeschlagen, daß ein Einfrieren und einen schrittweisen Abbau von Subventionen und Protektion im Agrarbereich vorsieht. Mit Argentinien betonte auch eine Reihe anderer Verhandlungsteilnehmer die Notwendigkeit, die vorgeschlagenen kurzfristigen Maßnahmen zur Lösung der Probleme des Agrarhandels in ein langfristiges Konzept einzubinden.

Nigerias Mitteilung hob die besondere Bedeutung der landwirtschaftlichen Entwicklung für die Entwicklungsländer hervor und schlug eine Reihe von agrar- und handelspolitischen Maßnahmen vor, die zur Sicherstellung der landwirtschaftlichen Selbstversorgung beitragen sollen.

Die Mitteilung von Marokko plädierte für ein Vorgehen, das auf einen besseren

Ausgleich von Angebot und Nachfrage auf dem Weltagrarmarkt zielt. Schließlich nahm die Verhandlungsgruppe den mündlichen Bericht des Vorsitzenden der Technischen Arbeitsgruppe zur Berechnung von Stützungsmaßnahmen (Technical Group on Aggregate Measurement of Support) zur Kenntnis. Es bestand Einigkeit darüber, daß die Verhandlungsteilnehmer Daten auf der Basis der »Produzentenunterstützungsäquivalente« (PSE) zu Rate ziehen können, ohne damit bereits eine Vorentscheidung darüber zu treffen, ob und wie entsprechende Berechnungen zum Gegenstand der Verhandlungen gemacht werden. Jedenfalls bot das GATT-Sekretariat, ebenso wie die FAO, hierfür technische Unterstützung an.
(nach GATT: NUR 16, Mai 1988, S. 2)

## 3.2 Ausgangspositionen und Interessenkonflikte bei den wichtigsten nicht den Agrarbereich betreffenden Verhandlungsgegenständen

1979 ging die Tokio-Runde zuende. Die GATT-Vertragsparteien hatten sich in dieser Runde zwar auf einen weiteren Abbau von Zöllen für Industriegüter geeinigt, die Probleme der nichttarifären Handelshemmnisse und die Fragen des Agrarhandels waren aber weitgehend unter den Tisch gefallen. Die ungelösten handelspolitischen Konflikte zwischen den Industrieländern und den Entwicklungsländern bestimmten wesentlich die Zusammenarbeit in den GATT-Gremien ab 1980.

Die Konflikte im Vorfeld der Uruguay-Runde, der Streit um mögliche Themen einer neuen multinationalen GATT-Runde wurde in den folgenden Jahren mit großer Heftigkeit geführt. Ein kurzer Blick auf die Entwicklung der Diskussion zwischen den Ländergruppen verdeutlicht nicht nur die wesentlichen Konfliktpunkte für die laufenden GATT-Gespräche, sondern verweist auch auf viele in der entwicklungspolitischen Diskussion seit langem benannte Probleme der Weltmarktentwicklung und der wirtschaftlichen Beziehungen zwischen Industrie- und Entwicklungsländern.

### »Stand still« und »roll back« –
### über die schwierige Vorgeschichte der Uruguay-Runde

Die nach der Zahl ihrer Mitglieder benannte »Achtzehner-Konsultativgruppe« (dabei auch Entwicklungsländer wie Pakistan, Indien und Brasilien) des GATT legte im Juni 1981 einen Bericht vor, in dem Vorschläge vorgestellt und ausgewertet wurden, um den Liberalisierungsimpuls der Tokio-Runde zu sichern. Die Autoren betonten die Notwendigkeit, den GATT-Rahmen den veränderten weltwirtschaftlichen Bedingungen und Problemsituationen anzupassen. Wichtigster Vorschlag war die Einberufung einer GATT-Ministerkonferenz, die ein GATT-Gesamtkonzept für die achtziger und neunziger Jahre entwerfen sollte. Probleme, die die Tokio-Runde nicht hatte lösen können, wie der Gegensatz zwischen Handelsliberalismus traditioneller Prägung auf der einen Seite und der nicht zu übersehenden Tendenz zu handelspolitischen Reglementierungen, wie auch zahlreichen Verträgen zwischen einzelnen Staaten oder Staatengruppen unter Umgehung von GATT-Regeln wie dem Meistbegünstigungsprinzip auf der anderen Seite, sollten auf der Tagesordnung stehen.

Im November 1982 versammelten sich die Minister der GATT-Vertragsstaaten. Neben dem Wachstum protektionistischer Maßnahmen und Problemen des Nord-Süd-Handels wurden erstmals der Agrarhandel und der Handel mit Dienstleistungsprodukten in die Tagesordnung aufgenommen.

Die Ergebnisse dieser später als »Ministerkonferenz der verpaßten Chancen« bezeichneten GATT-Konferenz waren enttäuschend und eröffneten einer regen Folge von internationalen Konferenzen und GATT-Treffen Tür und Tor. Im Agrarbereich scheiterten die Verhandlungen am konsequenten Widerstand der EG. Der US-amerikanische Vorstoß zugunsten von Verhandlungen über Dienstleistungen, Investitionen und Technologiefragen stieß auf erbitterten Widerstand der Entwicklungsländer. Fragen des Nord-Süd-Handels wurden kaum diskutiert und die Enttäuschung der Entwicklungsländer ließ sie das GATT-Vertragswerk als geeigneten Rahmen für Verhandlungen über internationalen Handel in Frage stellen. Der GATT-Rahmen hatte sich als ungeeignet erwiesen, den zunehmend gegen Entwicklungsländer gerichteten Protektionismus der Industrieländer zu stoppen.

Der Vorschlag zur Initiierung einer neuen GATT-Runde kam von der sogenannten »Leutwiler Gruppe«, einer Studiengruppe, die der GATT-Generaldirektor im November 1983 zur Beurteilung des derzeitigen internationalen Handelssystems eingesetzt hatte. Diese legte im März 1985 ihren Abschlußbericht unter dem Titel »Trade Policies for a Better Future: Proposals for Action« vor. Ein großer Teil der 15 Hauptempfehlungen fand sich später in der Erklärung von Punta del Este in abgewandelter Form wieder. Auf verschiedenen internationalen Konferenzen waren Vorschläge für eine neue Verhandlungsrunde bereits mehrfach geäußert worden.

Auf der GATT-Jahrestagung 1984 machten die USA ihren zukünftigen Beitrag zum GATT von der Aufnahme multilateraler Verhandlungen über den Dienstleistungsbereich abhängig. Das Interesse der USA als weltweit leistungsfähiger Anbieter von Dienstleistungsgütern an einer möglichen Liberalisierung dieses Bereiches ist angesichts ihres gewaltigen Handelsbilanzdefizits groß.

Die Vorverhandlungen zur Aufnahme einer neuen Verhandlungsrunde spitzten sich im Laufe des Jahres 1985 immer mehr zu. Die Entwicklungsländer fühlten sich nach den Worten des UNCTAD-Generalsekretärs Corea »besorgt« (Engels 1987), da ihnen die Zielsetzung und der Nutzen einer Neuen Runde als ungeklärt erschienen. Die notwendige Rücknahme des Protektionismus der Industrieländer nach der Tokio-Runde gegen Produkte der Entwicklungsländer stand aus. Angebote der Industrieländer an die Entwicklungsländer für den Fall, daß der Handel mit Dienstleistungsgütern in das GATT-Vertragswerk mitaufgenommen würde, waren nicht abzusehen. Im Sommer 1985 kam es allerdings zu ersten kontroversen Stellungnahmen unter den Entwicklungsländern. Die Länder der ASEAN-Gruppe und Südkorea betonten die Notwendigkeit effektiver Handelsliberalisierungen, während eine gemeinsame Stellungnahme von 23 Entwicklungsländern (mit Brasilien, Mexiko, Indien) Vorbedingungen für die Aufnahme einer neuen Verhandlungsrunde formulierten: Der Handel mit Dienstleistungsprodukten sollte nicht ins GATT-Vertragswerk aufgenommen werden, die Verpflichtungen der Tokio-Runde müßten eingehalten werden, das Multifaserabkommen (s. u.) sollte Eingang in das GATT-Vertragswerk finden, eine Liberalisierung für den Handel mit tropischen Produkten stehe aus und die Verwendung von Exportsubventionen und Schutzklauseln seitens der Industrieländer sollte mit größeren Konsequenzen belegt werden.

Diese Positionen machen die tieferliegenden Interessenkonflikte deutlich. Viele Entwicklungsländer fürchten, bei einer Liberalisierung des Dienstleistungsverkehrs in wirtschaftlich und politisch wichtigen Schlüsselbranchen von den Industrieländern abhängig zu werden, während gleichzeitig beim Warenverkehr eine zur Lösung der Verschuldungs- und Entwicklungsprobleme notwendige Öffnung der Märkte der Industrieländer nicht in Sicht ist.

Mit einer schriftlich durchgeführten Kampfabstimmung riefen die USA dann für den November 1985 zu einer Sondersitzung der Vertragsstaaten auf, von deren Durchführung die USA ihre weitere Mitgliedschaft im GATT abhängig machten. Einige Entwicklungsländer unterstützten den Vorschlag, so daß die notwendige Stimmenzahl zustande kam. Diese 41. Tagung der GATT-Vertragsparteien endete mit der Einberufung eines Vorbereitungsausschusses für die neue Runde multilateraler Handelsverhandlungen. Die Entwicklungsländer hatten die Einsetzung dieser Vorbereitungskommission an die Voraussetzungen geknüpft, daß keine neuen GATT-widrigen Protektionsmaßnahmen ergriffen würden (»stand still«) und die bestehenden schrittweise wieder abgebaut würden (»roll back«).

Die Diskussion über die Ausdehnung der GATT-Kompetenzen auf neue Bereiche ließ auch während der Vorbereitungsarbeiten zur Ministerkonferenz von Uruguay nicht nach. Erst in letzter Sekunde wurde vor der Ministerkonferenz mit dem »café-au-lait«-Kompromiß eine Ausgangsposition gefunden, die alle Vertragsparteien mittrugen.

Die Auseinandersetzungen während der Vorbereitungsphase ließen die internationalen Handelskonflikte deutlich kenntlich werden. Umstrittene Bereiche bei den aktuellen Verhandlungen werden vor allem die Verhandlungen über den Agrarhandel sein, dem Musterbereich protektionistischen Verhaltens der Industrieländer, und der Handel mit Dienstleistungsgütern, bei dem die Entwicklungsländer, angesichts der Anbietermacht der Industrieländer, einen Verlust an Eigenständigkeit fürchten. Die Konfliktlinien verlaufen allerdings nicht nur entlang einer imaginären Nord-Süd-Grenze, sondern auch zwischen den Industrieländern – insbesondere der EG, USA und Japan – divergieren die Positionen in wichtigen handelspolitischen Fragen.

**Textilien und Bekleidung**

Der Handel mit Textilien und Bekleidung ist Gegenstand der *Negotiations Group Textiles and Clothing*. Ziel der Verhandlungen im Rahmen der GATT-Runde soll eine mögliche Integration des Textilsektors in das GATT-Vertragswerk sein. Die Zölle im Textilbereich liegen zwei- bis dreimal über dem Durchschnitt der Zölle der übrigen verarbeiteten Produkte. Der Handel im Textilbereich wird derzeit durch ein Multifaserabkommen geregelt. Diesem Multifaserabkommen gehören als wichtige Exportnationen Brasilien, Hongkong, Japan, Korea und Indien an, als Importländer die USA, die EG und die skandinavischen Länder. Einige Länder, wie Frankreich, Italien und Japan, sind dem Abkommen sowohl als Exporteure als auch als Importeure angeschlossen.

Schon frühzeitig begannen im Textilbereich Verhandlungen über eine internationale Regulierung der Angebots- und Nachfrageströme. Niedrige Lohnkosten gaben einigen Entwicklungsländern die Möglichkeit, konkurrenzfähig zu den Produzenten in den Industrieländern, Textilien und Kleider anzubieten. Seit 1961/62 wurden zahlreiche kurz- und langfristige Vereinbarungen über den Handel mit Textilien aus Baumwolle getroffen. Im Oktober 1962 trat ein Textilabkommen in Kraft, in dessen Rahmen wichtige Anbieter- und Nachfragenationen den Handel reglementierten. Die Industrienationen versuchten, den für sie ruinösen Konkurrenzkampf mit den »Billiglohnländern« durch Vergabe fester Quoten zu begrenzen. Die Entwicklungsländer ließen sich auf Absprachen ein, um zumindest einen begrenzten Zugang zu den Absatzmärkten der Industrienationen zu erhalten. Die Zolleskalation (s. Kap. 2.2) ist im Bereich des Handels mit Textilien besonders ausgeprägt. Rohprodukte können fast unbehindert in die Industrieländer geliefert werden, bei verarbeiteten Produkten steigt die Zollbelastung drastisch. Da viele Länder dem Abkommen ferngeblieben waren, existierten neben den Absprachen im Rahmen des Textilabkommens zahlreiche bilaterale Verträge über den Handel mit Textilprodukten. 1974 wurden diese Vereinbarungen im Rahmen des Multifaserabkommens zusammengefaßt und vereinheitlicht. Das neue Abkommen wurde auf den Handel mit synthetischen Textilien ausgedehnt. Als Zielsetzungen wurden im Rahmen des Multifaserabkommens eine ausgewogene Entwicklung und Ausweitung des Textilhandels, eine Verringerung von Handelsrestriktionen, die Sicherung eines größeren Anteils der Entwicklungsländer am Welttextilhandel und damit eine Steigerung ihrer Exporterlöse formuliert. Ihre Zuwachsraten wurden auf jährlich 6% begrenzt.

Der steigende Angebotsdruck kostengünstiger Textil- und Bekleidungsartikel, vor allem der lieferstarken Schwellenländer wie Korea, Taiwan und Hongkong, führte Ende der 70er Jahre in Verbindung mit der allgemeinen Rezession zu erheblichen strukturellen Anpassungsproblemen in der Textilindustrie der Industrieländer. Der Beschäftigungsrückgang war besonders in der Europäischen Gemeinschaft sehr hoch (über 20%). Bei den Verlängerungen des Multifaserabkommens 1978 und 1982 setzte die EG protektionistischere Maßnahmen durch. Die Zuwachsraten der

Exporte aus Entwicklungsländern wurden drastisch reduziert und betragen je nach Bedeutung des Produktes für die Industrie der Industrieländer zwischen 0,5 bis 4,5% (Fröbel et al. 1986). Die Steigerungsquoten wurden außerdem nach Wirtschaftskraft der Entwicklungsländer differenziert. Die am wenigsten entwickelten Länder erhielten die höchsten Zuwachsraten zuerkannt, ein Zugeständnis, das angesichts der geringen Liefermengen dieser Länder keine große Bedeutung für die Industrieländer besitzt. Die leistungsfähigen Anbieter dürfen ihre Exporte nur gering ausdehnen oder müssen teilweise ihre Quoten begrenzen.

Die Bedeutung des Textilhandels ist für viele Entwicklungsländer sehr groß. In Ländern wie Südkorea, Taiwan oder Hongkong arbeiten mehr als 30% der Erwerbstätigen in diesem Sektor. Ähnlich wie in der Frühphase der industriellen Entwicklung Europas hat der Industriebereich Textil eine hohe Bedeutung für die wirtschaftliche Entwicklung, die Industrialisierungsstrategien und die Exporteinnahmen dieser Länder. Der hohe Anteil des Textilbereichs am gesamten Fertigwarenexport der Entwicklungsländer belegt die überdurchschnittliche Funktion, die dieser Wirtschaftsbereich für die textilexportierenden Entwicklungsländer hat.

Trotz der genannten Begrenzungen während der Verhandlungen zur dritten Verlängerung des Multifaserabkommens 1982 ist der Textilbereich von großen Handelskonflikten weitgehend frei. »Die relativ geringe Konfliktträchtigkeit der Protektion im Textilbereich geht darauf zurück, daß sowohl die importierenden Industrieländer – in denen der Textilsektor z.T. auch heute noch eine erhebliche Arbeitsmarktbedeutung hat (z.B. USA 15%) – als auch die inzwischen etablierten Anbieterländer die Sicherheit eines durch Quotenabkommen geregelten und stabilisierten Marktes erhalten möchten« (Engels 1987, S. 65).

Die Zielvorstellungen, die die Entwicklungsländer mit der Forderung nach Integration des Multifaserabkommens in das GATT-System verbinden, sind unterschiedlich. Eine Integration in das GATT-Regelwerk stellt die bisherige Form des quotierten Handels in Frage. Die etablierten Anbieter hoffen im Falle von Liberalisierungen einen größeren Anteil am Markt zu erhalten. Andere bisher nur in geringem Maße am Textilhandel beteiligte Entwicklungsländer hoffen auf bessere Startchancen einer eigenen Textilindustrie (z.B. Kolumbien, Sri Lanka, die Philippinen etc.). In der ersten Verhandlungsphase erstellte die Untergruppe »textiles and clothing« zunächst eine Dokumentation zur Situation des Welttextilsektors (GATT, Fifth Meeting of the Group of Negotiations on Goods). Die Verhandlungspositionen innerhalb der Gruppe divergieren zwischen der formalen Übernahme des bisherigen Regelwerkes des Multifaserabkommens in das GATT-System und einer Öffnung des Wettbewerbs im Rahmen der GATT-Regeln (vgl. Cable 1987).

**Der Streit um den Handel mit Dienstleistungen**

Die *Group of Negotiations on Services* erwartet ein schwieriges Geschäft. Schon die Frage der Definition des Dienstleistungsbereichs wirft ungeheure Schwierigkeiten auf. Hinter dem Sammelbegriff verbergen sich so verschiedene Teilbereiche wie Banken, Versicherungen, Tourismus, Telekommunikation, Verkehr und alle Arten von beratenden Tätigkeiten, seien es Ingenieurdienste, Planungsarbeiten oder Prospektionstätigkeiten. Versuche, diese Teilbereiche geordnet statistisch zu erfassen, um Umfang und Bedeutung von protektionistischen Maßnahmen bewerten zu können, sind außerordentlich kompliziert.

Der Streit, der im Vorfeld der Uruguay-Runde so heftig tobte, läßt deutlich werden, daß der Handel mit Dienstleistungsgütern ein sehr sensibler Bereich des internationalen Handels ist.

Sensibel – so werden immer die Produktionssektoren genannt, in denen einzelne Länder ein besonderes Schutzbedürfnis für sich ausmachen – ist dieser Bereich für die Industrieländer. Die Verlagerung des Hauptteils der Erwerbstätigen aus dem industriellen Produktionssektor in den Dienstleistungsbereich wird in den Industrieländern schon lange mit Stichworten wie der »Tertiarisierung« oder dem »Beginn der Dienstleistungsgesellschaft« analysiert. Rasch ist die Entwicklung des Dienstleistungssektors vorangeschritten. Die großen Geschäftsbanken und Versicherungsgesellschaften nehmen unter den größten Konzernen längst Spitzenplätze ein. Diese expandierenden Wirtschaftsbereiche drängen nun auf bessere Exportmöglichkeiten. Das besondere Interesse der USA an einer Liberalisierung des Handels mit Dienstleistungsgütern liegt in ihrer starken Anbieterposition begründet. US-amerikanische Fernsehgesellschaften bestimmen den Terminplan bei den Olympischen Spielen, amerikanische Fernsehserien den Publikumsgeschmack europäischer Fernsehzuschauer. US-amerikanische Geschäftsbanken investieren gewaltige Summen weltweit, finanzieren Entwicklungsprojekte und Staatshaushalte.

In der Computerbranche hat der IBM-Standard große Bedeutung erlangt. Umfangreiche Teile des Softwarehandels sind auf diesen Standard ausgerichtet. Im Bereich der Telekommunikation dominieren die großen amerikanischen Firmen.

Sensibel ist dieser Bereich aber auch für die Entwicklungsländer. Gerade entstehende erste Produktionsstätten für sogenannte High-Tech-Produkte sollen geschützt werden, um einen Verlust an Know-how in diesen wachstumsstarken Bereichen zu verhindern. Die hohe politische Bedeutung des Dienstleistungssektors ist einer der Gründe für den Widerstand der Entwicklungsländer gegen vorbehaltslose Liberalisierungsverpflichtungen. Immer größere Bereiche des Warenhandels werden von kombinierten Dienstleistungen abhängig (Engineering-Leistungen). Planung, Verwaltung, Versicherung und Finanzierung staatlicher Politik, der Militärs, der Zentralbank sollen mit eigenem Know-how unabhängig bestreitbar sein. Bislang ist die Niederlassung ausländischer Banken, Versicherungen und Kommunikationsunternehmen in Entwicklungsländern schwierig, oft sogar unmöglich. Internationale Liberalisierung dieser Bereiche wird nationale Anbieter gegenüber weltweit operierenden Unternehmen chancenlos machen.

Die Befürchtung der Entwicklungsländer für Liberalisierungszugeständnisse im Dienstleistungsbereich keine Gegenleistungen zu erhalten, ist groß. Sie sehen deshalb diese Verhandlungen als Teil eines Verhandlungspaketes. Fortschritte bei den Verhandlungen über Dienstleistungen werden von Fortschritten im Bereich des Güterhandels abhängen. Im Handbuch der Weltbank zu den multilateralen Handelsvereinbarungen betonen die Autoren die Bedeutung des Verhandlungsbereichs Dienstleistungen für das Gelingen der gesamten Verhandlungen: »... Mißerfolge bei dem Versuch, Fortschritte im Bereich des Handels mit Agrargütern zu erreichen, werden die ganze GATT-Runde wahrscheinlich nicht zum Scheitern bringen – wie dies ein Mißerfolg bei der Ausweitung der GATT-Regeln auf den Handel mit Dienstleistungsgütern mit sich bringen würde« (Patterson 1987).

Die konkreten Verhandlungen werden aus den genannten Gründen schwierig und langwierig werden. Die Verhandlungsgruppe Dienstleistungen war bislang im wesentlichen mit Fragen der Definition und statistischen Erfassung beschäftigt.

## 3.3 Die Agrarverhandlungen im Rahmen der Uruguay-Runde: Vergleich und Hintergründe der vorgelegten Regierungsvorschläge

Die Notwendigkeit einer weltweiten Reform des internationalen Agrarhandels wird von Tag zu Tag offensichtlicher und dringender. Die internationale Verflechtung der Länder im Agrarhandel ist zu stark, als daß einzelstaatliche Lösungsansätze die Probleme der Staaten lösen könnten. Die USA benötigen für ihre Agrarüberschüsse Abnahmeländer. Innerhalb der Europäischen Gemeinschaft werden die Stimmen der Exportindustrie immer lauter, die Handelsbeschränkungen für ihre Produkte befürchten, wenn die Handelskonflikte auf Grund der gemeinsamen Agrarpolitik weiter zunehmen sollten. Einseitige Vorleistungen einzelner Länder im Rahmen einer internen Reform der Agrarpolitik scheiden von vornherein aus. Zu groß ist die Gefahr, daß andere Länder diese ersten Schritte ausnutzen und sie zur Verbesserung der eigenen Position gebrauchen. Den Entwicklungsländern fehlt zudem sowohl die Finanzkraft als auch die Handelsmacht, einseitig Veränderungen am Weltagrarhandelssystem vornehmen zu können.

Die steigenden Kosten auf der einen, die wachsenden Ernährungsprobleme auf der anderen Seite lassen eine weltweit abgestimmte Reform der Agrarbeziehungen immer notwendiger werden. So konzentrieren sich alle Länder und Ländergruppen auf die Agrarverhandlungen im Rahmen der GATT-Runde. Die Verhandlungen über den Agrarhandel stellen einen Schlüsselbereich der Uruguay-Runde dar. Die große Zahl der akuten Handelskonflikte, die hohe Bedeutung des Landwirtschaftssektors für viele Entwicklungsländer und der Umfang des Stützungsniveaus sind Faktoren, die die Sonderstellung der Agrarverhandlungen in der Uruguay-Runde begründen.

Formell ist der Agrarhandel vollständig in das GATT-Vertragswerk integriert (s. Kap. 2.7.). Zahlreiche Sonderregelungen erlauben Ausnahmen von den allgemeinen GATT-Regeln. Das gegenwärtige Ausmaß der Interventionen, der nationalen Schutzvorkehrungen, der subventionsgeschützten Dumpingexporte übersteigt aber die Möglichkeiten, die diese Sonderregelungen gestatten, bei weitem.

Mit der Aufnahme des Agrarhandels in die Tagesordnung der neuen GATT-Runde wurden bereits wichtige Akzente gesetzt. Die bisherigen Ausnahmebestimmungen für den Agrarhandel stehen auf dem Spiel.

In der Ministererklärung von Punta del Este wird als vorrangiges Ziel für die Agrarverhandlungen eine stärkere Liberalisierung des Handels mit landwirtschaftlichen Erzeugnissen angestrebt.

## Im Wortlaut: Die Beschlüsse der »Declaration of Punta del Este« zum Agrarhandel

### Landwirtschaft

Die Vertragsparteien kommen überein, daß es dringend notwendig ist, eine größere Disziplin und Vorhersehbarkeit im Welthandel mit Agrarerzeugnissen herbeizuführen, und zwar durch Korrektur und Verhütung von Beschränkungen und Verzerrungen einschließlich solcher im Zusammenhang mit strukturbedingten Überschüssen, um Ungewißheit, Ungleichgewichte und Instabilität auf den Weltagrarmärkten zu verringern.

Die Verhandlungen zielen darauf ab, eine stärkere Liberalisierung des Handels mit landwirtschaftlichen Erzeugnissen herbeizuführen und alle Maßnahmen, die den Zugang bei der Einfuhr und den Wettbewerb bei der Ausfuhr beeinflussen, unter Berücksichtigung der allgemeinen Verhandlungsgrundsätze verstärkten und wirksameren GATT-Regeln und -Disziplinen zu unterwerfen, und zwar durch:

I) Verbesserung des Marktzugangs, unter anderem durch Verringerung der Einfuhrhemmnisse;

II) Verbesserung der Wettbewerbsbedingungen durch verstärkte Disziplinen für den Einsatz aller direkten und indirekten Subventionen und sonstigen Maßnahmen, die sich mittelbar oder unmittelbar auf den Agrarhandel auswirken, einschließlich der schrittweisen Verringerung der negativen Auswirkungen solcher Maßnahmen und der Korrektur ihrer Ursachen;

III) Minimierung der nachteiligen Auswirkungen von gesundheitspolizeilichen und pflanzenschutzrechtlichen Vorschriften und Hemmnissen auf den Handel mit Agrarerzeugnissen unter Berücksichtigung der einschlägigen internationalen Übereinkommen.

Zur Erreichung der vorgenannten Ziele wird die Verhandlungsgruppe, die die vorrangige Zuständigkeit für alle Aspekte der Landwirtschaft besitzt, unbeschadet sonstiger Lösungen zur Erreichung der Verhandlungsziele die Empfehlungen benutzen, die von den Vertragsparteien auf ihrer 40. Tagung angenommen worden sind und im Einklang mit dem Ministerialprogramm des GATT von 1982 stehen; ferner wird die Gruppe die Lösungsansätze berücksichtigen, die in den Arbeiten des Ausschusses für Agrarhandel angeregt worden sind (aus: Europa-Archiv 1987, S. D 166).

In der Abschlußerklärung der Genfer GATT-Ministertagung 1982 wurde als Ziel für den Landwirtschaftsbereich gefordert, »*die Landwirtschaft durch die Verbesserung der Wirksamkeit der GATT-Regeln stärker in das multilaterale Handelssystem einzubinden*«. Diese Formulierung legt das Schwergewicht für Neuerungen im Landwirtschaftsbereich auf die Stärkung der GATT-Regeln, um die Verstöße gegen die GATT-Sonderregelungen für den Agrarhandel zu begrenzen.

Diese Forderung findet in der Erklärung von Punta del Este ihre Entsprechung in der Forderung nach größerer Disziplin bei der Vergabe von direkten und indirekten Subventionen und anderen Maßnahmen, die den Handel beeinflussen. Entsprechend dem Geist des GATT soll der Marktzugang für Agrarprodukte verbessert werden und der internationale Exportwettbewerb größerer GATT-Disziplin unterworfen werden. Dieser Forderungsrahmen stellt die bisherige Sonderstellung des Agrarhandels im GATT nicht grundsätzlich in Frage. Der Streit im Vorfeld der Uruguay-Runde ließ allerdings deutlich werden, daß die USA und einige große Agrarexportnationen mit den Verhandlungen eine weitergehende Liberalisierung verlangen, in deren Rahmen Abschied von den bisherigen Sonderregeln genommen wird.

Die Verhandlungen im Agrarbereich stehen daher in dem Spannungsfeld zwischen Forderungen nach bedingungsloser Liberalisierung, d.h. Aufhebung aller Sonderregelungen für die Landwirtschaft, die sowohl den Außenhandel als auch den Binnenmarkt betreffen, und Positionen, die eine Stärkung der bisherigen Mechanismen befürworten. Die Stärkung der GATT-Disziplin soll die Beibehaltung der Sonderregelungen, gegebenenfalls unter Modifizierungen, ermöglichen und Spielräume für eine eigenständige nationale Agrarpolitik erhalten.

Die Ministererklärung von Punta del Este ist in ihren Formulierungen ein echter Kompromiß, kann sie doch in beide Richtungen interpretiert werden.

Der Verhandlungsfahrplan sah für 1987 die Präsentation von Positionspapieren einzelner Länder oder Ländergruppen vor. Im Juli 1987 legten die USA ihr Positionspapier vor. Im Herbst folgen Papiere der EG, Japans, der nordischen Länder und der *Cairns-Gruppe,* einer sich *fair traders* nennenden Ländergruppe von 13 Agrarexportnationen. Seit Beginn des Jahres 1988 werden diese Papiere in der Verhandlungsgruppe Landwirtschaft diskutiert.

**Die Verhandlungen über tropische Produkte**

Die Verhandlungen über tropische Produkte werden getrennt vom Bereich der Landwirtschaft behandelt. Die Erklärung von Punta del Este hatte für diesen Bereich eine prioritäre Behandlung vorgesehen, da der Handel mit tropischen Produkten für die weniger entwickelten Länder große wirtschaftliche Bedeutung hat. Die Verhandlungen zielen auf eine volle Liberalisierung des Handels sowohl verarbeiteter als auch halbverarbeiteter Produkte ab. Beseitigt werden sollen alle tarifären und nichttarifären Handelshemmnisse.

Die Verhandlungen über tropische Produkte kamen bislang gut voran. Bereits im April 1988 hatten 32 Länder detaillierte Listen vorgelegt, auf denen die einzelnen Liberalisierungsangebote festgehalten werden. Die Fortschritte gelangen schnell, da die meisten Länder die Forderungen der Entwicklungsländer als berechtigt anerkannten. Schon vor der Ministerkonferenz von Punta del Este hatte die EG-Kommission sich bereits ein Verhandlungsmandat für weitgehende Liberalisierungen des Handels mit tropischen Produkten von ihren Mitgliedsländern geben lassen.»Wie EG-Außenkommissar de Clercq erklärte, handelte es sich bei diesem Schritt in erster Linie um eine politische Geste, die [...] die Glaubwürdigkeit der Liberalisierungsbemühungen der Gemeinschaft unterstreichen sollte« (Engels 1987, S. 63).

Auf der *GATT-Halbzeitkonferenz* im Dezember 1988 in Montreal konnte bereits ein provisorisches Abkommen über die Minderung der Handelsschranken für tropische Produkte verabschiedet werden. So hat z.B. die Europäische Gemeinschaft Zollsenkungen von durchschnittlich 3% für tropische Produkte aus Entwicklungsländern eingeräumt. Allerdings wurden alle tropischen Produkte von diesen Zugeständnissen ausgenommen, die in Konkurrenz zu Agrarerzeugnissen der gemäßigten Zone stehen.

Die USA werden dieses Abkommen jedoch nur in Kraft setzen, wenn die anderen Mitgliedsstaaten, insbesondere die EG, dem Ziel einer vollständigen Streichung aller Agrarsubventionen zustimmen (Handelsblatt 7. 12. 1988).

**Die Positionen und ihre Hintergründe**

Die Verhandlungsziele der einzelnen an der GATT-Runde teilnehmenden Staaten sind bestimmt durch die Ausgangslage ihrer Landwirtschaft und ihre Außenhandelssituation. Im Laufe des Jahres 1987 legten verschiedene Länder und Ländergruppen ihre Verhandlungsvorschläge der Agrarhandelsgruppe vor. Die Positionen, die die einzelnen Länder bei den Agrarverhandlungen beziehen, stehen in engem Zusammenhang zur vermuteten Wettbewerbsfähigkeit ihrer Landwirtschaft unter Freihandelsbedingungen.

Die Verhandlungspapiere der Länder und Ländergruppen lassen sich zu sechs Positionen zusammenfassen, die im wesentlichen die Ausgangsbedingungen ihrer Länder reflektieren. Wichtige politische Einflußfaktoren sind agrar-, innen- und wirtschaftspolitische Zielsetzungen, die Stärke landwirtschaftlicher Interessengruppen und die Finanzkraft der Länder. Die Größe des Landes, die Bedeutung des Landwirtschaftssektors innerhalb der Wirtschaft, die Struktur des Anbaus, die Ex- oder Importabhängigkeit etc. sind weitere Bedingungen, die ihren Niederschlag in den Positionspapieren fanden.

# USA

Die Verhandlungsposition der USA bei den GATT-Verhandlungen ist geprägt von der gesamtwirtschaftlichen Situation der USA. Die amerikanische Handelsbilanz ist stark defizitär. Für 160 Mrd. US-Dollar importierten die USA 1986 mehr Waren als sie exportierten. 1980 bis 1985 sanken die Exporte der USA um 2,8 % pro Jahr, während die Importe um 8,4 % im Mittel zunahmen (Finger/Olechowski 1987, S. 247). Der Agrarbereich war in den siebziger Jahren zur wichtigen Stütze des US-Außenhandels geworden. Über 45 Mrd. US-Dollar betrug der Umfang der Agrarexporte 1981. Die Agraraußenhandelsbilanz wies Überschüsse von rund 20 Mrd. $ aus. Der rasche Preisverfall auf den Weltmärkten und der Verlust internationaler Absatzmärkte senkten den Umfang der Agrarexporte bis auf 27 Mrd. $ 1985. 1986 schloß die Agrarhandelsbilanz sogar mit einem Defizit von einer halben Mrd. $ ab. Aus einem starken Wirtschaftsbereich der USA war quasi über Nacht ein Sorgenkind geworden, und das obwohl die USA davon ausgehen, eine der wettbewerbsfähigsten Agrarsektoren weltweit zu besitzen. Der Zorn der Verantwortlichen richtete sich auf die Mitkonkurrenten auf den Weltagrarmärkten und hierbei besonders auf die EG, deren hohes landwirtschaftliches Stützungsniveau beweist, daß die Agrarexporte der EG nur mit finanzieller Hilfe konkurrenzfähig werden konnten. Mit dem Landwirtschaftsgesetz von 1986 wurde der Gegenzug eingeläutet. Massive Vergeltungsmaßnahmen in Form des BICEP und seiner Verlängerung, des »Export Enhancement Program« (s. Kap. 1.3), sollen der USA verlorene Marktbereiche wiederbringen und die Konkurrenten zu Zugeständnissen bewegen.

Die GATT-Verhandlungen boten für die USA den richtigen Rahmen zur politischen Unterstützung ihrer Forderungen. Maßgeblich beteiligten sie sich an der Initiierung der GATT-Runde und der Aufnahnme des Verhandlungsbereiches Landwirtschaft.

Landwirtschaft in den USA ist industrialisiertes Farming par excellence. Die USA verfügen über ein gewaltiges landwirtschaftliches Potential. Auf über 180 Mio. ha landwirtschaftlicher Nutzfläche wachsen die Agrargüter, die die USA in ihrer Selbsteinschätzung während der siebziger Jahre zum »Brotkorb der Welt« werden ließen. Entsprechend der großräumigen Anordnung der Klima-, Vegetations- und Bodenzonen teilte die Agrarpolitik der USA die Fläche in Landbauzonen ein. Begünstigt durch die amerikanische administratorische Abgrenzung landwirtschaftlicher Betriebssysteme nach dem Geldrohertrag der Produkte, führte diese Aufteilung von Landbauzonen schon frühzeiig zu betrieblicher Spezialisierung und Modernisierung. Amerikanische Agrarpolitik ist, wie im Kapitel 1.3. beschrieben, eine Geschichte der Spezialisierung und Konzentration. Die durchschnittliche Betriebsgröße stieg seit 1940 von 70 ha bis auf 179 ha (1985) an. Die durchschnittlichen Betriebsgrößen schwanken entsprechend der Lage der Farmen in den einzelnen Landbauregionen. Im »Dairy-Belt«, dem Milchgürtel der Ostküste, liegen die Betriebsgrößen bei 60 ha im Durchschnitt. Im »Wheat-Belt« im Westen der USA erreichen die Weizenfarmen durchschnittliche Größen von über 500 ha (Colorado). Die Bewirtschaftung dieser riesigen spezialisierten Areale wird immer noch zu großen Teilen von Familienbetrieben vorgenommen. Teure Arbeitskraft wurde durch einen hohen Grad an Mechanisierung ersetzt. Der im Kap. 1.3. beschriebene Preis-Kosten-Druck leitete in den USA schon früh den Konzentrationsprozeß ein.

Der hohe Flächenanteil der Agrarexporte an der landwirtschaftlichen Nutzfläche ließ die Agrarexporte zur Lebensader der amerikanischen Landwirte werden. Fast 40% der Flächen amerikanischer Landwirtschaft dienen der Produktion für den Export. Ziele amerikanischer Agrarpolitik sind die Wahrung und der Ausbau ihrer Position auf dem Weltagrarmarkt.

Diese Politik erhielt mit der Ausformulierung des neuen amerikanischen Handelsgesetzes, das im August 1988 mit der Unterschrift des Präsidenten Rechtskraft erlangte, eine erneute Bestätigung. Dieses Gesetz regelt alle Bereiche des Außenhandels der USA, so auch den Landwirtschaftsbereich. Das international vielfach wegen des »sehr starken protektionistischen Charakters« (Zitat von H.P. Stihl, Präsident des Deutschen Industrie- und Handelstages [FAZ 25. 8. 1988]) gebrandmarkte Gesetz sieht vor allem verbesserte Einsatzmöglichkeiten von Anti-Dumpingzöllen zum Schutz amerikanischer Interessen vor. Auf Antrag einzelner Industrieunternehmen sollen handelsrelevante Exportpraktiken anderer Länder von einer Kommission begutachtet werden. Wird der Beschwerde der Industrieunternehmen stattgegeben, sollen sofort, ohne vorherige GATT-Konsultationen, Anti-Dumpingzölle verhängt werden. Die Bedeutung des Gesetzes wird sich in der Zukunft erweisen, wenn deutlich wird, wie hoch die Zahl der Beschwerden und der verhängten Anti-Dumping-Zölle ausfallen werden. Im Bereich der Landwirtschaft wird das »Export Enhancement Program« von 1986 mit weiteren 2,5 Mrd. US-$ ausgestattet.

Die Agrarverhandlungen haben für die Vereinigten Staaten aus diesem Grund bei der GATT-Runde einen hohen Stellenwert. Im Juli 1987 legten die Vereinigten Staaten ihre Verhandlungsvorschläge der Öffentlichkeit vor. Der US-Vorschlag zielt auf eine grundlegende Reform der Weltagrarbeziehungen. Alle direkten und indirekten handelsrelevanten Subventionen für die Landwirtschaft sollen innerhalb der nächsten zehn Jahre abgebaut werden. Der Abbau soll im Rahmen eines zweiphasigen Planes erfolgen.

In der ersten Phase sollen Umfang und Art der subventionierten Exporte auf dem derzeitigen Stand eingefroren werden. Gleichzeitig soll mit Hilfe eines allgemein anerkannten Maßstabes das Ausmaß der Agrarsubventionen erfaßt werden. Dieser Maßstab müßte nach Auffassung der USA alle handelsrelevanten Subventionen erfassen. Die USA schlagen vor, das *PSE-Konzept* (siehe Kasten) anzuwenden, ein Berechnungsmodell, das der OECD bereits als Grundlage für die 1987 erschienene Studie »National Policies and Agricultural Trade« diente. Die Vereinigten Staaten wollen allerdings auch andere Berechnungsgrundlagen akzeptieren, vorausgesetzt sie erfassen alle Stützungsmaßnahmen für die Landwirtschaft. Einen Katalog der Maßnahmen gibt die USA in ihrem Positionspapier: Erfaßt werden sollen Maßnah-

## Methoden zur Quantifizierung der Höhe landwirtschaftlicher Protektion:

### Das Konzept der Subventionsäquivalente (PSE und CSE):

1974 wurde im Rahmen einer Studie der FAO zum ersten Mal Subventionen von Konsumenten und Produzenten für einzelne Länder berechnet. Eine Erweiterung und Modifizierung der Konzeption wurde in einer 1982 vom Ministerrat der OECD in Auftrag gegebenen Untersuchung, die 1987 unter dem Titel »National Policies and Agricultural Trade« veröffentlicht wurde, vorgenommen. Dieses Berechnungskonzept spielt im Rahmen der Agrarverhandlungen der Uruguay-Runde eine große Rolle. Viele Verhandlungsvorschläge berufen sich auf dieses Konzept, um eine einheitliche Erfassung der gesamten national aufgewendeten Subventionen für die Landwirtschaft durchführen zu können. Auch der Chairman der vom GATT-Sekretariat eingesetzten Technischen Gruppe zur aggregierten Messung von Subventionen unterstützt die Anwendung dieses Konzeptes.

Das PSE (»Producer Subsidy Equivalent«) ist als der Betrag definiert, der in jedem Land aufgebracht werden müßte, um den Farmern Ersatz für die Verluste zu zahlen, die sie durch die Rücknahme nationaler agrarpolitischer Maßnahmen erleiden würden.

Das CSE (»Consumer Subsidy Equivalent«) erfaßt alle mit einer Maßnahme verbundenen Auswirkungen, die den Verbrauch betreffen, so Verbrauchssteuern (die einen Preisstützungseffekt haben) oder Subventionen, die den Verbrauch steigern sollen.

Das kombinierte PSE/CSE-Konzept erfaßt damit sehr viel mehr unterschiedliche Maßnahmen als andere Konzepte. Neben den Preiseffekten, die die u.g. nominalen und effektiven Protektionsraten angeben, werden auch direkte Subventionen erfaßt. In der o.g. OECD-Studie werden die Subventionsmaßnahmen genannt, die mit diesem Konzept gemessen werden können (OECD 1987, Annex II S. 102): Die OECD klassifiziert die Maßnahmen nach vier Kategorien:

**1. Stützung von Marktpreisen**
Maßnahmen zur Anhebung des Erzeugerpreises, Preiszuschläge, Zölle, Abschöpfungen, Exporterstattungen, Importquoten, Selbstbeschränkungsabkommen und Produktionsbegrenzungen. Diese Maßnahmen haben Effekte auf dem Markt und erhöhen die Verbraucherpreise.

**2. Direkte Einkommensübertragungen**
Direkte Zahlungen (wie deviciency payments nach Fläche, Betriebsgröße etc.), Kompensationen bei Embargos oder Ernteausfällen. Diese Maßnahmen haben keine Auswirkungen auf den Verbraucherpreis.

**3. Indirekte Einkommensbeihilfen**
Zinsverbilligungen, Kreditgewährungen, Stützungszahlungen für Inputgüter, Versicherungen, Bürgschaften. Die Maßnahmen verhalten sich preisneutral für die Verbraucher, verringern aber die Ausgaben der Produzenten.

**4. Sonstige Unterstützungen**
Forschung, Beratung, Infrastrukturmaßnahmen, Verarbeitungs- und Vermarktungssubventionen, Transport- oder Steuererleichterungen. Auch diese Maßnahmen sind für die Verbraucherpreise ohne Einfluß.

Die *Messung der nominalen Protektionsrate (NPK)* dient der Berechnung der Schutzeffekte von Zöllen. Sie mißt den Preisunterschied zwischen inländischem Preis und Weltmarktpreis für einzelne Güter.

Die *Messung der effektiven Protektionsrate (EPK)* berechnet zusätzlich die Preisauswirkungen unterschiedlicher Zollsätze auf Vorleistungsgüter und Endprodukte (Zolleskalation s. Kap. 2.2.).

men, die der Preisstützung dienen, wie Importquoten, variable Abschöpfungen, Zölle, Mindesteinfuhrpreise, Exportsubventionen, Staatshandelsaktivitäten wie Marketing Boards etc. Neben diesen direkt handelsrelevanten sollen alle Maßnahmen der Einkommensstützung wie Deficiency Payments, Lagerkostenbeihilfen, tier- und flächengebundene Zahlungen u.ä. sowie alle weiteren Stützungsmaßnahmen wie Kreditsubventionen, Inputsubventionen, Versicherungsbeihilfen, infrastrukturelle Maßnahmen des Staates und Forschungs- und Beratungstätigkeiten mit aufgenommen werden.

Maßnahmen ohne handelsrelevante Wirkungen können weiterhin genutzt werden, sollen aber in einer Liste zusammengestellt werden, um die Überwachung zu erleichtern.

In der zweiten Phase soll dann im angestrebten Zeitrahmen von 10 Jahren das Stützungsniveau aller Länder gleichgewichtig reduziert werden. Die für jedes Land errechneten Subventionsniveaus sollen nach einem auszuhandelnden Plan in preisliche Stützungen umgerechnet werden und als Verhandlungsgegenstand, vergleichbar den Verhandlungen über Zollreduktionen in anderen GATT-Bereichen, durch prozentuale Kürzungen abgebaut werden. Im gleichen Zeitraum sollen alle Einfuhrbeschränkungen zurückgenommen werden und nationale Gesundheits- und Hygieneverordnungen international angeglichen werden.

In nationaler Verantwortung bleibt die Entscheidung, in welcher Reihenfolge die Stützungsmaßnahmen abgebaut werden, solange das Gesamtstützungsniveau wie ausgehandelt zurückgeht.

### Die Europäische Gemeinschaft

Wichtigster Markt der Welt für Agrargüter ist die Europäische Gemeinschaft. Trotz der international so heftigen Anschuldigungen und Vorwürfe über die Exportpraktiken der EG ist die Gemeinschaft traditionell kein Agrarexportgebiet, sondern Nettoimporteur von Agrarprodukten. Die Bezüge aus Drittländern erreichten 1987 eine Höhe von 50,8 Mrd. ECU (105,7 Mrd. DM). Dem standen Einnahmen aus Exporten von 23,4 Mrd. ECU (59,1 Mrd. DM) gegenüber. Die negative Agrarhandelsbilanz der EG wird beständig geringer. Auf Grund der steigenden Selbstversorgung der EG bei vielen Produkten gingen 1987 die Importe um 6,7 % zurück. Der Importbedarf bei landwirtschaftlichen Erzeugnissen beruht vor allem auf einem beträchtlichen Zufuhrbedarf bei Ölen und Fetten sowie in geringerem Maße bei Obst und Südfrüchten. Die Agrarexporte blieben 1987 bei einem leichten Rückgang von 1,3 % im ganzen stabil (Zahlen nach AgE 32/88). Mit diesen Agrarexporten erreicht die EG einen Anteil von 37,7 % an den Welt-Agrarexporten. Zieht man den Intrahandel der EG-Länder ab, beträgt der Anteil der EG am Weltagrarhandel 14,7 % (zum Vergleich: USA 12,3 % 1987) (ED, 6. 8. 88). Die einzelnen Länder der EG steuern allerdings sehr unterschiedliche Anteile zu diesem Exportaufkommen bei. Größter

Exporteur von Agrarprodukten blieb auch im vergangenen Jahr Frankreich mit einem Ausfuhrwert von 21,5 Mrd. ECU (44,7 Mrd. DM), dicht gefolgt von den Niederlanden mit 21,1 Mrd. ECU (43,9 Mrd. DM). Die beiden Länder haben, rechnet man ihre Agrarexporte in andere EG-Länder hinzu, inzwischen einen größeren Anteil an den Welt-Agrarexporten als die USA (Frankreich 8,1%, die Niederlande 7,4%) (Zahlen aus ED, 6. 8. 88). Die gewaltigen Erfolge der EG-Agrarsubventionen haben die EG nicht nur zum weltweit größten Anbieter von Milchprodukten, Zucker und zu einem der größten bei Rindfleisch und Getreide gemacht, sondern zunehmend auch die internationale Kritik an der gemeinsamen Agrarpolitik herausgefordert.

Die EG-Agrarpolitik ist unter Druck geraten. Intern sprengen die Haushaltskosten für die gemeinsame Agrarpolitik die Finanzen der Gemeinschaft. 34,1% der Haushaltsausgaben für den Agrarbereich verschlingen allein die Exportsubventionen. Der niedrige Weltmarktpreis hat die Kosten für den Ausgleich zwischen Binnenmarkt- und Weltmarktpreis in die Höhe schnellen lassen. Der gesunkene Dollarkurs, das Nachlassen der weltweiten Nachfrage, die Kosten, die der subventionsgestützte Dumpingwettlauf mit den USA verursacht und Marktanteilsverluste (wie bei Milch) in den letzten Jahren haben die innergemeinschaftliche Finanzbelastung an ihre Grenzen getrieben. Verschiedene Länder wie Großbritannien, die in geringerem Maße Erlöse aus der Landwirtschaftspolitik erzielen, sind nicht mehr bereit, die Kosten zu finanzieren.

Die Industrieverbände innerhalb der EG machen ebenfalls mobil gegen eine Agrarpolitik, die in den internationalen Beziehungen zu Handelskonflikten führt. Besonders die Interessengruppen der Industrie in der Bundesrepublik, die bislang als bedeutende Exportnation Liberalisierungsforderungen auf internationalem Parkett immer mit Vehemenz vertreten hat, fürchten um die Glaubwürdigkeit der Argumentation und was noch schlimmer wäre um Gegenmaßnahmen, die die Industrieexporte betreffen könnten.

Die internationale Kritik entzündet sich sowohl an den Handelsbarrieren, die die EG zum Schutz ihrer Binnenmärkte mit Hilfe der variablen Abschöpfungen und einem kaum noch übersehbaren Geflecht von Einfuhrverordnungen, Verpackungsvorschriften etc. errichtet hat, als auch an der Praxis der Exportsubventionierung.

Eine Reform der EG-Agrarpolitik ist unumgänglich geworden. In dem »Grünbuch« genannten programmatischen Entwurf der Kommission der EG von 1985 wird die zukünftige Strategie abgesteckt. Die Agrarbeschlüsse der letzten Jahre deuten die Richtung an. Neben produktionsbeschränkenden Maßnahmen, wie der Milchquotenregelung, der Beschlüsse zum Getreidemarkt vom Februar 1988, in denen Obergrenzen der Produktion festgelegt wurden, Vorruhestandsregelungen und Flächenstillegungsprogrammen, sollen vor allem Preissenkungen die Probleme des Agrarmarktes lösen. Dahinter steckt die von vielen Ökonomen getragene Überzeugung, daß niedrigere Preise die beste Möglichkeit der Überschußbegrenzung darstellen, da sie die Produktionsanreize für die Landwirte deutlich senken. Zielsetzung des sich inzwischen abzeichnenden Reformkonzeptes ist ein »Gesundschrumpfen der Landwirtschaft«. Ökonomisch schwache Betriebe, Bauernhöfe mit schlechter Naturausstattung sollen mit Flächenstillegungen etc. aus der Produktion gedrängt werden. Mit Unternehmergeist und Management sollen die verbleibenden Betriebe auch unter Weltmarktbedingungen konkurrenzfähig produzieren. Preissenkungen verschaffen dabei auf mehreren Ebenen Spielräume. Sie lösen zum einen die akuten Haushaltsprobleme, da vor allem die Kosten für die Exportsubventionen durch die Verringerung der Differenz zwischen Binnenmarkt- und Weltmarktpreis sinken. Sie nehmen zum anderen der internationalen Kritik die Spitze, da sie bei Berechnungen zum Umfang des Subventionsniveaus, wie z.B. im Rahmen des PSE-Konzeptes, das gesamte Subventionsniveau senken, da sowohl die variablen Abschöpfungen wie auch die Exportsubventionen geringer werden.

Gleichzeitig ist den Agrarpolitikern bewußt, daß die Landwirtschaft der EG nur partial zu Weltmarktbedingungen wettbewerbsfähig ist. Vor allem in den südlichen Ländern, aber auch in der BRD, ist die Zahl kleinerer Betriebe immer noch hoch. Eine Öffnung der Märkte würde innerhalb kürzester Zeit Millionen von ländlichen Arbeitskräften freisetzen. In seiner Rede vor der Ministerkonferenz von Punta del Este betonte der EG-Handelskommissar Willy de Clercq deshalb: »[...] außerdem dürfen diese Verhandlungen nicht an den Eigenarten und den – im übrigen anerkannten – spezifischen Problemen des Agrarsektors vorbeigehen. Die Gemeinschaft wird selbstverständlich darauf achten, daß in den Verhandlungen die grundlegenden Ziele und Mechanismen ihrer eigenen Agrarpolitik nicht in Frage gestellt werden« (Europa-Archiv, 1987, S. D 162).

Der eingeleitete Strukturwandel im Molkereiwesen, bei der Fleischproduktion, aber auch die Interessen der Zuckerrübenanbauern lassen die Exportorientierung weiterhin oberste Priorität genießen. Allerdings ist sie nur finanzierbar und politisch durchsetzbar, wenn die Kosten begrenzt werden können. Der Einfluß der landwirtschaftlichen Interessengruppen verhindert zudem, daß die agrarpolitische Grundkonzeption der gemeinsamen Agrarpolitik in Frage gestellt wird.

Diese beiden Zielvorstellungen sind bei den GATT-Verhandlungen nicht leicht unter einen Hut zu bringen. In einem Zickzack-Kurs pendelt die EG zwischen den anderen Verhandlungslinien hin und her. Eine Ordnung der Märkte, ein weltweiter Verzicht auf Exportdumping könnte den Weltmarktpreis wieder stabilisieren. Dies würde die Kosten der EG-Kasse erheblich dämpfen. Eine vollständige Liberalisierung hingegen würde viele Regelmechanismen der gemeinsamen Agrarpolitik außer Kraft setzen und steht demzufolge den Interessen der EG entgegen.

In einem Brief an den damaligen Bundeswirtschaftsminister Bangemann, der am 18./19. März 1988 in Konstanz die Wirtschaftsminister führender Handelsmächte zu einem informellen Gespräch über GATT geladen hatte, betonte der Präsident des Deutschen Bauernverbandes (DBV) v. Heeremann, daß die Agrarinteressen der EG bei den GATT-Verhandlungen mit größter Härte vertreten werden sollen. Der DBV wies darauf hin, daß durch die jüngsten EG-Entscheidungen zur Eindämmung der

Agrarüberschüsse insbesondere auch von den deutschen Bauern weitere große Opfer verlangt worden seien. Diese seien deshalb besorgt, daß die mengenbegrenzenden Maßnahmen nach wie vor durch Billigimporte aus Drittländern konterkariert werden. Heeremann betonte noch einmal, daß die beschlossenen Maßnahmen nur dann Erfolg hätten, »wenn gleichzeitig auch unsere Welthandelspartner ihren Beitrag zur Sanierung der Weltagrarmärkte und zur Einschränkung der Überschußproduktion leisten« (AgE 12/88).

Die hier vorgeschlagene Verhandlungstaktik hat die EG im wesentlichen auch in ihrem am 6. Oktober der Öffentlichkeit präsentierten Vorschlagspapier für die GATT-Verhandlungen aufgenommen. In einer Flucht nach vorn sollen die bisherigen Maßnahmen der sogenannten Reform der EG-Agrarpolitik als *Vorleistungen* verkauft werden. Nun seien die anderen Exportnationen zu Zugeständnissen verpflichtet. Der Abbau von handelsverzerrenden Maßnahmen soll zwischen allen Ländern gleichgewichtig erfolgen. Die Preissenkungen bei Getreide und die Milchkontingentierung werden als die einseitigen Vorleistungen der EG gewertet. Das schnelle Zugeständnis zum Abbau der Zollschranken bei tropischen Produkten soll die Verhandlungsbereitschaft untermauern.

Die im Rahmen des GATT angestrebte Reform der Agrarpolitik hält die EG für dringend geboten. Allerdings sollte sie von folgenden Grundsätzen geleitet sein:
- eine bessere Produktionskontrolle durch stufenweise Reduzierung der Subventionen, die einen direkten oder indirekten Einfluß auf den Austausch von Agrarprodukten haben;
- eine höhere Sensibilisierung der Landwirtschaft für die Marktsignale;
- eine größere Bedeutung von Einkommenssubventionen für Landwirte (mehr direkte Hilfen) soll erreicht werden.

Im Rahmen von zwei Etappen soll die Reform durchgeführt werden. Zunächst (in einer ersten Etappe) sollen Sofortmaßnahmen bei Getreide, Getreidesubstituten, Reis, Zucker, Ölsaaten, Milchprodukten und Rindfleisch getroffen werden, um auf diesen hauptbetroffenen Märkten eine Stabilisierung zu erreichen. Bei Getreide soll es zu einer Einigung über Mindestpreise kommen. Zum Getreidehandel gehört für die EG auch der Handel mit Getreidesubstituten. Diese Produkte genießen seit der Tokio-Runde zollfreien Zugang zum EG-Binnenmarkt. Da die EG ihre Überschüsse auf dem Getreidemarkt durch Verfütterung des heimischen Getreides abbauen will, soll der zollfreie Zugang für Getreidesubstitute begrenzt werden. Es wird der EG sehr schwer fallen, diese neue protektionistische Maßnahme im Rahmen der GATT-Verhandlungen zu begründen. Deshalb versucht die EG, verhandlungsstrategisch die Bedeutung ihrer Vorleistungen besonders zu gewichten. In dieser ersten Phase sollen alle Subventionen nach dem EG-Vorschlag auf das Niveau von 1984/5 abgesenkt werden. Bisherige Liberalisierungsbemühungen sollen dabei berücksichtigt werden.

In einer zweiten Etappe soll der langfristige Abbau von Agrarstützungen der Mitgliedsländer erreicht werden. Der Schutz der Agrarsektoren soll neu strukturiert werden. Die Gewährung von Exportsubventionen soll einer größeren Disziplin unterworfen und in ihrem Umfang reduziert werden. Als agrarpolitische Grundorientierung schlägt die EG das *Decoupling (Entkoppelung)* vor. Im Rahmen des Decoupling-Konzeptes sollen zum Ausgleich des Abbaus preisstützender Maßnahmen, Möglichkeiten direkter Einkommensübertragungen genutzt werden.

Das Subventionsniveau soll für alle Agrarbereiche angeglichen werden. Mit dieser Forderung möchte die EG verhandlungstaktisch ihre Bereitschaft zur Senkung der Subventionen für den Getreidesektor an Zusagen für die Anhebung des Schutzes bei Getreidesubstituten koppeln. Erst wenn auf diese Weise längerfristig die Ungleichgewichte des Weltmarktes abgebaut seien, will die EG über Stützungsobergrenzen in Abhängigkeit von Weltmarktpreisen und Wechselkursen verhandeln.

Das von der OECD eingeführte PSE-Konzept der Subventionsäquivalente hält die EG mit einigen Verbesserungen als Instrumentarium geeignet. So sollen lediglich Maßnahmen mit großem Einfluß auf den Warenaustausch berücksichtigt werden. Maßnahmen zur Produktionsbegrenzung, Schwankungen von Preisen und Wechselkursen sollen dabei angemessen in Betracht gezogen werden. Maßnahmen zur langfristigen Sicherung der Überlebensfähigkeit der Landwirtschaft, wie Unterstützungen für Forschung, Bildung, und Beihilfen zur Modernisierung von Produktion und Handel sollen dagegen ausgeklammert werden.

Bei der Februarsitzung der Verhandlungsgruppe Landwirtschaft konkretisierte die EG in einem weiteren Papier ihre Forderungen über Sofortmaßnahmen, die im wesentlichen auf eine größere Verpflichtung der Hauptexporteure bei den o.g. Produkten hinzielen, um die Handelsmengen auf dem aktuellen Stand für zunächst ein Wirtschaftsjahr einzufrieren (NUR 14 S. 6).

Im April legte die EG ein Papier zu sanitären und phytosanitären Maßnahmen vor, in dem sie eine internationale Harmonisierung bestehender Bestimmungen auf Basis von Regelungen anderer internationaler Organisationen, wie FAO, WHO etc., vorschlägt. Bei der Auswahl von Rechtsvorschriften sollen diejenigen Bestimmungen ausgewählt werden, die ein Schutzniveau mit geringen negativen Handelseffekten ermöglichen. Darüber hinaus schlägt die EG vor, in diesem Rahmen verbindliche Regeln über Produktionsmethoden in der Landwirtschaft zu formulieren.

Mit diesem Papier folgt die EG weitgehend den Liberalisierungsvorschlägen der USA für den Bereich der sanitären und phytosanitäre Maßnahmen.

## »Cairns-Group«

Damit die GATT-Verhandlungen nicht nur dem Interessenausgleich der drei großen Handelsblöcke EG, USA und Japan dienen, trafen sich im August 1986 auf Einladung Australiens, Vertreter von 13 großen Agrarexportnationen im nordaustralischen Küstenort Cairns. Gemeinsames Anliegen der seitdem geschlossen operierenden Staatengruppe ist eine Stärkung ihrer Position bei den GATT-Verhandlungen.

Zusammen repräsentieren die 13 Staaten Argentinien, Australien, Brasilien, Kanada, Chile, Kolumbien, Ungarn, Indonesien, Malaysia, Neuseeland, Philippinen, Thailand und Uruguay einen bedeutenden Anteil an den Weltagrarexporten. 25,6 % der Weltagrarexporte gingen 1985 auf das Konto dieser Ländergruppe. Die einzelnen Länder haben bei verschiedenen Produkten große Weltmarktanteile. Malaysia ist weltweit größter Produzent von Palm- und Kokosöl. Neuseeland dominiert den internationalen Handel mit Schaf- und Lammfleisch. Brasilien hat bedeutende Marktanteile bei Rindfleisch, Futtermitteln und Zucker, Argentinien bei Getreide und Rindfleisch und die anderen lateinamerikanischen Länder bei Fleischprodukten. Kanada hält große Anteile des internationalen Getreidehandels. Alle Mitglieder dieses – auf internationaler Ebene bislang einmaligen Zusammenschlusses von Industrie-, Entwicklungs- und Staatshandelsländern – stützen ihre Landwirtschaft nur mit geringen Subventionen. Der Agrarexportsektor hat bei allen einen überdurchschnittlichen Anteil am gesamten Exportaufkommen. Gemeinsam ist diesen Ländern zudem die Hoffnung, von einer weitgehenden Liberalisierung der Agrarmärkte besonders zu profitieren. Als Hauptleidtragende des subventionsgestützten Dumpingwettlaufes der EG und der USA um Weltmarktanteile, den sie finanziell nicht mitführen konnten, fordern die sich *fair traders* (im Gegensatz zum *free trader* USA, da sie Ausnahmeregelungen für Entwicklungsländer akzeptieren) nennenden Staaten eine Liberalisierung des Agrarhandels, durch Ausdehnung der GATT-Regeln auf den Agrarsektor.

Am 22. Oktober 1987 brachte der australische Premierminister den Vorschlag der »Cairns-Group« bei den Genfer Agrarverhandlungen ein. Das Vorschlagspaket gliedert sich in drei Bereiche.

Im Rahmen eines Sofortprogrammes sollen die in der Erklärung von Punta del Este festgehaltenen Forderungen des »stand still« und des »roll back« durch eine lineare, alle Agrarprodukte betreffende Senkung der Export- und Produktionssubventionen verwirklicht werden.

Als mittelfristiges Reformprogramm schlägt die »Cairns-Group« vor, Vereinbarung über länderspezifische Liberalisierungspläne zu treffen. Im Rahmen des auszuhandelnden Stützungsabbaus, der innerhalb der nächsten 10 Jahre erfolgen soll, soll es den einzelnen Ländern überlassen bleiben, welche Subventionen abgebaut werden. Die wichtigsten handelsverzerrenden Maßnahmen wie direkte Exportsubventionen und Importbeschränkungen sollen allerdings vorrangig begrenzt werden und die Liberalisierungsbemühungen möglichst viele Produkte betreffen.

Im Bereich der Gesundheitsbestimmungen soll in dieser Phase größere Transparenz, durch genauere Notifikationen der getroffene Regelungen, eine internationale Harmonisierung einleiten.

Im Rahmen einer langfristigen Neustrukturierung (Long-Term-Framework) wollen die Cairns-Länder eine vollständige Liberalisierung des Marktzuganges durch Beendigung aller Ausnahmeregeln im GATT-Vertragswerk für die Landwirtschaft erreichen. Dazu sollen alle nichttarifären Handelshemmnisse, wie variable Abschöpfungen und Mindestimportpreise, abgebaut werden. GATT-Regeln und Disziplinen sollen den Gebrauch aller Agrarsubventionen und anderer Regierungsmaßnahmen, einschließlich Übertragungen an die Verbraucher, die einen Einfluß auf den Handel haben, verbieten. Genau definierte Ausnahmen sollen nur für Strukturanpassungsmaßnahmen ohne handelsrelevanten Einfluß, Maßnahmen zur Förderung des inländischen Konsums, die nicht den Import begrenzen, produktunabhängige Infrastrukturmaßnahmen (z.B. Bildung, Information, Forschung etc.), Katastrophenmaßnahmen und Maßnahmen direkter Einkommenübertragung, die von der Produktion und der Vermarktung abgekoppelt sind, gelten. Die sanitären und phytosanitären Maßnahmen sollen langfristig international vereinheitlicht und deren negative Auswirkungen auf den Handel minimiert werden.

Die langfristigen Maßnahmen sollen die Integration des Agrarhandels in das GATT-Vertragswerk sicherstellen.

## Japan

Der aus fünf Hauptinseln bestehende Inselstaat Japan von der Größe Italiens ist mit über 120 Mio. Einwohnern sehr dicht besiedelt. Das sehr gebirgige Relief beschränkt die landwirtschaftlichen Nutzflächen auf die intensiv genutzten Küstenregionen und Schwemmländer der Flüsse. In den Bergregionen wird ein aufwendiger Terrassenanbau für Reis und Obstkulturen betrieben. Auf Grund der geringen verfügbaren Fläche ist die Landwirtschaft mit anderen Bodennutzungsansprüchen konfrontiert. Sie muß wie im Großraum Tokio mit den weltweit höchsten Bodenpreisen konkurrieren.

Japan ist das Exportland Nummer eins auf der Welt für Industriegüter. Die Landwirtschaft ist als Wirtschaftssektor eher unbedeutend. Trotzdem legt die japanische Agrarpolitik hohen Wert auf die Förderung der Agrarproduktion, um die nationale Selbstversorgung zu steigern und internationale Abhängigkeiten zu verringern.

Japans Außenhandelsbilanz ist selbst im Vergleich mit anderen Industrienationen rekordverdächtig positiv. In den letzten Jahren (1980-85) stiegen die Exporte mit einer Rate von 7,3%, während das Importwachstum mit lediglich 2,4% gering ausfiel (Finger/Olechowski 1987, S. 247). Bei Industrieprodukten wird Japan schon seit Jahren wegen vieler importbegrenzender Maßnahmen angegriffen.

Im Agrarhandel tritt Japan als Exporteur kaum in Erscheinung. 1986 standen Agrarexporten von 2,8 Mrd. US-$ Importe von 29,9 Mrd. US-$ gegenüber. Die japanische Agrarpolitik schützt die heimische Landwirtschaft mit dem höchsten Kostenniveau weltweit. Die meisten Agrarproduktionsbereiche sind mit hohen Importbarrieren gesichert. Dabei gelangen im wesentlichen mengenmäßige Importbarrieren (Kontingente) zur Anwendung. Produktionsanreize werden im Land durch hohe staatliche Stützpreise, Produktions- und Umstellungsprämien gegeben. Die Erzeugerpreise liegen erheblich über dem Niveau der EG.

Die Anklagen gegen Japan während der Agrarverhandlungen sind vor dem Hintergrund dieses besonderen Agrarschutzes Japans zu sehen. Die Exportnation Japan schützt in den Bereichen, wo sie keine internationale Wettbewerbsfähigkeit besitzt, wie dem Agrarbereich, ihre heimische Wirtschaft sehr stark.

Die Verhandlungsvorschläge Japans reflektieren diese Ausgangsposition. Als Agrarimportland kann Japan einer Beendigung aller Exportsubventionen zustimmen, da es selbst davon nicht betroffen ist. Importzölle und Subventionen für die nationale Landwirtschaft sollen dagegen im Rahmen der GATT-Verhandlungen weitestgehend unangetastet bleiben.

Im Rahmen des Vorschlagspaketes fordert Japan als ersten Schritt ein »stand still« der Exportnationen bei der Gewährung von Exportsubventionen. Die konkreten Vorschläge fordern für den Bereich der Zölle einen Abbau von Produkt zu Produkt im Rahmen von Forderung und Angebot (»Request and Offer«). Lineare Zollsenkungen für alle Produkte lehnt Japan ab, da die Notwendigkeit des Schutzes von Produkt zu Produkt unterschiedlich sei. Für den Bereich der Importbarrieren möchte Japan die bisherigen GATT-Sonderregeln für den Agrarbereich beibehalten. Die bestehenden Regeln sollen konkretisiert werden. Die derzeit zulässigen Ausnahmen sollen in Form von »waivers« in die Verhandlungen einbezogen werden. Maßnahmen zum Schutz des Binnenmarktes sollen in Zukunft allerdings mit größerer Transparenz für die Exporteure durchgeführt werden. Mindestimportmengen sollen einen besseren Marktzugang für andere Länder ermöglichen, weil dadurch Möglichkeiten, variable Abschöpfungen zu setzen, bei Unterschreitung der Mindestimportmenge begrenzt werden.

Die verschiedenen Arten von Subventionen müssen gemäß der Vorschläge Japans getrennt behandelt werden. Exportsubventionen sollen sofort eingefroren und die dafür zuständige GATT-Ausnahmeregel gestrichen werden, so daß diese Subventionen in einem festen Zeitrahmen abgebaut werden können. Maßnahmen wie Infrastruktur-, Forschungs- und Strukturverbesserungssubventionen etc. sollen dagegen nicht zur Diskussion stehen. Andere im Rahmen nationaler Agrarpolitiken eingesetzte Subventionen, deren handelsrelevanten Einfluß Japans anerkennt, seien aus Gründen des Umweltschutzes und ausgewogener Regionalentwicklung unverzichtbar. Ihre handelsverzerrende Wirkung soll allerdings minimiert werden. Dazu sollen sie künftig vom GATT zu überwachenden Prinzipien unterworfen werden, so daß sie sich an der aktuellen Angebots- und Nachfragesituation des Marktes orientieren und nicht zur Überproduktion führen. Sie sollen von Strukturprogrammen begleitet werden, die Ungleichgewichte verhindern und sollen so weit wie möglich durch produktionsneutrale Stützungen ersetzt werden.

Zur Verhinderung neuer Überschüsse bei den Haupthandelsgütern schlägt Japan vor, die Weltmarktpreise künftig zwischen Importeuren und Exporteuren auszuhandeln.

Der Schutz nationaler Agrarpolitik und nationaler Vorschriften ist das Hauptanliegen des Vorschlages Japans. Deshalb wird das PSE-Konzept zur Messung von

Subventionen kategorisch abgelehnt, da in seinem Rahmen keine Differenzierung nach der Art der Subventionen vorgesehen ist. Nationale agrarpolitische Ziele wie Versorgungssicherheit, Umweltschutz und Regionalentwicklung würden ignoriert und nationale Besonderheiten nicht berücksichtigt. Aus den gleichen Gründen wehrt sich Japan vehement gegen eine Liberalisierung und internationale Harmonisierung sanitärer und phytosanitärer Maßnahmen. Für das Recht auf eigenständige Maßnahmen zum Schutz der Gesundheit von Menschen, Tieren oder Pflanzen seien gewisse handelsverzerrende Wirkungen in Kauf zu nehmen. In Streitfällen müßten sich die betroffenen Länder zu Verhandlungen bezüglich Handelserleichterungen treffen.

**Entwicklungsländer**

Die Entwicklungsländer haben im Rahmen der GATT-Verhandlungen keine einheitliche Verhandlungsposition. Zu verschieden sind die Ausgangsbedingungen (s. Kap. 1.2.). Die großen Agrarexportnationen unter den Entwicklungsländern haben sich der »Cairns-Gruppe« angeschlossen. Sie fordern eine Liberalisierung der internationalen Agrarmärkte, von der sie sich verbesserte Chancen für ihre Agrarexporte erhoffen. Sie konnten in der »Cairns-Gruppe« durchsetzen, daß die Sonderbestimmungen, die für Entwicklungsländer auch im Agrarbereich gelten (Art. XXXVI), fortgeführt werden (daher der Name »fair trader«). So können sie bestehende Schutzmechanismen (wie die Reisproduktion auf den Philippinen und in Indonesien) für die Erzeugung von Grundnahrungsmitteln für den Binnenmarkt beibehalten.

Die anderen Entwicklungsländer meldeten sich bei den GATT-Verhandlungen lange Zeit nicht zu Wort. Erst auf der Sitzung der Verhandlungsgruppe Landwirtschaft vom 15.–17. Februar 1988 legte Jamaika ein mit mehreren Entwicklungsländern abgesprochenes Papier vor. Jamaika betont in diesem Papier zunächst die besondere Bedeutung, die der Landwirtschaftssektor in den Entwicklungsländern immer noch hat. Die bisherigen GATT-Regeln hätten mit ihren Ausnahmeregelungen (»waivers«) ein Produktionswachstum in den Industrieländern ermöglicht, das zu einem Preisverfall auf den Weltmärkten geführt hat. Von dieser Entwicklung hätten die Entwicklungsländer zum Teil profitiert und zum Teil Schaden erlitten. Nachteile hätten vor allem die Agrarexporteure in Kauf nehmen müssen. Ländern wie Jamaika, die einen großen Importbedarf an Nahrungsmitteln haben, sei diese Entwicklung entgegengekommen, da die notwendigen Deviseneinnahmen für Importe gesunken seien. Diese unterschiedlichen Ausgangsbedingungen machen für die Entwicklungsländer eine Verhandlung auf Basis einzelner Länderbedingungen notwendig. Jamaika fordert die Industrieländer auf, durch andere Verbrauchssteuern und besondere Maßnahmen den Import von Produkten aus Entwicklungsländern zu fördern, um ein Wachstum der Einkommen und eine höhere Preisstabilität in den Entwicklungsländern zu erreichen. Eine Kürzung der Subventionen bei den Industrieländern dürfe auf keinen Fall zu Preissteigerungen auf dem Weltmarkt führen. Dies würde zu großen Verlusten im Außenhandel und Nachteilen für die Zahlungsbilanz zahlreicher Entwicklungsländer führen. Die Folgen des Abbaus der Exportsubventionen durch Beseitigung der Preisdifferenzen zwischen den Binnenmarktpreisen der Industrieländer und dem Weltmarktpreis dürfen nicht auf die Entwicklungsländer verlagert werden. Die Verhandlungen müssen spezielle Abmachungen für Entwicklungsländer enthalten, um deren Eigenproduktion zu steigern, die Sicherheit der Nahrungsmittelversorgung und der Wirtschaft zu garantieren und den Handel zwischen Entwicklungsländern zu erleichtern. Der Vorschlag Jamaikas beleuchtet die Situation der großen Agrarimporteure unter den Entwicklungsländern.

Die Zurückhaltung vieler Entwicklungsländer bei der Präsentation eigener Vorschläge ist damit zu erklären, daß viele Länder auf eine Beibehaltung der Sonderregeln des GATT für Entwicklungsländer hoffen. Viele Entwicklungsländer legen zudem vor allem großen Wert auf Liberalisierungen im Bereich tropischer Produkte.

In der Sitzung vom 20./21. April 1988 stellten in der Verhandlungsgruppe Landwirtschaft mit Nigeria und Marokko weitere Entwicklungsländer ihre Forderungen vor. Nigeria betonte ebenfalls die besondere Bedeutung des Landwirtschaftssektors für die Entwicklungsländer. Es schlug vor, verschiedene Maßnahmen, die auf eine Steigerung der Selbstversorgung und der sozio-ökonomischen Entwicklung abzielen, wie staatliche Preisgarantien, Subventionen an die Landwirtschaft, bestimmte sanitäre und phytosanitäre Maßnahmen, im Rahmen der Verhandlungen als GATT-Regeln zuzulassen (NUR 16). Marokko forderte einen besseren Ausgleich zwischen Angebot und Nachfrage auf den Weltagrarmärkten, um ausreichende Überschüsse auf dem Weltmarkt zur Versorgung bei Engpässen sicherzustellen (NUR 16). Nigerias Positionen betonen die Notwendigkeit einer Sicherung der Eigenversorgung von Entwicklungsländern, die nur durch den Schutz des heimischen Marktes zu erreichen ist. Marokko verweist auf die Notwendigkeit, für weltweite Reserven in der Nahrungsmittelversorgung zu sorgen.

**Nordische Länder**

Neben den o.g. Verhandlungsvorschlägen liegen von anderen Industrienationen keine eigenen Positionspapiere vor. Nur die drei nordischen Länder Norwegen, Schweden und Finnland präsentierten am 5. November 1987 einen eigenen Verhandlungsvorschlag.

Alle drei Länder sind traditionell Agrarimportländer. Klimatische Nachteile und eine ungünstige Naturraumausstattung prägen die Landwirtschaft dieser Länder. Zur Aufrechterhaltung nationaler Landwirtschaft schützen sie ihre Binnenmärkte. Ein neues Landwirtschaftsgesetz bestimmt seit 1976 die Agrarpolitik in Norwegen. In einer Volksabstimmung hatte sich die Bevölkerung Norwegens 1972 gegen den

Beitritt zur EG ausgesprochen. Vor allem die Bauern und Fischer fürchteten Konsequenzen für ihre Existenz durch die Integration in den gemeinsamen Markt. Zielsetzung des Landwirtschaftsgesetzes von 1976 ist es, Landwirtschaft und landwirtschaftliche Arbeitsplätze zu erhalten. Das Gesetz enthält ein umfangreiches Regelwerk aus staatlichen Garantiepreisen bei Getreide und Futtergetreide, gestaffelten Erzeugerpreisen bei anderen Produkten und besonderen staatlichen Förderungen wie der Bezuschussung des Futtermittelanbaus. Grundprämisse ist die Idee der Einkommensparität, d.h. ein den Industriearbeitern vergleichbares Einkommen aller Landwirte. Die Preisstaffelung geschieht in Anlehnung an Naturraumausstattung und Hofgrößen. So kann ein kleiner Betrieb in einer schlechten Region mit sechs Kühen u.U. ein vergleichbares Einkommen zu einem größeren Betrieb in einer günstigeren Region mit 12 Kühen erzielen (vgl. BUKO 1987, S. 298ff.). Die agrarpolitischen Ziele des Landwirtschaftsgesetzes, wie Schutz der Siedlungsstruktur und der Umwelt, Stärkung der Selbstversorgung und Priorität der nationalen Agrarproduktion und Ausgleich der Einkommensunterschiede zwischen Gunst- und benachteiligten Regionen, konnten mit diesen Regelungen verwirklicht werden. Die Zahl der Landwirte blieb seit 1976 konstant, das Nettoeinkommen der Bauern in Nordnorwegen stieg im Vergleich zu den anderen Regionen. Dadurch konnte die Abwanderung aus den ungünstigen Gebieten gestoppt werden.

Vor dem Hintergrund der nationalen Schutzinteressen haben die nordischen Länder ein Vorschlagspapier für die GATT-Verhandlungen formuliert. Die Länder, die mit staatlichen Subventionen Überschüsse exportieren, sollen in einem Sofortprogramm möglichst ab Dezember 1988 einen Abbau der Überschüsse einleiten. Die konkrete Ausgestaltung der Maßnahmen soll Ländern selbst überlassen bleiben.

Importbeschränkungen sollen nicht generell abgebaut werden. Die Vertragsparteien sollen sich allerdings verpflichten, Verhandlungen über deren Abbau aufzunehmen und insgesamt eine Senkung des Schutzniveaus herbeizuführen. Die nordischen Länder unterscheiden dabei nicht zwischen tarifären und nichttarifären Maßnahmen. Direkt oder indirekt handelsrelevante Agrarsubventionen sollen nach Festschreibung eines gemeinsamen Maßes abgebaut werden. Bisherige Liberalisierungsbemühungen einzelner Länder sollen in Rechnung gestellt werden. Das PSE-Konzept halten die nordischen Länder für erweiterungsbedürftig. *TDE,* »*Trade Distorsion Equivalent*« *(Handelsverzerrungsäquivalent)* nennen die nordischen Länder ihren Berechnungsvorschlag, der produktionsneutrale Hilfen an die Landwirtschaft nicht einrechnet, dagegen Wechselkurseinflüsse und produktionsmengenbeschränkende Einflüsse berücksichtigt.

Sanitäre und phytosanitäre Maßnahmen sollen weiterhin getroffen werden können, jedoch in ihren handelsrelevanten Auswirkungen minimiert werden.

## Hauptlinien der Verhandlungsvorschläge

Die einzelnen Verhandlungsvorschläge spiegeln deutlich die Ausgangsbedingungen und agrarpolitischen Zielvorgaben der verschiedenen Länder wider. Drei wesentliche Optionen agrarpolitischer Reformvorstellungen lassen sich, bei zum Teil sehr unterschiedlicher Kombination von Maßnahmenbündeln, identifizieren.

*Option eins* läßt sich am besten mit dem Stichwort Freihandel im Agrarbereich kennzeichnen. Die USA spielen hier den Vorreiter, um ihrer Landwirtschaft zu den vermuteten Wettbewerbsvorteilen zu verhelfen. Die in der Cairns-Gruppe zusammengefaßten Agrarexporteure gestatten Entwicklungsländern zwar weiterhin Sonderrechte, doch treten sie bei allen konkreten Vorschlägen für eine weitgehende Liberalisierung ein. Sowohl die Cairns-Gruppe als auch die USA verfolgen ein agrarpolitisches Konzept, das der Landwirtschaft keine Sonderrolle innerhalb der Wirtschaft einräumt. Als ein Wirtschaftssektor unter anderen soll sie den gleichen Handelsbedingungen und GATT-Regeln unterliegen. Eine gute naturräumliche Ausstattung läßt sie hoffen, großen Nutzen aus einer weitgehenden Liberalisierung zu ziehen. Folgerichtig lehnen sie sowohl Subventionsmaßnahmen zur Förderung der Exporte, als auch Schutzmaßnahmen unterschiedlichster Art für nationale Märkte ab. Offene Märkte sollen ermöglichen, was in anderen Wirtschaftssektoren weitgehend verwirklicht ist: Spezialisierung aller Länder auf die Waren, bei denen sie konkurrenzfähig produzieren können. Daß die USA mit ihrem Handelsgesetz von 1988 genau gegen diese Regel (im Bereich der Industrieproduktion) verstoßen, scheint sie nicht in Widerspruch zur ideologischen Freihandelsformel zu bringen. Eigene Wettbewerbsnachteile im Industriesektor werden mit als Anti-Dumpingzöllen deklarierten Schutzbarrieren kaschiert.

Das Berechnungsmodell der Subventionsäquivalente (PSE-Konzept) soll alle direkt und indirekt handelsrelevanten Subventionen erfassen, um den vollständigen Abbau aller Stützungsmaßnahmen zu garantieren. Maßnahmen zum Schutz der Gesundheit von Menschen, Tieren und Pflanzen sollen international harmonisiert werden.

Die *Option zwei* kann als die eigentliche Gegenposition bezeichnet werden. Das Schutzbedürfnis nationaler Märkte und Anbaubedingungen verweist auf konträre agrarpolitische Zielsetzungen. Landwirtschaft wird als Wirtschaftsbereich mit besonderen Bedingungen gesehen. Unterschiedliche Motive fließen in diese Begründung ein. Eine hohe Eigenversorgung mit Nahrungsmitteln ist allen Ländern ein wichtiges agrarpolitisches Ziel. In Gebieten mit schlechteren natürlichen Ausgangsbedingungen kommen der Landwirtschaft andere, über die Produktion hinausgehende Funktionen zu, wie Schutz der Umwelt, Sicherstellung einer gleichgewichtigen regionalen Entwicklung, Aufrechterhaltung landwirtschaftlicher Arbeitsplätze etc. Zur Verwirklichung dieser Zielsetzungen dürfen Spielräume nationaler Agrarpolitik nicht zur Verhandlung gestellt werden. Neben Japan vertreten die nordischen

Länder und die Importeure (Jamaika, Nigeria) unter den Entwicklungsländern Positionen, die selbständige nationale Regelungsmöglichkeiten befürworten. Schutzmaßnahmen nationaler Agrarpolitik, wie Importbarrieren, direkte und indirekte Subventionen an die einheimische Landwirtschaft werden von Exportsubventionen unterschieden und ebenso wie gesundheitliche Maßnahmen zum Schutz von Menschen, Tieren und Pflanzen nicht grundsätzlich in Frage gestellt. Ihre handelsrelevanten Auswirkungen sollen im Rahmen der Verhandlungen lediglich minimiert werden. Exportsubventionen, deren Abbau die Importländer nicht betrifft, sollen verboten werden. In diesem Punkt scheren die Entwicklungsländer allerdings aus der Linie aus. Sie haben in der Vergangenheit von den niedrigen Weltmarktpreisen profitiert. Ein Verbot der Exportsubventionen soll ihre Ökonomien nicht über Gebühr belasten. Bei den Methoden zur Messung der nationalen Subventionen gehen die Meinungen ebenfalls auseinander. Die nordischen Länder schlagen ein modifiziertes PSE-Konzept vor. Allein Japan lehnt das Konzept der Subventionsäquivalente entschieden ab.

Als *Option drei* kann die Position der Europäischen Gemeinschaft bezeichnet werden. Es ist eine Position des »sowohl als auch«. Gemäß der agrarpolitischen Zielsetzungen in der EG soll die internationale Konkurrenzfähigkeit ihrer Landwirtschaft gesteigert werden. Gleichzeitig ist den Agrarpolitikern bewußt, daß eine weitgehende Liberalisierung des Agrarhandels große Teile der europäischen Landwirtschaft aus dem Produktionsprozeß drängen würde. Im internen Streit zwischen schutzbedürftigen und konkurrenzfähigen Sektoren muß die EG einen Kompromiß finden. Sie ist die einzige Verhandlungsgruppe, die Exportsubventionen beibehalten will. Ein vollständiger Abbau würde den Vorstoß europäischer Produkte auf die internationalen Märkte frühzeitig beenden. Als Kompromiß sollen die Exportsubventionen im gesamten Niveau gesenkt werden, bei gleichzeitigem Abbau von Ungleichgewichten im Stützungsniveau zwischen einzelnen Produktmärkten.

Vergleichbar kompromißbemüht sind die Forderungen der EG zum Schutz des Binnenmarktes. Auch hier gilt für die EG die Losung des Abbaus von Ungleichgewichten im Schutzniveau zwischen einzelnen Produkten. Zugeständnisse zum Stützungsabbau verknüpft die EG daher mit der Forderung, bislang ungeschützte Bereiche wie Getreidesubstitute in die Binnenmarktregeln einbeziehen zu können. Damit will die EG als einzige Gruppe bei den GATT-Verhandlungen sogar neue Protektionen im Agrarbereich einführen.

Ein Abbau anderer Maßnahmen zur Unterstützung der Landwirtschaft soll in Zukunft durch direkte Einkommensübertragungen an Landwirte kompensiert werden können. Diese Möglichkeit würde der EG notwendige Spielräume für Preissenkungen verschaffen, da der interne Druck von Interessengruppen durch die Zusage direkter Einkommenssubventionen abgemildert werden könnte. Solange Einkommensübertragungen jedoch in die Berechnung der Gesamtsubventionsmenge (PSE) einfließen, würde eine Verlagerung der Stützung der Landwirtschaft von Preisstützungen zu Einkommensstützungen die EG nicht vor internationaler Kritik bewahren.

Die EG hat sich mit dieser Position zwischen alle ideologischen Stühle gesetzt. Auf der einen Seite unterstützt sie Japan und die nordischen Länder, indem sie wichtige Schutzinteressen nationaler Agrarpolitik, wie Umweltfragen, regionale Aufgaben etc. auf ihre Fahnen schreibt, auf der anderen Seite akzeptiert sie mit dem PSE-Konzept die Forderungen der USA und der Cairns-Gruppe, alle nationalen Agrarstützungsmaßnahmen zum Gegenstand internationaler Verhandlungen zu machen. Zwar will sie bei den meisten Maßnahmen nur eine Reduzierung des Stützungsniveaus zulassen, hat sich damit aber auf ein agrarpolitisches Reformprogramm festgelegt, das Preisstützungen durch Einkommensübertragungen ersetzen will. Die letzten Beschlüsse zur gemeinsamen Agrarpolitik belegen diese Tendenz. Verhandlungsstrategisch sollen Preissenkungen die Bereitschaft der EG zum Subventionsabbau belegen, während die vermehrte Nutzung direkter Einkommensbeihilfen die interne Opposition zahlreicher landwirtschaftlicher Lobbygruppen in der EG besänftigen soll. Tendenzen für die interne Reform der EG-Agrarpolitik werden deutlich: Die Kosten des Subventionsabbaus sollen vom gemeinsamen Agrarhaushalt durch Preisreduzierungen auf die Bauern übertragen werden, während die EG gleichzeitig Stützungsinstrumente zur Modernisierung der Landwirtschaft behält, um die internationale Konkurrenz- und Exportfähigkeit zu sichern.

Die Vermutung liegt nahe, daß die EG die GATT-Verhandlungen für interne Auseinandersetzungen gebrauchen will. Auf der einen Seite präsentiert sie sich der Öffentlichkeit als Schützerin nationaler Interessen. Auf der anderen Seite nutzt sie den internationalen Druck zur Durchsetzung von Preissenkungen in der Gemeinschaft.

Bei der April-Sitzung kamen die Verhandlungsparteien überein, Daten zur Ermittlung des PSE für alle Länder vorzulegen, ohne damit einen Beschluß über die endgültige Übernahme dieser Methode gefaßt zu haben. Gemeinsames Anliegen fast aller Delegationen war es, im Vorfeld der Ministerkonferenz zur Halbzeit der GATT-Runde im Dezember 1988 in Montreal, die Verhandlungen soweit voranzutreiben, daß ein Einfrieren der Agrarsubventionen beschlossen werden kann. Die Positionen prallten in Montreal im Dezember jedoch unversöhnlich aufeinander. Am Konflikt zwischen der EG und den USA über die Frage der Agrarsubventionen scheiterte die gesamte Halbzeitkonferenz und mußte um vier Monate vertagt werden. Kompromißlos beharrten die USA auf ihrem Ziel einer vollständigen Streichung aller Agrarsubventionen in den nächsten 10 Jahren. Für die EG war als letztes Zugeständnis nach mehreren Verhandlungstagen allenfalls eine Kürzung der Agrarsubventionen um 20% in der nächsten Zeit akzeptabel. Der amerikanische Landwirtschaftsminister Lyng drohte daraufhin, die Subventionen für die amerikanische Landwirtschaft »wegen der Notwendigkeit einer aggressiven Exportpolitik« zu erhöhen. So scheint der nächste Handelskrieg vorprogrammiert.

Die Agrarfrage erweist sich mehr und mehr als Dreh- und Angelpunkt der gesamten Uruguay-Runde. Verschiedene Entwicklungsländer wollen ihre Zustimmung zu anderen Beschlüssen der GATT-Konferenz verweigern, sollten sich für sie keine substanziellen Ergebnisse abzeichnen und die Verhandlungen »zur Show der USA und Europas« werden, wie ein afrikanischer Delegierter anmerkte (Südwestpresse 9. 12. 1988).

# 4. Agrikultur oder Agrobusiness: Überlegungen zur Integration der Region in den Weltmarkt

## 4.1 Zwischen Markt und Staat: Die Bedeutung der Landwirtschaft für Volkswirtschaft und Außenhandel

Die Verhandlungspositionen bei den Agrarverhandlungen der laufenden Uruguay-Runde lassen sich zuspitzen auf die Kontroverse zwischen Freihandel oder Protektionismus, verstanden als Schutz nationaler Landwirtschaft und Agrarpolitik. Dies ist keine rein ordnungspolitische Debatte über Forderungen nach mehr Markt oder mehr Staat. Gestritten wird über die grundsätzliche Stellung und Funktion der Landwirtschaft im Rahmen der kapitalistischen Wirtschaftsordnung. Natürlich streiten dort nicht Wissenschaftler am grünen Tisch über die beste Möglichkeit, Landwirtschaft mit größtem gesamtwirtschaftlichen Nutzen zu organisieren. Die Verhandlungsdelegationen vertreten nationale Interessen, die von den wirtschaftlichen Rahmenbedingungen, der Funktion der Landwirtschaft für die jeweiligen Staaten und dem Einfluß zahlreicher nationaler Interessengruppen beeinflußt werden. Die konkreten Auseinandersetzungen werden allerdings von ordnungspolitischen Argumenten dominiert. Grund hierfür ist die starke ordnungspolitische Orientierung des GATT im Geiste weltweiten Freihandels, die nationale Schutzmechanismen der öffentlichen Anklage aussetzt.

Gewaltig ist der Sturmlauf der liberalen Ökonomen auf die Trutzburg der Protektionsargumentation. Die Volkswirtschaftler und Agrarökonomen versuchen, die Argumentationsmuster der Marktregulierer zu entkräften. Geschützte Preise und Binnenmarktschutz gäben den Bauern verkehrte Signale. Die Bauern investierten in Land und Produktionsmittel, die weltwirtschaftlich nicht konkurrenzfähig seien. Dadurch entstünden gesamtwirtschaftliche Verluste, da die Investitionen fehlgeleitet, nicht in den konkurrenzfähigsten Wirtschaftsbereichen getätigt würden. Diese Fehlallokationen schmälerten nicht nur das nationale Einkommen, sondern führten zu wachsender Überschußproduktion. Darüber hinaus müßten die Verbraucher überhöhte Preise bezahlen und als Steuerzahler zusätzlich für die Subventionen zur Beseitigung der Überschüsse aufkommen. Die Ökonomen fordern einen Landwirt, der als Manager und Unternehmer fühlt und handelt (Schrader 1987). In einem Umstrukturierungsprozeß soll die Landwirtschaft effektiver werden. Konkurrenz- und leistungsfähige Einheiten in »gesunder« Größenstruktur stellen das Ziel des landwirtschaftlichen Strukturwandels dar.

Die landwirtschaftliche Realität scheint diese Forderungen schon bald eingeholt zu haben. Agrarwirtschaftliche Fachzeitungen zeichnen schon lange das Bild des Landwirts als Unternehmer. Die Agrarberatung drängt auf Computerisierung der

Betriebsführung. Computergestützte Buchhaltung, neben computergesteuerter optimaler Futtergabe für Massentierhaltung sollen den Landwirt effektiv, kostengünstig und zudem ökologisch – da er die Kosten für Düngemittel und Pestizide gering halten will, werden diese Mittel nur nach optimal berechnetem Nutzertrag ausgebracht – arbeiten lassen.

Der sinkende Anteil des Weltagrarhandels am Welthandel und ein seit Jahrzehnten schrumpfender Anteil der Beschäftigten im, primärer Sektor genannten, Landwirtschaftsbereich, scheinen die alte These zu belegen, dergemäß die Landwirtschaft ein schrumpfender Sektor in der allgemeinen Wirtschaftsentwicklung der Moderne ist. Lag der Anteil der Beschäftigten im primären Sektor in Deutschland 1880 noch bei 50%, war er bis 1950 bereits auf 20% gesunken (Zahlen nach Priebe 1985). Heute beträgt der Anteil in der BRD 5,2% (Agrarbericht der Bundesregierung 1988).

Diese These vertraten nicht nur die Begründer der bürgerlichen Nationalökonomie – eine These, die sich bis heute hält (vgl. Tangermann 1975) – sondern auch deren schärfste Kritiker, die marxistischen Ökonomen. Gemeinsam ist diesen konträren Theoriegebäuden ein weitgehendes Vertrauen in die technische Modernisierung der Gesellschaft. Den Marxisten war der Typus des selbständigen Kleinbauern ein besonderer Dorn im Auge. Moderne sozialistische Landwirtschaft sollte den Menschen durch Technisierung und Industrialisierung weitgehend von überflüssiger harter Arbeit befreien. Diese beidseitige *Modernisierungsattitüde* prognostizierte die schwindende Bedeutung der Landwirtschaft durch gesellschaftlich wünschenswerte Modernisierung der landwirtschaftlichen Produktionsbedingungen.

Vor diesem Hintergrund wird die bei den laufenden Agrarverhandlungen vorgetragene Liberalisierungsforderung verständlich. Die Landwirtschaft soll den zur Modernisierung notwendigen Strukturwandel schnell und effektiv vollziehen. Schutzmechanismen, Strukturhilfen verlangsamen die notwendige Entwicklung und führen in der Folge wirtschaftlicher Fehlallokationen zu nationalen und internationalen Einkommensverlusten.

Diese Position einer »organischen Entwicklung« der Landwirtschaft in der Industriegesellschaft (Priebe 1985, S. 38) wird inzwischen vielfach von Bauern, Naturschutzverbänden und auch Ökonomen angegriffen. Seit dem 19. Jahrhundert gibt es agrarpolitische Theorien, die der Landwirtschaft eine Sonderstellung attestieren. Diese »agrarpolitischen Ideologien« (Priebe 1985, S. 33) werden häufig für das Entstehen des Protektionismus mit einer Entwicklung bis hin zum »Überschußchaos« (Priebe ebd.) verantwortlich gemacht. Zahlreiche Beispiele belegen, daß sich ständische Sonderinteressen unter dem Deckmantel nationaler Versorgungs- und Schutzinteressen durchsetzen konnten.

In der aktuellen Diskussion werden Argumente, die eine *Sonderstellung der Landwirtschaft* begründen, wieder häufiger gebraucht. Angesichts der steigenden Grundwasserbelastung mit Nitraten und Pestiziden, fortschreitender Bodenerosion und landschaftskulturellen Veränderungen durch großflächigen Anbau und Landflucht, werden besonders außerökonomische Funktionen der Landwirtschaft zur Begründung herangezogen.

Ein kurzer Blick auf die historische Entwicklung belegt, daß die Einbeziehung der Landwirtschaft in die kapitalistische Wirtschaftsweise eine Grundlage der Entwicklung der Industriegesellschaft bildet. Für die Entwicklung des industriellen Kapitalismus wurden Arbeits- und Kapitalüberschüsse aus der Landwirtschaft zur Voraussetzung. Die Landwirtschaft mußte einerseits die Versorgung der wachsenden Arbeiterschaft mit ausreichenden Mengen an Nahrungsmitteln zu günstigen Preisen sicherstellen. Sie mußte andererseits die für den Industrialisierungsprozeß notwendigen Arbeitskräfte aus der Agrarproduktion freisetzen (vgl. BUKO 1987, S. 21-68).

Die Entwicklung der Landwirtschaft seit Beginn der Industrialisierung war deshalb insgesamt von politischen Vorgaben entscheidender beeinflußt als durch ökonomische Rationalitätskriterien.

Die technischen Möglichkeiten zur Produktionssteigerung in der Landwirtschaft waren noch bis zum Ende des 19. Jahrhunderts begrenzt. Im Zusammenhang mit dem Bevölkerungswachstum ließ dies die Landwirtschaftspreise steigen. Das Ende der feudalen Besitzstrukturen zu Beginn des 19. Jahrhunderts – 1807 wurde z.B. im Edikt von Freiherr von Stein die Bauernbefreiung in Preußen erlassen – veränderte die überkommene Sozialordnung auf dem Lande von Grund auf. Vielfach werden diese Veränderungen als »Geburtsstunde der bäuerlichen Familienlandwirtschaft« (Priebe 1985, S. 37) bezeichnet. Die hohen Preise und niedrigen Löhne in der Landwirtschaft eröffneten auch Bauern die Möglichkeit, durch Beschäftigung von landwirtschaftlichen Arbeitskräften zu kapitalistischen Landwirten zu werden. In den zentralen Gebieten des industriellen Europas (England, Niederlande, Nord-West-Deutschland) entstanden so zahlreiche kapitalistische Bauernbetriebe. In England, wo der kapitalistische Unternehmergeist auch die adeligen Schichten erfaßte, wurden die feudalen Grundbesitzer nach der Bauernbefreiung zu kapitalistischen Agrarproduzenten (vgl. Hobhouse 1987). Bis heute ist die Landwirtschaftsstruktur Großbritanniens von großen Einheiten geprägt. In Randgebieten (Ostdeutschland, Mittelmeerraum, Süden der USA etc.) blieben Großbetriebe dominant. In Preußen z.B. konnten sich die Großgrundbesitzer durchsetzen. Mit dem Ausführungserlaß der Staatskanzlei Hardenbergs vom Mai 1816 wurden die Reformen des Freiherr von Stein beschränkt. Die Kleinbauern verloren ihr Recht auf das Land. Die Entwicklung der ländlichen Sozialstruktur verlief danach im Osten und Westen Deutschlands getrennt (vgl. Priebe 1985, S. 43ff.). Den ostdeutschen Großgrundbesitzern kam die Entwicklung in England zugute. Die Industrialisierung hatte die Kaufkraft in England erheblich ansteigen lassen. England wurde zum Nettoimporteur von Getreide und Wolle. So wurden die ostelbischen Junker zu Agrarexporteuren und gleichzeitig zu Verfechtern des Freihandels.

Entscheidende Veränderungen kamen mit der beginnenden Modernisierung der Landwirtschaft ab 1880 in Gang. Entwicklungen in der Industrie und dem Transportwesen brachten die Produktion in Schwung. Mit der Aufhebung der Drei-Felder-Wirtschaft und neuen biologischen Züchtungsmethoden konnte die Intensität der Bodennutzung erheblich gesteigert werden. Die Entwicklung und der beginnende Einsatz des neuen Produktionsmittels Kunstdünger durch die chemische Industrie wurde in den ersten Jahrzehnten des 20. Jahrhunderts immer wichtiger. Die gewaltigen Veränderungen im Transportwesen führten zu internationaler Konkurrenz bei vielen Agrarprodukten. Aus den Kolonien kamen bislang im wesentlichen Güter, für die in den Kolonialländern keine Anbaubedingungen existierten. Nur die Rübenzuckerbauern waren mit der internationalen Konkurrenz wohl vertraut und hatten einen Schutz vor den Rohrzuckerimporten durchsetzen können. In Europa begannen infolge des Bevölkerungsdrucks die großen Auswanderungswellen nach Amerika und Australien. So wuchsen in Süd- und Nordamerika neue Konkurrenten auf dem Weltmarkt heran. Die Landwirtschaft in Europa kam unter Druck. Das Angebot an landwirtschaftlichen Gütern stieg schneller als die Nachfrage, die Preise sanken. Die Entwicklung traf vor allem die Betriebe, die zusätzliche Arbeitskräfte angestellt hatten, wie auch die Großgrundbesitzer. Die Preissenkungen konnten nicht durch Lohnsenkungen der Landarbeiter ausgeglichen werden, da die konkurrierende Nachfrage nach Arbeitskräften aus der Industrie zu groß war. Gutsbesitzer und Großbauern warben als Ausgleich Arbeitskräfte aus dem Ausland an, wie die ostdeutschen Großgrundbesitzer in Polen, oder die kalifornischen in Mexiko. Gleichzeitig forderten sie vom Staat Importzölle zum Schutz vor den niedrigeren Preisen auf dem Weltmarkt. Das Zeitalter des Agrarprotektionismus wurde eingeläutet. Zur Wiedererlangung der Rentabilität reichten diese Maßnahmen aber nicht aus. Die Intensivierung landwirtschaftlicher Produktion bot den kapitalistischen Landwirtschaftsunternehmern und Großgrundbesitzern keine Vorteile. Landwirtschaftliche Arbeitskraft wurde zu teuer. Anders als in der Industrie, in der das alte Handwerk von der industriellen Produktion übernommen und ersetzt werden konnte, mußten viele agrarische Großbetriebe aufgeben und kapitalistische Landwirte wurden zu bäuerlichen Familienbetrieben ohne fremde Arbeitskraft. Mit der Konzentration und Proletarisierung in der Industrie ging eine Entproletarisierung der ländlichen Arbeit einher, der Familienbetrieb wurde zur vorherrschenden Strukturform der Landwirtschaft. Steigende internationale Konkurrenz führte durch sinkende Preise zur Aufgabe der Lohnarbeit in der Landwirtschaft.

Die Entwicklung der kapitalistischen Gesellschaft profitierte von den niedrigen Landwirtschaftspreisen. Investitionen in der Industrie wurden nur bei ausreichenden Gewinnerwartungen getätigt. Um die Gewinne sicherzustellen, durften die Löhne in der Industrie nicht zu sehr steigen. Niedrigere Löhne konnten vor allem gehalten werden, wenn die Grundversorgung mit Nahrungsmitteln kostengünstig erfolgte. Die billige Versorgung der Arbeiter mit Nahrungsmitteln wurde zur politischen Option der Industrieunternehmen. In vielen Entwicklungsländern ist dieses Motiv bis heute Grund für die staatliche Weigerung, Binnenmarktpreise zur besseren Förderung der Grundnahrungsmittelproduktion zu stützen. Importierte Weltmarktgüter zu Tiefstpreisen helfen so einerseits, den industriellen »Standortvorteil Billiglohnland« zu erhalten, während sie andererseits eine eigenständige Nahrungsmittelversorgung untergraben.

Der weitreichende Strukturwandel hin zu bäuerlichen Familienbetrieben führte dazu, daß die Landwirtschaft immer unzureichender die angestrebte günstige Versorgung der Industriearbeiter sicherstellen konnte. Zu gering war das Potential der kleinen Einheiten, Produktionssteigerungen größeren Ausmaßes vorzunehmen. Es fehlte das Kapital für notwendige Infrastrukturleistungen wie Wegenetze, Flurbereinigung und es fehlten Möglichkeiten der gezielten Forschung neuer Anbaumethoden und der Saatgutverbesserung. So wurden die Forderungen nach Unterstützung der Landwirtschaft immer lauter. Die ostelbischen Großgrundbesitzer forderten die Protektion vor ausländischer Konkurrenz. Sie setzten diese im Bündnis mit der ebenfalls schutzbedürftigen Schwerindustrie 1879 durch. Aber auch Motive anderer gesellschaftlicher Gruppen ließen Unterstützungen an die Landwirtschaft ratsam erscheinen. Die Industrie drängte auf eine billige Versorgung der städtischen Arbeiter mit Nahrungsmitteln. Politisch-militärische Regierungskreise hatten ein ausgeprägtes Interesse an einem hohen Grad nationaler Selbstversorgung.

So begann das Zeitalter staatlicher Einflußnahme auf die Landwirtschaft. Zunächst wurden landwirtschaftliche Beratungsdienste, landwirtschaftliche Forschungsstätten und landwirtschaftliche Ausbildungsstätten geschaffen, die technische Innovationen entwickelten und den Bauern anboten. Der zweite Pfeiler staatlicher Einflußnahme, die staatliche Einkommenspolitik mit Maßnahmen der Preisstützung, Subventionen und Steuervergünstigungen stabilisierte das Einkommen der Bauern auf niedrigem Niveau und sorgte für die Bereitstellung des für die Investitionen der Bauern notwendigen Kapitals.

Mit Beginn des 20. Jahrhunderts setzte in den USA die eigentliche Technisierungs- und Industrialisierungswelle der Landwirtschaft ein, die in der Bundesrepublik erst nach dem Zweiten Weltkrieg zu großen Veränderungen in der landwirtschaftlichen Produktion führte. Diese grundlegende Veränderung der Techniken der Landnutzung trieb die Bauern in den Strudel der – im Kapitel 1.3. am Beispiel der USA beschriebenen – Preis-Kosten-Schere. Die hohe Konzentration der der Landwirtschaft vor- und nachgelagerten Industriebetriebe, ließ das Mißverhältnis zwischen den Preisen für Agrarausrüstungsgüter und landwirtschaftlichen Preisen wachsen. Verstärkt produzierten die Bauern für eine Nahrungsmittelindustrie, die über Genossenschaften oder Vertragslandwirtschaft Bedingungen an die Qualität der Produkte, den Zeitpunkt der Lieferung, die Art der Verpackung etc. stellten. Dies machte erneute Investitionen der Bauern für Kühlanlagen etc. notwendig. Die risikoreiche landwirtschaftliche Produktion, ausgesetzt den Bodenbedingungen und dem Wetterunwill, überließ die Nahrungsmittelindustrie den selbständigen Bauern. Ein Prozeß, dem viele multinationale Konzerne in den letzten zwei, drei Jahrzehnten in den Entwicklungsländern folgten. Viele Unternehmen zogen sich aus dem Geschäft der direkten landwirtschaftlichen Produktion mit ihren Risiken zurück, und bewirtschafteten nur noch kleinere Flächen, um Versorgungsengpässe und Schwankungen der Erntemengen ausgleichen zu können (vgl. Haude 1987). Sie verlegten sich zunehmend auf Management-, Beratungs-, Transport-, Verarbeitungs- und Vermarktungsfunktionen.

Mit dem Begriff der *Produktionstretmühle* bezeichnen Wessel/Hantmann (1987, S. 46) das Ergebnis für die Bauern. N. Koning wählt einen vergleichbaren Namen: die »agrarische Tretmühle« (Koning 1988, S. 77). Staatliche Agrarforschung und die Agrarindustrie produzierten beständig technische Innovationen, die über Beratungsdienste dem Bauern offeriert wurden. Die Bauern hatten ein starkes Interesse, durch Produktionsausweitung ihre niedrigen Einkommen aufzubessern. Gleichzeitig zwang sie die Übernahme neuer Technologien durch andere Bauern mitzuziehen, um nicht den Anschluß zu verlieren, vielleicht sogar durch schnelle Übernahme den anderen zuvorzukommen. Die Erfolge, in Form von Produktivitätssteigerungen, drückten ihrerseits wieder auf die Landwirtschaftspreise, da das Angebot schneller wuchs als die Nachfrage. Ein Ergebnis, das die Bauern zu weiteren Übernahmen technischer Innovationen zwang. »So dreht sich die Tretmühle in einem endlosen Kreis weiter, wodurch die Rentabilität der Landwirtschaft niedrig bleibt, es für das Kapital uninteressant bleibt, direkt selbst Landwirtschaft zu betreiben und das Eingreifen des Staates und eine informelle Integration in die Agrarindustrie weiterhin für die Produktionsentwicklung werden sorgen müssen« (Koning 1988, S. 78).

In den meisten Industrieländern kam es infolge der Weltwirtschaftskrise 1929 zu Veränderungen in der agrarpolitischen Zielformulierung. Deutschland bildete hier eine Ausnahme, da mit der Machtübernahme der Nationalsozialisten Industrie und Landwirtschaft auf kriegswirtschaftliche Bedingungen eingestellt wurden. Die in den USA mit der Politik des »New Deal« (ausführliche Beschreibung Kap. 1.3.) einsetzende Politik wurde vor allem von den Veränderungen in der Industrie bestimmt. Das nach der Weltwirtschaftskrise aufkommende Wirtschaftswachstum basierte auf veränderten Rahmenbedingungen. Neue Technologien ermöglichten die Produktion von Massenkonsumgütern, wie von Autos und elektrischen Geräten. Für den Absatz von Massenkonsumgütern war es notwendig, die Kaufkraft der Bevölkerungsmehrheit anzuheben. Die Löhne mußten steigen, allerdings im Rahmen der Steigerung der Arbeitsproduktivität, um nicht die Gewinnquote der Unternehmen zu beschränken. Parallel wurden Lohnentlastungen durch den Ausbau des sozialen Sicherungssystems erreicht. Die Erhöhung der Staatsausgaben schuf nicht nur zusätzliche Nachfrage, sondern sozialisierte zugleich die Kosten für Infrastrukturausgaben, wie die Sicherung des Bildungsniveaus. Dies senkte sowohl die Kosten der Arbeitnehmer als auch der Arbeitgeber. Die politische Regulierung der Gesellschaft übernahmen im Laufe der Zeit die großen Volksparteien in enger Zusammenarbeit mit zahlreichen Interessenverbänden von Arbeitnehmer- und Arbeitgeberseite.

Parallel entstand in den meisten Industriestaaten eine spezifische Agrarpolitik, die dieser Entwicklung Rechnung trug. Zur Verbesserung und Erhaltung der Kaufkraft sollten die Nahrungsmittelpreise nach wie vor niedrig bleiben. Ihr Anteil an den gesamten Aufwendungen zur Lebenshaltung ist bis heute kontinuierlich gesunken.

Die Produktivitätsfortschritte in der Landwirtschaft waren hierfür wichtige Voraussetzung. Als Abnehmer dauerhafter Ausrüstungsgegenstände der Industrie erhielt die Landwirtschaft zudem eine wichtige Nachfragefunktion. Das starke Wachstum führte in der Industrie zu einer großen Nachfrage nach Arbeitskräften. Vollbeschäftigung und Arbeitskraftmangel lassen die Verhandlungsmacht der Arbeitnehmer erheblich wachsen. Um zu verhindern, daß die Lohnforderungen schneller wachsen als die Arbeitsproduktivität, benötigte die Industrie einen stetigen Zufluß an Arbeitskräften. Diese sollten zum Teil aus der Landwirtschaft kommen. Da der Zustrom der Landwirtschaft nicht ausreichte, wurden in der Folge vor allem Frauen als neue Arbeitskräfte eingestellt. In den sechziger Jahren folgten Anwerbungen von Gastarbeitern. Zur Sicherstellung des notwendigen Produktivitätsschubes in der Landwirtschaft und zur Absatzsteigerung für landwirtschaftliche Ausrüstungsgüter mußte die Landwirtschaft gestützt werden. Das notwendige Kapital wurde den Bauern über Einkommenspolitik zur Verfügung gestellt. Die Zahl der in der Landwirtschaft tätigen Personen war vor allem in der Bundesrepublik durch die hohe Zahl der Flüchtlinge nach dem Krieg mit fast 2 Millionen Menschen noch sehr hoch. Mit Hilfe der Strukturpolitik sollten Arbeitskräfte in der Landwirtschaft freigesetzt werden, unrentable Betriebe aus der Produktion ausscheiden und produktivere Einheiten bestehen bleiben. In den Jahren nach 1950 startete in Europa der Technisierungsschnellzug, der in den USA schon früher auf den Weg gekommen war (vgl. Zahlen Kap. 1.3). Die Mechanisierung nahm gewaltig zu, der Einsatz von künstlichen Düngemitteln und Pestiziden wurde schnell zur Selbstverständlichkeit landwirtschaftlicher Produktion. In Zusammenarbeit mit den landwirtschaftlichen Interessengruppen wurde als Ziel staatlicher Agrarpolitik die Vergleichbarkeit der Landwirtschaftseinkommen zu gewerblichen Einkommen formuliert. Diese Zielvorgabe fand dann Eingang in die Römischen Verträge 1957 bei der Gründung der EWG. Einkommensstabilisierung sollte über gestützte Preise funktionieren. Einzelbetriebliche Förderungsprogramme und Strukturpolitik sollten den Bauern bei der Modernisierung helfen. Unrentabel wirtschaftende oder zu kleine Betriebe sollten aus der Produktion ausscheiden und als Arbeitskräfte der Industrie zur Verfügung stehen.

Die aktuellen Probleme der Landwirtschaft waren vorprogrammiert. Die Einkommensparität landwirtschaftlicher und gewerblicher Einkommen wurde nie erreicht. Die Einkommensstützung durch hohe Preise führte in Verbindung mit der umfassenden Modernisierung der Anbaubedingungen zu wachsenden Überschüssen. Eine effektive Produktionskontrolle wurde nicht vorgenommen, da die Agrarindustrie ein großes Interesse an der Ausweitung ihrer Marktanteile hatte. Die Geburt der Exportidee half hier zunächst als Problemausweg.

Mit dem Beginn der wirtschaftlichen Rezession ab 1973 kam es zu wirtschaftspolitischen Neuorientierungen. Steigende Rohstoffpreise, eine weitgehende Nachfragesättigung für viele Industrie- und Agrarprodukte ließ die Investitionen in der Wirtschaft zurückgehen und die Arbeitslosigkeit anwachsen. Vor allem die beginnende Arbeitslosigkeit hatte weitreichende Konsequenzen für Bauern. Ein Ausstieg aus der landwirtschaftlichen Produktion wurde zusehends schwieriger. Einkommensnachteile mußten durch höhere Produktion kompensiert werden, mit der Folge weiter wachsender Überschüsse, die nur durch steigende Exporte absetzbar waren. Die anhaltende Rezession führte vor allem mit Beginn der 80er Jahre zu einer Liberalisierungsoffensive. Die neue Wirtschaftspolitik der Reagan-Regierung in den USA ging Hand in Hand mit der Neuformulierung der Wirtschaftspolitik in Großbritannien und auch der Bundesrepublik. Zur Erhaltung der Gewinnspannen der Industrieunternehmen wurde die Steuerpolitik umgestellt. Weitgehende Steuerentlastungen sollten die Attraktivität der Wirtschaftsstandorte verbessern (vgl. die Debatte über den Industriestandort Bundesrepublik). Unter dem Stichwort der Flexibilisierung wurden die Arbeitsverhältnisse verändert. Längere Laufzeiten für Maschinen sollten die Produktivität weiter steigern. Flexiblere Arbeitszeiten und Vertragsverhältnisse begrenzten den Einfluß traditioneller Arbeitnehmerorganisationen und führten zu sinkender Reallohnentwicklung.

Auch bei der Agrarpolitik haben sich die USA zum Mittelstürmer der Liberalisierungsoffensive gemacht. Im internationalen Vergleich haben Japan, die Bundesrepublik und die asiatischen Schwellenländer bei der Industrieproduktion Konkurrenzvorteile. Um so wichtiger sind für die weltwirtschaftliche Position der USA die Agrarexporte. Die kostengünstigen Produktionsmöglichkeiten sollen genutzt werden. Im internationalen Vergleich sollen die vorhandenen Produktivitätsvorteile amerikanischer Landwirtschaft in bare Münze verwandelt werden. Die handelspolitische Offensive vor allem gegen die EG führte in der Folge der beschriebenen Handelskonflikte zum Verfall der Weltmarktpreise, der gleichzeitig die internen Stützungskosten für die amerikanischen Bauern in die Höhe trieb.

Im Rahmen der derzeitigen Liberalisierungsoffensive werden Plädoyers für die Wiedereinsetzung des *Marktmechanismus* gehalten. Die bislang zur Erhöhung der Produktivitätsfortschritte der Landwirtschaft benötigte Stützung der Produzenten soll außer Kraft gesetzt werden. Lohnsenkungen und Flexibilisierungen bei Arbeitnehmern können politisch nicht mit wachsenden Zuwendungen an die Landwirtschaft beantwortet werden.

Zur Dämpfung der Kosten bisheriger Stützungsmaßnahmen soll die Erzeugung den Anbietern überlassen werden, die das erreichte Produktivitätsniveau auch mit geringeren Stützungen halten können. Die Argumentationen, die eine Stärkung des Marktmechanismus befürworten, werden unter der Hand zu Argumenten für Preissenkungen. Eine gänzliche Aufgabe staatlicher Stützungszahlungen an die Landwirtschaft bleibt weiterhin unmöglich, soll die Produktivitätsentwicklung der Landwirtschaft nicht zum Stillstand kommen. Preissenkungen eröffnen Möglichkeiten zur Kostenreduzierung, ohne Zahlungen staatlicher Subventionen gänzlich aufgeben zu müssen. Sollen die Überschüsse in Zukunft begrenzt werden, müssen zur Verhinderung weiteren Mengenwachstums Produktionsquoten eingeführt werden, wie dies die EG bei Milch und Getreide begonnen hat. Diese Entwicklung wird den landwirtschaftlichen Strukturwandel des »Wachsens oder Weichens« beschleunigen, da die

Bauern ihre Einkommensverluste infolge der Preissenkungen über die Produktion größerer Mengen kompensieren müssen. Ist eine Mengensteigerung auf Grund von Quotierungen aber nicht mehr möglich, wird die Produktionsausweitung nur noch durch Übernahme von Flächen und Quoten ausscheidender Bauern möglich sein.

Die historische Entwicklung zeigt, daß Landwirtschaft für die Entwicklung des Industrialisierungsprozesses im Rahmen der gesamten kapitalistischen Entwicklung wichtige Grundbedingungen schuf. Die Steigerung der landwirtschaftlichen Produktivität machte eine ausreichende und kostengünstige Versorgung der städtischen Industriezentren mit Nahrungsmitteln möglich und setzte eine große Zahl von Arbeitskräften für den Industrialisierungsprozeß frei. Agrarpolitische Leitbilder und Gesetze wurden im Laufe der Zeit unter Maßgabe dieser Funktionen verändert. Die lange Geschichte staatlicher Stützungspraxis in vielen Industrieländern belegt, daß die Bedeutung von Liberalisierung zu verschiedenen Zeiten sehr unterschiedlich beurteilt wurde. Niedrige Preise auf Grund der hohen internationalen Konkurrenz machten frühzeitig eine Produktion unter Bedingungen der Lohnarbeit unmöglich. Kleine Einheiten bestimmen in der Folge bis heute die landwirtschaftliche Produktion. Das Niveau der Preise wurde durch staatliche Eingriffe lange Zeit so gehalten, daß ein beständiger Anreiz zur Produktivitätssteigerung für die Bauern existierte und den Betrieben gleichzeitig genügend Kapital zur Modernisierung blieb. Die scheinbar naturgesetzlichen Marktmechanismen, die zur Zeit vehement eingefordert werden, wurden lange Zeit von der Landwirtschaft abgehalten. Die Rentabilität der Landwirtschaft ist unter Freihandelsbedingungen zu gering, um das notwendige Produktionsniveau zur kostengünstigen Versorgung der Gesellschaft sicherzustellen. Die Konzentration der vor- und nachgelagerten Bereiche verstärkt die ungünstige Rentabilitätssituation der landwirtschaftlichen Produzenten. Unter diesen Voraussetzungen kann der Markt nicht als Regulierungsmechanismus fungieren. Die Anpassungskosten müssen die Bauern übernehmen.

»Gerade heute konkurriert ein Weizenanbauer zum Beispiel in Kansas mit Hunderttausenden von Bauern in aller Welt, die das gleiche Produkt anbauen. Im Unterschied dazu hat ein Getreidehändler, Landmaschinenhersteller oder Nahrungsmittelverarbeitungskonzern nur mit einer Handvoll anderer Unternehmensgiganten zu kämpfen [. . .]. In gewissem Sinne sind die Bauern vielleicht zu den letzten wahren Mitbewerbern in einer Gesellschaft geworden, die Wettbewerb als Glaubensbekenntnis hochhält« (Wessel/Hantmann 1987, S. 44).

Das geringe Rentabilitätsniveau der Landwirtschaft steht in Verbindung mit dem notwendig hohen, »unproduktiven« Arbeitsaufwand der landwirtschaftlichen Produktion, durch Maßnahmen zur Erhaltung der Bodenfruchtbarkeit, mit den Abhängigkeiten der unkalkulierbaren Bedingungen natürlicher Erzeugung, wie Klimaeinflüssen, und mit der geringen zeitlichen Ausnutzung der Produktionsfaktoren (Maschinen etc.).

In den Bereichen, in denen die Produktion agrarischer Güter von diesen Faktoren unabhängig gemacht werden kann, zeichnet sich ein neues Zeitalter der Landwirtschaft ab. Die Erzeugung tierischer Produkte funktioniert heute in verschiedenen Regionen bereits unter weitgehender Ausschaltung natürlicher Produktionsbedingungen. In Industriebetrieben vergleichbaren Produktionshallen können die inzwichen allesamt variabel gewordenen Produktionsfaktoren vom Tier über die Arzneimittel bis zu Futtermitteln, standortunabhängig zur Produktion kombiniert werden. Die Struktur der bundesdeutschen Veredelungslandwirtschaft wird zu großen Teilen bereits von nicht landwirtschaftlichem Kapital dominiert. Je stärker die o.g. natürlichen Rentabilitätsnachteile landwirtschaftlicher Produktion durch technische Neuerungen wie gen- und biotechnologische Fortschritte neutralisiert werden können, desto umfassender wird auch die landwirtschaftliche Produktion industrialisiert werden.

## 4.2 Agrarpolitische Souveränität oder Liberalisierung des Agrarmarktes

Landwirtschaftliche Meldungen in der Presse lassen häufig ein Bild vollkommener Fehlentwicklung entstehen. Katastrophenmeldungen überstürzen sich. Die Nitratbelastung unseres Grundwassers nimmt ebenso zu wie die Rückstände von Pestiziden. Die Dürre des amerikanischen Sommers 1988 vernichtete in riesigen Landstrichen die Ernte und setzte den Boden der Erosion aus. Dürre und Überschwemmungen im Wechsel bestimmen die Nachrichten aus Afrika und Asien (wie im Sommer 1988 Sudan und Bangla Desh). Die Vernichtung der das Klima regulierenden Waldreserven hat natürliche Auffangreservoirs für extreme Wetterbedingungen zerstört. Der Regenwald des brasilianischen Amazonastieflandes schwindet durch Rodungen für industrielle Zwecke und Rodungen für neue Siedler, die in anderen Teilen des Landes ihr Land und damit ihre Ernährungsgrundlage verloren haben. Die industrialisierte weltweit vernetzte Landwirtschaft stößt an die Grenzen ihrer natürlichen Grundlagen.

Immer lauter werden die Stimmen, die eine regional an soziale, ökologische und kulturelle Bedingungen angepaßte Landwirtschaft fordern, um die katastrophalen Auswirkungen zu begrenzen. Die Argumente, die einen Schutz regional angepaßter Entwicklungen formulieren, prallen hart auf die Forderungen nach vollständiger Liberalisierung der Agrarmärkte.

Ökonomisch hat die Landwirtschaft, wie gesehen, im Rahmen der Entwicklung der Industriegesellschaften eine besondere Stellung eingenommen. Angesichts der sich zuspitzenden sozialen und ökologischen Katastrophen, rücken die außerökonomischen Funktionen der Landwirtschaft für den Erhalt der kulturräumlichen und ökologischen Bedingungen immer stärker in den Blick. Die Kontroverse läßt sich auf die Gegenüberstellung der Forderungen zwischen internationaler Konkurrenz der leistungsfähigsten Anbieter und Entwicklung regional angepaßter Wirtschaftsweisen verdichten.

# Die Region als ökologische Einheit

Mikroökonomische (betriebswirtschaftliche) Berechnungen dienen der Optimierung des Einsatzes der Produktionsfaktoren für den Produktionsprozeß. Makroökonomische (volkswirtschaftliche) Theorien versuchen, die wirtschaftlichen Aktivitäten gemäß der für die Volkswirtschaft optimalen Allokation der Produktionsmittel zu steuern. Für die Berechnung des Produktionsprozesses werden u. a. Faktoren der Kapitalkosten, der Arbeitskosten und des Verkaufswertes berücksichtigt. Mit Hilfe von Optimierungsberechnungen wird die bestmögliche Faktorzusammensetzung sowohl für den einzelnen Betrieb als auch die nationale Wirtschaft errechnet.

Produktion von Industrie- und Agrargütern beruht immer auf der Nutzung von *Naturfaktoren*. Rohstoffe als Ausgangsmaterial der Produktion spielten lange Zeit eine wichtige Rolle als Standortfaktor für Betriebe. Mit der Entwicklung des Transportwesens konnten Rohstoffe allerdings auch über größere Entfernungen transportiert werden. Die günstige Versorgung mit Rohstoffen, Grundlage der industriellen Produktion, wurde zur wichtigen politischen Zielsetzung. Vom kolonialen Zugriff bis zu aktuellen wirtschaftlichen Rahmenbedingungen wird bis heute eine kostengünstige Versorgung mit Rohstoffen (niedrige Zölle etc.) angestrebt. Die zunehmende Verfügbarkeit kostengünstiger Rohstoffe ließ sie – bis auf besonders schwierig zu transportierende Rohstoffe – zu vernachlässigbaren Faktoren der Produktion werden.

Das Bewußtsein von der Endlichkeit der Rohstoffe kam mit der Wirtschaftskrise von 1973, als der Ölpreisschock den Nerv der Industrieproduktion traf. Die Wirtschaftswissenschaften reagierten mit der Entwicklung der *Ressourcenökonomie,* die der Endlichkeit und Erschöpfbarkeit der Ressourcen Rechnung tragen sollte (vgl. Altvater 1987, S. 113ff.). Faktoren, die sich dem ökonomischen Kalkül entziehen, werden in einem ökonomischen Kunstgriff seit langem als externe Kosten verbucht. Externe Kosten brauchten so nicht in der privatwirtschaftlichen Rentabilitätsrechnung berücksichtigt zu werden. Die enormen sozialen Folgekosten der Industrialisierung wurden als negative externe Kosten der Gesellschaft aufgebürdet. Nur der Verbrauch von Rohstoffen ging als Kostenfaktor für die Ausgangsmaterialien der Produktion in das ökonomische Kalkül ein. Andere Formen von Naturvernutzung, aber auch die Endlichkeit der Ressourcen wurden als externe Kosten nicht berücksichtigt, sondern werden bis heute, wie vormals die sozialen Kosten, weitgehend externalisiert und damit sozialisiert. Die neoklassische Ressourcenökonomie versucht nun, Faktoren wie die Begrenztheit der Ressourcen in die ökonomische Betrachtung mit aufzunehmen. Die Logik des Herangehens, mit der die Ressourcenökonomie sich diesem Problem nähert, entspricht der Logik zur Berechnung anderer Produktionsfaktoren. Durch Bepreisung, also Monetarisierung der ökologischen Bedingungen, sollen die ökologischen Produktionsfaktoren in das ökonomische Kalkül einbezogen werden.

Der Abbau erschöpflicher Ressourcen wird in Form eines dynamischen Allokationsfaktors in Wert gesetzt (vgl. Beckenbach 1988). So wird berechnet, wie hoch die zukünftigen Preise des Ressourcenabbaus sein werden. Eine gegenwärtige Nutzung, die diese Entwicklung berücksichtigt, erfordert demnach eine Einberechnung der zukünftigen Preissteigerungen des betreffenden Rohstoffs, bei Beachtung des Rohstoffwertes, der die Zinsrate übersteigen muß, die der Eigentümer erhalten würde, wenn er sein Geld zinsbringend anlegen würde. Der Preismechanismus wird zum Steuerungsinstrument der Ressourcenbewirtschaftung.

Externe Kosten, wie Umweltbelastungen, sollen ebenfalls durch Bepreisung in Form politischer Vorgaben, wie Steuern und Abgaben, in das ökonomische Kostenkalkül einberechnet werden. Dabei wird davon ausgegangen, daß die mit der Umweltbenutzung einhergehenden Schäden in Geldwerten (Preisen) ausgedrückt werden können.

Die Ressourcenökonomie versucht also die Verknappung von Ressourcen und ökologische Folgekosten als Allokationsfaktoren in ökonomische Berechnungen einzubauen. Werden diese Folgen monetarisiert, finden sie als Standortfaktor und als Kostenfaktor bei der Auswahl der Produktionsmethode Berücksichtigung. Dieser Theorie liegt die Annahme zugrunde, daß bei der Entscheidung rationell planender individueller Wirtschaftssubjekte durch die Bepreisung der ökologischen Kosten eine angemessene Berücksichtigung ökologischer Faktoren stattfinden wird, die eine zu schnelle Nutzung der Ressourcen oder zu belastende Produktionsprozesse ausschließt.

Die Komplexität ökologischer Kreisläufe und Interdependenzen zwischen einzelnen Umweltfaktoren – so führt die Ausbeutung von Rohstoffvorkommen zu Veränderungen im Wasserhaushalt, der Geologie etc. – können mit diesem Modell kaum erfaßt werden. Unberücksichtigt bleibt, daß die ökonomisch bedingten Belastungen ihrerseits wieder die Nutzungsbedingungen zukünftiger Umwelt verändern. Die Erhöhung der ökologischen Rationalität individueller Wirtschaftssubjekte wird auf berechenbare, sprich bepreisungsfähige Naturressourcen, begrenzt. Darüber hinausgehende Belastungen werden nach bekanntem Muster verallgemeinert. Wie sollte auch der Preis einer ausgestorbenen Vogelart ökonomisch rationalisiert werden?

Landwirtschaft steht nun in einem besonders engen Verhältnis zum Naturhaushalt, da sie unmittelbar in der Natur produziert, die Produktionsweise direkt das Naturraumpotential wie die Fruchtbarkeit der Böden, Nährstoffgehalt, Wasserressourcen etc. beeinflußt. Im Rahmen der Industrialisierung der Landwirtschaft und der betriebswirtschaftlichen Kostenrechnung bäuerlicher Produktion, ist der Rahmen der landwirtschaftlichen Produktion, der Naturhaushalt, vergleichbar einer industriellen Produktionsstätte berücksichtigt worden. Der Landwirt als Manager und Unternehmer soll den Einsatz der Produktionsfaktoren optimieren. Ökonomische Optimierung bedeutet für den individuell entscheidenden Bauern: Steigerung der Einkünfte aus der Landwirtschaft. Optimierung der Produktionsfaktoren hieß unter der Maßgabe hoher Erträge, Einsatz von Maschinen zur Landbearbeitung, Einsatz von Düngemitteln zur Steigerung der Hektarerträge, Einsatz von Pestiziden zur Verringerung der Ernteschäden, Einsatz von Züchtung zur besseren Verwertung der Einsatzfaktoren durch die Pflanze oder das Tier. Die Nahrungsmittelindustrie produziert in zunehmendem Maße standardisierte Produkte, die international lagerfähig, transportfähig und handelbar sind. Die Landwirtschaft muß in der Folge ebenfalls standardisierte Produkte gleichbleibender Qualität und Beschaffenheit liefern. Deutlich sichtbar werden seit langem Begrenzungen dieser industrialisierten Produktion von Nahrungsmitteln. Für die Verdoppelung der Hektarerträge mußte in den letzten dreißig Jahren ein Mehrfaches an Düngemitteln ausgebracht werden. Wahre Fluten von Pestiziden führen in vielen Fällen eher zu Resistenzen der Schädlinge als zu deren Ableben. Doch ungebrochen lassen Planungen für die Zukunft keine Neuorientierung des landwirtschaftlichen Umganges mit Naturressourcen erkennen. Die bisherigen Unzulänglichkeiten der naturräumlichen Faktoren, wie zu geringe Fruchtbarkeit der Böden oder Anfälligkeiten der Pflanzen, sollen in einem neuen Aufbäumen technischer Optimierung gen- oder biotechnologisch den Nutzungserfordernissen angepaßt werden.

Erst Katastrophen wie die Dürre 1988 in den USA oder der großflächige Verlust landwirtschaftlicher Nutzflächen durch übermäßige Ausbeutung der Wasserreserven wie in Texas oder in der Baumwollproduktion Usbekistans (Aralsee), lassen deutlich werden, daß die industrialisierte Landwirtschaft an Grenzen stößt. Sinkende Nahrungsmittelqualität, sichtbar durch Kalbfleischskandale und den sinkenden Genußwert standardisierter Tomaten und Äpfel, sollte die bisherige Orientierung landwirtschaftlicher Produktion in Frage stellen.

Vor diesem Hintergrund erhalten die Liberalisierungsforderungen für den internationalen Agrarhandel besonderes Gewicht. Liberalisierung des Marktgeschehens steigert die Konkurrenzsituation für den einzelnen Bauern. Die Optimierung aller Produktionsfaktoren wird zur Notwendigkeit betriebswirtschaftlicher Landnutzung. Gerade die Umweltprobleme der Landwirtschaft in intensiv genutzten Gunsträumen, wie großen Teilen der USA, stellen Erklärungen in Frage, die für diese Gebiete komparative Kostenvorteile der Produktion belegen. Selbst diese Gebiete, mit prognostizierten kostengünstigen Produktionsbedingungen, scheinen einer Verstärkung internationaler Konkurrenz kaum noch aussetzbar zu sein. Um wie viel weniger sind naturräumlich benachteiligte Geiete in der Lage, in dieser Entwicklung mitzuhalten. Die agrarpolitische Selektion von konkurrenzfähigen Intensivgebieten soll einhergehen mit Flächenstillegungen in den ungünstigeren Lagen. Ökologische Aspekte sollen durch staatliche Zuwendungen oder Zuwendungen des Verbrauchers, wie den Wasserpfennig (mit dessen Hilfe Bauern in Wasserschutzgebieten für eine weniger intensive Produktion entschädigt werden sollen) berücksichtigt werden. Zur Aufrechterhaltung der gesamten landwirtschaftlichen Produktivität bedeutet das Ausscheiden der Regionen mit geringeren Erträgen aus der Produktion allerdings eine Intensivierung der Nutzung in den Gunsträumen. Ökologische Schutzräume, wie durch Flächenstillegung gewonnene Naturschutzgebiete, sollen Entlastung für die angegriffene Natur bringen. Die andauernde naturbelastende Produktionsorientierung der Landwirtschaft insgesamt bleibt allerdings bestehen (Weiger 1987).

Die Liberalisierungsforderungen, vorgetragen in den Agrarverhandlungen der Uruguay-Runde, betreffen über die eigentliche Produktion hinausgehend auch Forderungen zur Liberalisierung des Nahrungsmittelhandels. Die internationale Harmonisierung sanitärer und phytosanitärer Maßnahmen – Maßnahmen zum Schutze der Gesundheit von Menschen, Tieren und Pflanzen – soll Handelsverzerrungen, die mit diesen Maßnahmen zusammenhängen, minimieren. Diese Forderungen betreffen neben zahlreichen gezielt als Handelshemmnisse eingesetzten Verpackungs- und Vermarktungsvorschriften nationale Regelungen des Lebensmittel- und Umweltrechts. Nationale Regeln begrenzen in manchen Teilen des Handels mit Nahrungsmitteln die vollständige Freizügigkeit, wie dies z.B. das deutsche Reinheitsgebot für Bier bewirkte. Zur Debatte stehen zahlreiche vergleichbare Regelungen wie das bundesdeutsche Imitationsverbot für Käseprodukte. Aber nicht nur Maßnahmen, die den Handel mit Nahrungsmitteln betreffen werden von der internationalen Harmonisierung sanitärer und phytosanitärer Maßnahmen erfaßt. Auch die Regulierung des Einsatzes von Pharmazeutika in der Tierproduktion, der Pestizide in der Pflanzenproduktion, des Einsatzes neuer gen- und biotechnologischer Produkte in der Landwirtschaft soll harmonisiert werden.

Diese wichtigen Bereiche des Schutzes der Nahrungsmittelqualität und landwirtschaftlichen Produktion werden im Rahmen der Liberalisierungsvorschläge gänzlich hinsichtlich ihrer handelsverzerrenden Wirkung bewertet. So besteht die Gefahr, daß hohe nationale Schutzaufgaben des Lebensmittel- und Umweltrechtes bei einer internationalen Vereinheitlichung sich niedrigeren Standards annähern müssen. Notwendige international übergreifende Regelungen des Umweltschutzes und des Lebensmittelrechts dürfen nicht unter Vorgabe internationaler Konkurrenzfähigkeit auf dem niedrigsten Niveau möglichen Schutzes verwirklicht werden.

*Ökologische Belange* und *Freihandel* sind nicht miteinander zu vereinbaren. Auf der Ebene einzelbetrieblicher Kalkulation führt die marktwirtschaftliche Orientierung der Bauern notwendig zu Spezialisierungen und betrieblichem Wachstum. Im internationalen Vergleich führt Freihandel zum Rückzug landwirtschaftlicher Produktion aus benachteiligten Gebieten und zur Konzentration landwirtschaftlicher Produktion in intensiv genutzten, weltweit konkurrenzfähigen Gunstgebieten. Eine solche Aufteilung in »Schutz- und Schmutzgebiete« (Weiger 1987) kann nicht der ökologischen Weisheit letzter Schluß sein.

**Die Region als soziale Einheit**

Ersetzt man den Begriff Landwirtschaft durch den in den romanischen und der englischen Sprache gebräuchlichen Ausdruck *Agrikultur,* wird eine semantische Verschiebung deutlich. Die Wirtschaft auf dem Land oder die Wirtschaft mit dem Land müßte man wahrscheinlich eher mit *Agrobusiness* ins Englische übertragen. Im Begriff der Agrikultur leben die Bedeutungen des lateinischen Stammes fort, die der Pflege, des Anbaus, der Bearbeitung und der Kultur.

Landwirtschaft, besser Agrikultur, ist weltweit in den Industrialisierungssog geraten. Über den Weltmarkt vergleichen sich Regionen unterschiedlicher Ausstattung. Industrialisierung von Landwirtschaft und Ernährung führt zu weltweit handelbaren Gütern und Konsummustern. Von der Saatgutsorte, über die chemischen und technischen Inputs, bis zum eßbaren Endprodukt nähern sich die Techniken und Strukturen landwirtschaftlicher Produktion an. Im Kalkül multinational operierender Handels- und Nahrungsmittelunternehmen werden der Boden und die ihn bebauenden Menschen zu austauschbaren Produktionsfaktoren. Dort, wo die Produktion am kostengünstigsten funktioniert, wird investiert.

Soziale Folge Nummer eins der Technisierung und Industrialisierung von Landwirtschaft ist die Landflucht. Moderat gestaltet sie sich in Form des landwirtschaftlichen Strukturwandels in den Industrieländern. Jahrzehnte bot der Arbeitsmarkt Auffangmöglichkeiten für aus der Produktion scheidende Bauern und Bäuerinnen. Diese Ausweichmöglichkeiten sind inzwischen versperrt. Der Prozeß des »Wachsens oder Weichens« hält aber ungebrochen an.

Die Benutzung des Begriffes Strukturwandel erhält angesichts der Millionen Landlosen und vom Land vertriebenen Menschen in den Ländern der Dritten Welt einen zynischen Unterton. Der Begriff des Standortvorteils oder des komparativen Kostenvorteils bei der Produktion bestimmter Güter läßt *soziale Kosten* der Entwicklung außer acht. Wichtige industrielle Fortschritte der Entwicklungsländer begannen in vielen Fällen mit der Nutzung des Standortvorteils billiger Löhne. Arbeitsintensive Produktionen oder Produktionsschritte wurden aus den Industrieländern zu Zeiten der Vollbeschäftigung und hoher Löhne ausgelagert, ein internationaler Konkurrenzeffekt, der die starke Position der Arbeitnehmervertretungen in den Industrieländern in Frage stellte. Damit stieg die Zahl sogenannter formalisierter Arbeitsplätze in den Entwicklungsländern. Der Begriff der formalen Arbeit umfaßt Arbeitsbeziehungen, die neben geregelten Verträgen auch andere Bedingungen der festen Arbeitsbeziehungen wie Sozialleistungen etc. umfassen.

Seit die Zuwachsraten der Arbeitsproduktivität durch neue Technologien und betriebliche Rationalisierungen weltweit höher liegen als das Wachstum des Sozialproduktes, ist der bis dahin gültige Zusammenhang von Wachstum und Beschäftigung zerbrochen. In den Industrieländern führt dies vermehrt zu einer »Informalisierung der Arbeitsbeziehungen« (Altvater 1987). Unter dem Stichwort der Flexibilisierung der Arbeitskraft gehen immer mehr formelle Arbeitsbeziehungen verloren. Die »industrielle Reservearmee der Frauen« wird wieder ausgegrenzt oder informellen Arbeitsformen wie Heimarbeitsplätzen zugeführt (Wichterich 1985). Reproduktionskosten sollen wieder verstärkt in unbezahlter Hausarbeit geleistet werden und so in formellen Arbeitsbeziehungen begrenzt werden. Industrielle Standortverlagerungen in Entwicklungsländer werden inzwischen nicht mehr nur bei arbeitsproduktiven Produktionsvorgängen vorgenommen. Günstige Steuer- und Investitionsbedingungen in Entwicklungsländern verlocken Unternehmer auch zu Verlagerungen kapitalintensiver Produktionen. Auf Grund der hohen Kapitalintensität moderner Technologien sind die Beschäftigungswirkungen solcher Investitionen gering. So entstehen industrielle und auch öffentliche Arbeitsverhältnisse in den Entwicklungsländern, die als formalisierte »Normalarbeitsplätze« bezeichnet werden können. Zur Aufrechterhaltung der Standortgunst des Billiglohnlandes durch günstige Lohntarife ist es notwendig, daß wichtige Teile der Reproduktion der Familien im Rahmen einer Subsistenzproduktion durchgeführt werden.

Die großen und wachsenden Bereiche der handwerklichen oder subsistenzorientierten Beschäftigungen in den ausufernden Großstädten der Dritten Welt sind eine wesentliche Voraussetzung zur Aufrechterhaltung niedriger Lohnstrukturen in den Entwicklungsländern (Evers 1984) und zur Konkurrenzfähigkeit des formellen Sektors. Gleichzeitig versuchen die meisten Entwicklungsländer im Rahmen ihres Entwicklungsmodells, über günstige Agrarpreise ein niedriges Lohnniveau zu ermöglichen. Eine gezielte Förderung der Landwirtschaft zur Produktion von Grundnahrungsmitteln unterbleibt, da sie Nahrungsmittelpreise erhöhen würde. Kapital und Know-how fließen in devisenversprechende Landwirtschaftsbereiche. Die Integration ländlicher Räume der Entwicklungsländer in den Weltmarkt führt zur Industrialisierung und Durchkapitalisierung der Landwirtschaft. Die Industrialisierung der Landwirtschaft geht Hand in Hand mit der Landflucht. Der Anbau standardisierter Produkte mit vorgegebenen Qualitätsnormen macht auch für kleinere Bauern eine genügende Kapitalversorgung zur Voraussetzung, um die notwendigen Stukturanpassungen finanzieren zu können. Kreditwürdigkeit und staatliche Kapitalvergabe sind an bestimmte Betriebsgrößen gebunden. Klein- und Kleinstbauern haben meist wenig Chancen, Anteil an Innovationen zu nehmen. Ihre Konkurrenzposition verschlechtert sich dadurch. Mit der Durchkapitalisierung der Gesellschaften wird Land zum Objekt spekulativer Kapitalanlage. Ländliche Kleinproduzenten müssen so oft den Großbetrieben weichen. Fortschreitende Technisierung der Anbaubedingungen vertreibt darüber hinaus Kleinpächter, landwirtschaftliche Arbeitskräfte und Tagelöhner vom Land. Große Wanderungsbewegungen sind die Folge. Das Wachstum der Großstädte der Entwicklungsländer zeigt als Indikator das Ausmaß der Landflucht und Entwurzelung an. Alternativen zur Produktion auf dem Land gibt es in den wenigsten Fällen für landlos gewordene Menschen.

Im Wettstreit der Regionen um die besten Standortbedingungen treten Konkurrenten in den Ring, die sehr unterschiedliche Voraussetzungen aufweisen. Es vergleichen sich nicht, wie unter angenommenen theoretischen Freihandelsbedingungen, gleichstarke Wirtschaftssubjekte, die sich im Bereich der Landwirtschaft nach ihren natürlichen Klima- und Wuchsbedingungen spezialisieren. In Konkurrenz um Marktanteile oft identischer, vereinheitlichter Landwirtschaftsprodukte (z.B. Futtermittel, Zucker, Fleisch oder Ölsaaten) treten hochtechnisierte Großproduzenten mit guter Kapitalausstattung zu Kleinbauern mit geringerer Wirtschaftskraft. Sie stehen zudem einer hochkonzentrierten Handels- und Nahrungsmittelindustrie gegenüber, die nicht nur die Qualitäts- und Anbaustandards bestimmt, sondern auch Abnahmemengen und Preise. Liberalisierung des Agrarhandels bedeutet in diesem Zusammenhang den Abbau der bestehenden, oft nur unzureichenden, Schutzmechanismen nationaler Nahrungsmittelproduktion in Entwicklungsländern.

Ohne Reminiszenzen an eine nie dagewesene natürliche Rustikalität, ohne Versuche, den sozialen Mief und die soziale Kontrolle ländlicher Milieus zum Ziel gesellschaftlichen Umbaus zu benennen, erscheint es notwendig, Entwicklungsperspektiven der Landwirtschaft jenseits der großen Modernisierungs- und Industrialisierungsbilder zu entwerfen. Eine Umorientierung wirtschaftlicher Entwicklung hin zu einer ökologischen und eigenständigen Regionalentwicklung ist unumgänglich, um der fortschreitenden Destruierung von Menschen und Natur zu begegnen.

## 4.3 Wem nützt der freie Weltagrarhandel? Vergleich und Bewertung verschiedener Szenarien über die Effekte einer Liberalisierung des Agrarhandels

Pünktlich zu Beginn der Agrarverhandlungen im Rahmen der Uruguay-Runde wurden in den letzten Jahren mehrere Studien veröffentlicht, die sich im Rahmen von Modellrechnungen mit den Auswirkungen von Liberalisierungen auf Weltmarktpreise, gehandelte Mengen und einzelne Ländergruppen beschäftigen. Im Rahmen der Diskussion um die Liberalisierungsforderungen bei den Agrarverhandlungen spielen diese Studien über vermutete Wohlfahrtsgewinne oder -verluste eine wichtige Rolle.

Allen Studien ist gemeinsam, daß sie ausschließlich den Agrarmarkt betrachten und Rückwirkungen mit anderen Wirtschaftssektoren außer acht lassen. Das methodische Vorgehen, die Modellbildungen und Berechnungen können hier im einzelnen nicht erläutert werden. Ein Blick auf die Ergebnisse einiger Szenarien kann Aufschlüsse über die erwarteten Verteilungseffekte einer Liberalisierung des Agrarhandels geben.

Eine der frühesten Studien ist die von *Alan Matthews* (Matthews 1985). In seiner 1985 als Buch unter dem Titel »The Common Agricultural Policy and the Less Developed Countries« erschienenen Studie versucht Matthews die Auswirkungen der protektionistischen Agrarpolitik der EG auf die Entwicklungsländer zu bewerten. Anhand einer unterstellten vollständigen Liberalisierung bei 13 wichtigen landwirtschaftlichen Produkten im Handel der EG mit anderen Ländern errechnet er, für jedes Produkt getrennt, bei fast allen Produkten eine Steigerung der Weltmarktpreise zwischen 1 % bei Weizen und 10 % bei Butter. Die Auswirkungen für Entwicklungsländer, berechnet anhand der Einkommensänderungen durch Exporterlösveränderungen oder Importaufwendungen, differenziert er zwischen Nettoexporteuren,

Nettoimporteuren und zwischen dem Einkommensniveau verschiedener Entwicklungsländer.

Insgesamt müssen nach Matthews Angaben sowohl Industrieländer als auch Entwicklungsländer Wohlfahrtsverluste durch eine Liberalisierung hinnehmen. Allerdings sind die regionalen Unterschiede sehr hoch. Bei den Entwicklungsländern würden die lateinamerikanischen Länder bedeutende positive Effekte haben, während asiatische aber auch afrikanische Länder höhere Preise für Nahrungsmittelimporte aufzubringen hätten. Den Industrieländern würden Verluste bei Zucker und Ölsaaten entstehen, denen etwas geringere Gewinne bei Getreide, Fleisch und Milchprodukten gegenüberständen.

Besondere Beachtung fand die Studie von *Kym Anderson und Rod Tyers,* die in den Weltentwicklungsbericht (Weltbank 1986) der Weltbank Eingang gefunden hat. In einer Modellrechnung untersuchen sie die Effekte einer vollständigen Liberalisierung der Agrarpolitik aller marktwirtschaftlichen Länder. Auf der Grundlage der Daten von 1980–1982 berechnen sie die Auswirkungen für sieben Produktgruppen, wobei sie Interdependenzen zwischen den Veränderungen der Produkte berücksichtigen. Zwei- bis dreistellige Zuwachsraten bei einzelnen Produkten und Preissteigerungen zwischen 10 und über 50 % errechnen sie als Effekte der Liberalisierung. Vor allem die Preise und Handelsmengen von Fleisch und Milchprodukten sollen gewaltig steigen. Dies kommt den großen Fleischexporteuren Lateinamerikas und Ozeaniens entgegen. Anderson und Tyers errechnen Wohlfahrtsgewinne sowohl für Entwicklungsländer als auch für Industrieländer. Am meisten werden die OECD-Staaten mit einem Gesamtgewinn von 48,5 Mrd. US-Dollar (im Wert von 1980) von der Entwicklung profitieren. Dem prognostizierten Verlust der Erzeuger in Höhe von 55,6 Mrd. $ stehen Gewinne der Verbraucher und Steuerzahler von über 100 Mrd. US-$ gegenüber. Die Entwicklungsländer würden insgesamt 11,8 Mrd. $ verlieren. Dies bedeutet im Umkehrschluß, daß unter den gegenwärtigen Bedingungen protektionistischer Agrarpolitik der westlichen Industrieländer, die Entwicklungsländer profitieren können. Würden sie allerdings ihre Agrarpolitik verändern, die die Landwirtschaft selber mit Steuern belegt, könnten auch sie nach Angaben der Weltbankstudie einen Gewinn in Höhe von 28,2 Mrd. $ erzielen.

In einer weiteren Weltbankstudie von *J. Zietz und A. Valdes* (1986) werden die besonderen Auswirkungen einer Liberalisierung auf die Entwicklungsländer prognostiziert. Für die vollständige Liberalisierung bei vier Produkten berechnen die Autoren die Auswirkungen auf Weltmarktpreise und gehandelte Mengen. Vergleichbar den vorhergehenden Studien errechnen sie hohe Steigerungsraten für die Welthandelsmengen (zwischen 10 % bei Weizen und über 150 % bei Rindfleisch) und die Weltmarktpreise (zwischen 10 und 20 %). Die regionale Verteilung der Wohlfahrtsgewinne wird sehr unterschiedlich ausfallen. Die Nettoimporteure unter den Entwicklungsländern vor allem in Asien und Afrika werden durch steigende Weizen- und Maispreise negative Effekte haben. Lateinamerika wird von den Marktausdehnungen für Rindfleisch und Zucker erheblich profitieren. Gewinner werden die Industrieländer wie USA, Kanada und Australien sein, allerdings zu Lasten der EG.

Das neueste Szenario präsentierte die *OECD* mit der schon erwähnten Studie »National Policies and Agricultural Trade« 1987 (OECD 1987). Im Gegensatz zu den vorhergehenden Szenarien wendet die OECD-Studie zur Messung von Liberalisierungsfortschritten nicht das Konzept der Nominalen-Protektionsrate an (s. Kasten Kap. 3.3.), sondern das im Rahmen der GATT-Verhandlungen wichtig gewordene Meßkonzept des PSE. Eine angenommene Liberalisierung um 10% des (PSE) gesamten Stützungsniveaus aller OECD-Länder wurde für 14 Produkte unter Einbeziehung der Wechselwirkungen hochgerechnet. Fünf Szenarien unterschiedlicher Verteilung der Protektionskürzungen der einzelnen Länder (bei gleichbleibender Gesamtreduzierung um 10%) wurden durchgespielt. Für fast alle Produkte außer Futtermitteln ergab sich eine Steigerung der Weltmarktpreise um wenige Prozent. Gleichzeitig sollen die Produktionsmengen im Rahmen von einem Prozent sinken. Der Produktionsrückgang wird bei den Produzenten stärker sein, bei denen die Subventionierung vorher höher war. Allerdings wird der Produktionsrückgang nicht gleichgewichtig erfolgen. Die Länder mit dem niedrigsten Subventionsniveau brauchen kaum Rückgänge zu befürchten. Sie werden zudem sehr stark von der Erhöhung der Weltmarktpreise profitieren. Die Veränderungen der Handelsvolumina werden erheblich über den Produktionsrückgängen liegen, da der Handelsanteil an der Produktion bei den meisten Produkten nicht sehr hoch liegt. Vor allem im Fleisch- und Zuckerbereich werden die OECD-Länder Verluste von über 20% ihres Handelsanteils hinnehmen müssen. Vom Rückgang des Produktionsvolumens werden besonders die EG, Japan, die skandinavischen Länder und die Schweiz betroffen sein.

Die Studien kommen in mehrerer Hinsicht zu ähnlichen Ergebnissen. Gemeinsam ist den Autoren die Einschränkung, daß infolge der Liberalisierung des Agrarhandels sowohl die Weltmarktpreise als auch die international gehandelten Mengen steigen werden. Hauptgewinner scheinen die OECD-Staaten mit derzeit geringem Protektionsniveau zu sein. Die EG, Japan und die nordischen Länder werden größere Verluste hinnehmen müssen.

Bei den Entwicklungsländern werden die Gewinne und Verluste regional sehr stark divergieren. Gewinnen werden die lateinamerikanischen traditionellen Agrarexporteure vor allem im Handel mit Fleisch und Zucker. Die Nettoimporteure müssen zum Teil empfindliche Wohlfahrtseinbußen auf Grund höherer Preise für Nahrungsmittelimporte verkraften. Dies wird vor allem Länder in Asien und Afrika betreffen.

Gemeinsam ist den Studien ein Modellcharakter, der davon ausgeht, daß die Höhe des landwirtschaftlichen Preises maßgeblich für die Entwicklungen auf den Agrarmärkten verantwortlich ist. Sinkende Preise oder verminderte Subventionen führen demnach zu reduzierter Produktion. Diese Bewertung der Lenkungsfunktion von Preisen läßt wichtige Entwicklungen unberücksichtigt. Die landwirtschaftliche Produktivität ist nicht allein auf Grund hoher, gestützter Preise gestiegen. Technologische Modernisierung hat diese Entwicklung zu großen Teilen erst ermöglicht. Viele Bauern haben sich für die Anschaffung der Technologie hoch verschuldet. Der Amortisierungszwang sowie die Möglichkeiten intensiver Produktion werden die Bauern bei sinkenden Preisen und unter Bedingungen vollständigen Wettbewerbs nicht zur Produktionssenkung motivieren, sondern zur Kompensation der Einkommensverluste durch Ertragsintensivierung mit Hilfe der gegebenen technischen Möglichkeiten (de Hoogh 1987).

Keine der Studien berücksichtigt *soziale und ökologische Folgekosten* oder Aspekte der *Ernährungssicherung*. Die Strukturveränderungen in der Landwirtschaft der Industrieländer, wie Freisetzung von Arbeitskräften, Pflege brachliegender Flächen werden erhebliche soziale Folgekosten mit sich bringen. Ökologische Probleme fortgesetzter Intensivlandwirtschaft wie Grundwasser- und Bodenverschlechterungen sind kaum monetarisierbar. Gleiches gilt für die Berücksichtigung der Folgekosten für die Entwicklungsländer. Die Intensivierung der Zucker- und Fleischproduktion kann in Lateinamerika nur durch Rodungen des Regenwaldes oder durch weitere Vertreibung von Kleinbauern erfolgen.

Im Rahmen der Agrarverhandlungen der Uruguay-Runde kommt den Szenarien eine wichtige Funktion zu. Nicht zufällig erwachte vor Beginn der GATT-Runde ein lebhaftes Interesse unter Ökonomen und Agrarökonomen an Szenarien über Verteilungseffekte von Liberalisierungsmaßnahmen im Agrarhandel. Die Studien sollen den vermuteten Gewinnern bei den Verhandlungen den Rücken stärken. Die von der OECD in Auftrag gegebene Studie weist für die exportierenden Industrieländer große Wohlfahrtseffekte infolge internationaler Handelsliberalisierungen im Agrarbereich aus. Dabei belegt sie explizit die negativen Auswirkungen des Protektionismus der Industrieländer. Der EG, Japan und den nordischen Ländern wird es in der Folge schwerfallen, Argumente zur Unterstützung ihrer Schutzmaßnahmen bei den Verhandlungen geltend zu machen.

Die Szenarien im Auftrage der Weltbank sind bemüht, Wohlfahrtseffekte einer Handelsliberalisierung für alle Länder, Industrie- wie Entwicklungsländer, nachzuweisen. Die Vorteile einer weltweiten Agrarliberalisierung sollen den Entwicklungsländern schmackhaft gemacht werden. Die Szenarien betonen die Notwendigkeit der Entwicklungsländer zu internen Reformen der Agrarpolitik, um Anteil an den erwarteten internationalen Wohlfahrtseffekten nehmen zu können. Offeriert wird ein Entwicklungsweg, der auf Exportwachstum als Motor der Entwicklung setzt und alle Ansätze von Import-Substitutionspolitik, alle Ansätze zum Binnenmarktschutz sowohl im industriellen wie im agrarischen Bereich als Fehler brandmarkt. In seiner Bewertung der Liberalisierungsbemühungen von Weltbank, OECD und GATT, schreibt Dixon Fyle, afrikanischer Wissenschaftler bei den Vereinten Nationen: »Dieser Laisser-faire-Ansatz wird die vorhandenen Freiräume für Politikoptionen und Maßnahmen der Regierungen der Dritten Welt stark einschränken. Wenn darauf bestanden wird, daß die einheimischen Währungen fast unbegrenzt abgewertet werden, die Importe liberalisiert werden und die Exportpolitik forciert wird, heißt das praktisch, den notwendigen Schutz für eine sich entwickelnde Industrialisierung aufzugeben und die Souveränität einer nationalen Gesetzgebung über ausländische Investitionen und Anreizsysteme im Lande außer Kraft zu setzen« (Zitat nach Buntzel 1988).

## 4.4 Resümee: Was steht bei den Agrarverhandlungen für die Landwirtschaft auf dem Spiel?

Spätestens seitdem der Zweikampf zwischen den USA und der EG anläßlich der *GATT-Halbzeitkonferenz* erkennen ließ, daß die beiden führenden Weltagrarhandelsmächte gewillt sind, bei einer fortbestehenden Uneinigkeit in der Frage der Agrarsubventionen die gesamte GATT-Verhandlungsrunde zum Scheitern zu bringen, schweben die Konflikte um eine Neuordnung der internationalen Agrarbeziehungen wie ein Damoklesschwert über der Uruguay-Runde, die ja mit den Themen des Dienstleistungshandels oder des Textilhandels durchaus weitere Probleme von höchster weltwirtschaftlicher Brisanz zu bewältigen hat. Da der Agrarstreit nunmehr zur Schicksalsfrage der Uruguay-Runde gerät, werden auch die Stimmen von wirtschaftlichen Interessengruppen in der EG lauter, die vor den gesamtwirtschaftlichen Folgen der Unversöhnlichkeit in einem ihres Erachtens eher marginalen Problemfeld warnen. Die Hartnäckigkeit, mit der die EG ihre Agrarpolitik zu verteidigen sucht, ist insbesondere den Industrieverbänden unverständlich. Angesichts der Auswirkungen, die der Agrarkonflikt mit den USA für das gesamte handelspolitische Klima nach sich zieht, verlangen sie mehr Flexibilität von der EG in den GATT-Agrarverhandlungen. So gerät die EG-Agrarpolitik mehr und mehr unter Legitimationsdruck, der es zuletzt leicht machen wird, weitere Agrarpreissenkungen und schwerwiegende Kürzungen der Binnenmarktsubventionen für die Landwirtschaft als unumgänglich gewordenes Entgegenkommen gegenüber den Liberalisierungsforderungen der USA im gesamtwirtschaftlichen Interesse zu verkaufen. Daß die EG-Kommission seit Montreal die Bereitschaft zu bedeutenden Subventionskürzungen signalisiert, nachdem zunächst nur von einem Einfrieren der Agrarsubventionen die Rede war, deutet die zukünftige Strategie an, die marktwirtschaftliche Reform der EG-Agrarpolitik unter dem Deckmantel handelspolitischer Sachzwänge voranzubringen.

Trotz der derzeitigen Verhandlungsengpässe in der GATT-Uruguay-Runde steht so um so mehr zu befürchten, daß sich letztlich die Falken der Liberalisierungsidee durchsetzen und das gesamte Spektrum der Agrarsubventionen und des Agrarschutzes (Exportsubventionen, Binnenmarktsubventionen, Einfuhrbeschränkungen) der Liberalisierungsforderung unterworfen wird. Die vorläufige Übernahme des Berechnungsmodus der Stützungsäquivalente (PSE) deutet bereits in diese Richtung. Sollten unter dem Vorzeichen der Handelsliberalisierung auch Möglichkeiten einer regionalen Agrarförderung und des selektiven Agrarprotektionismus unter ein

GATT-Verdikt fallen, stünden der Landwirtschaft im internationalen Maßstab große Veränderungen bevor.

Für die Entwicklungsländer stehen Entscheidungen über zukünftige Entwicklungsmodelle auf dem Spiel. Die Studien im Auftrage der Weltbank versuchten – trotz tatsächlich aufgezeigter negativer Folgen einer Liberalisierung im Agrarbereich für Entwicklungsländer – zu belegen, daß ein Entwicklungsmodell des Exportwachstums den Entwicklungsländern größtmöglichen Vorteil im Falle einer Handelsliberalisierung bieten würde.

Die weitgehende Liberalisierung schließt den Abbau der Sonderregelungen des GATT-Vertragswerkes für Entwicklungsländer mit ein. Die in der CAIRNS-Group zusammengeschlossenen Entwicklungsländer wollen allerdings trotz weitgehender Liberalisierung der Agrarhandelsbeziehungen die Sonderrechte für Entwicklungsländer auch weiterhin gewahrt sehen. Die Liberalisierungsforderungen betreffen darüber hinaus Sonderrechte und Bestimmungen, die den Entwicklungsländern aus anderen Verträgen, wie der EG-Lomé-Konvention zustehen. Gesonderte Präferenzen für bestimmte Ländergruppen haben für nicht beteiligte Länder Protektionscharakter. Die Nettoimporteure unter den Entwicklungsländern fürchten, durch ein Ansteigen der Weltmarktpreise um ihre günstigen Einkaufsmöglichkeiten gebracht zu werden.

Zur Disposition stehen aber vor allem Spielräume zukünftiger landwirtschaftlicher Entwicklungswege. Fallen die Möglichkeiten, agrarpolitische Schutzmaßnahmen zur Förderung nationaler Selbstversorgung mit Nahrungsmitteln zu treffen, werden die ländlichen Räume den Verwertungsbedingungen des internationalen Agrobusiness unterworfen werden. Nur industrialisierte, an die Bedingungen und Produktbedürfnisse des Weltagrarmarktes angepaßte Landwirtschaft wird im weltweiten Konkurrenzkampf Wettbewerbsvorteile erreichen können.

Viele Regierungen von Entwicklungsländern bedauern diesen Prozeß nicht, denn zur weiteren Verfolgung ihres Entwicklungsweges sind sie auf Handelsgewinne durch Exportproduktion angewiesen. Von einem verbesserten Marktzugang zu den Binnenmärkten der Industrieländer versprechen sie sich bessere Exportchancen.

Die Erwartungshaltungen an die zukünftige Regulierung der Agrarhandelsbeziehungen sind auch in der EG ausgesprochen unterschiedlich. Die Reformpolitiker in der EG setzen auf einen international abgestimmten maßvollen Abbau von Subventionen. Neben der Entlastung der Haushaltskassen erhoffen sie sich einen Strukturwandel, der eine international konkurrenzfähige Landwirtschaft in der EG entstehen läßt. Sie präferieren einen Subventionsabbau über Preissenkungen, der auch im weitgehenden Konzept der Subventionsäquivalente (PSE) möglich wäre, da dieses Konzept die Art des Stützungsabbaus den einzelnen Ländern überläßt.

Eine weitgehende Liberalisierung der Agrarmärkte wird vor allem kleinere Betriebe in benachteiligten Gebieten betreffen. Sie werden Preissenkungen größeren Ausmaßes nicht verkraften können. Betroffen sein werden auch Verbraucher, die unter den Folgen international harmonisierter lebensmittelrechtlicher Vorschriften um die Qualität ihrer Nahrungsmittel fürchten müssen. Betroffen sein wird auch die Umwelt. Preissenkungen in Verbindung mit Flächenstillegungen werden unproduktive aber mit geringer Intensität genutzte Flächen aus der Produktion drängen. International konkurrenzfähige Manager der Landwirtschaft müssen unter Optimierung aller Produktionsfaktoren hohe Erträge erwirtschaften.

Eine Argumentation, die die weitgehende Liberalisierung des Agrarhandels ablehnt, setzt sich der Gefahr aus, ins offene Messer zu laufen. Zu gerne und zu oft haben landwirtschaftliche Interessengruppen Schutzforderungen unter dem Deckmantel nationaler Interessen zur Sicherung eigener Pfründe genutzt. Die subventionsgestützten Agrarexporte haben in großem Maße Anteil am Zusammenbruch vieler Weltmarktpreise. Mit aggressiver Exportpolitik versucht die EG, internationale Absatzmärkte zu erschließen. Mit billigen Dumpingpreisen ruiniert sie so manchen Bauern in der Dritten Welt. Ein regionaler Austausch von Mangel- und Überschußgebieten z.B. in Afrika kann nicht stattfinden, da die USA und die EG sich in einem mörderischen Preiskampf auf den Weltmärkten unterbieten und andere Anbieter aus dem Rennen werfen. Handelsbarrieren und selektive Importmöglichkeiten auf den Binnenmarkt der EG zwingen seit Jahren vor allem Anbieter aus der Dritten Welt, sich auf die Schlupflöcher der gemeinsamen Agrarpolitik einzustellen. Nach wie vor haben verarbeitete Agrarprodukte kaum Zugang zu den Märkten der EG. Das hohe Ungleichgewicht zwischen einigen besonders geschützten und anderen ungeschützten Märkten der EG führt zu Verzerrungen der internationalen Agrarpreisstruktur.

Gründe genug für eine Reform der gemeinsamen Agrarpolitik, die vor allem auf Exportsubventionen verzichtet. Die bedeutenden Handelsmächte müssen ihre Verantwortung für eingeleitete Strukturveränderungen in den Entwicklungsländern übernehmen. Ganze Regionen in der Dritten Welt haben sich auf die Produktion von Gütern eingestellt, für die die Agrarpolitik der großen Handelsmächte Märkte offen gelassen und die Preise nicht gänzlich destabilisiert hat.

Unsere Argumente für den Erhalt von Möglichkeiten zu einer regional differenzierten Agrarpolitik sollen nicht mit Rechtfertigungen agrarpolitischer Maßnahmen der ökonomisch mächtigeren Handelsnationen vertauscht werden, die ausschließlich zur Sicherung ihrer Interessen Strukturen und Bedingungen weltweiter Landwirtschaftsentwicklung beeinflussen. Weder die zweifelhafte Begründung solcher protektionistischer Maßnahmen aus Gründen nationalen Schutzes, noch Forderungen nach weitgehender Liberalisierung, geben einen entwicklungs- und agrarpolitisch wünschenswerten Rahmen für internationale Agrarentwicklung ab.

Das wesentliche Problem der gegenwärtigen Weltagrarbeziehungen ist die Überproduktion in den Industriestaaten und die Zerstörung der Nahrungsmittelproduktion in vielen Entwicklungsländern. Eine Neuorientierung der internationalen Agrarbeziehungen muß versuchen, die Produktion in den Industrieländern gleichgewichtig zu reduzieren und die Produktionsbedingungen für Nahrungsmittel in den Entwicklungsländern zu verbessern. Beide Aufgaben liegen gar nicht soweit auseinander, wie es im ersten Moment erscheinen mag. Allerdings bieten weder der freie Markt noch nationale Alleingänge Lösungsmöglichkeiten an. Notwendig sind internationale Absprachen und der Schutz nationaler agrarpolitischer Anstrengungen zur Sicherung einer eigenständigen regional orientierten Versorgung.

Forderungen nach internationalem Freihandel, die Möglichkeiten nationaler Agrarpolitik negieren, schießen weit über das Ziel hinaus. Die Voraussetzung zur Verwirklichung der komparativen Kostenvorteile (d.h. die Existenz von gleichberechtigten Konkurrenten auf den Weltagrarmärkten – und nicht nur dort) ist ökonomische Illusion. Soziale und ökologische Belange erfordern einen Schutz benachteiligter Gebiete. Eine Modernisierung, die in großem Ausmaße Menschen zur Landflucht zwingt, die die ökologischen Grundlagen ihrer eigenen Produktion in Frage stellt, bietet keine Perspektive. Die auf technische Modernisierung und fortgesetztes Produktivitätswachstum setzende Agrarpolitik ist längst an ihre Grenzen gestoßen. Freihandelstheoretische Wiederbelebungsversuche oder gen- und biotechnologische Dopingmittel sind nicht mehr als kosmetische Operationen an einer nicht mehr tragfähigen Nutzungsidee von Mensch und Natur.

# 5. Perspektiven einer international verträglichen Agrarhandelspolitik

Die in den beiden vorangegangenen Kapiteln erläuterten und diskutierten Verhandlungspositionen zum Agrarbereich, die von den einflußreichsten GATT-Vertragsparteien in die laufende GATT-Runde eingebracht werden, repräsentieren längst nicht das gesamte Spektrum der Positionen, die sich zur Neuverhandlung der internationalen Agrarbeziehungen im GATT artikulieren. In den letzten Monaten haben eine ganze Reihe von agrar- und entwicklungspolitischen Organisationen wie auch die Kirchen zu den Agrarverhandlungen im GATT Stellung genommen. Gemeinsam ist ihnen das Anliegen, die nationalstaatliche Interessenpolitik, die in den Regierungspositionen zum Ausdruck kommt, zu überwinden und länderübergreifend den Interessen der ländlichen Bevölkerungsgruppen Gehör zu verschaffen, die im GATT weder Stimme noch Fürsprecher haben. Wir dokumentieren im folgenden zum Teil in Auszügen, zum Teil vollständig, die wichtigsten Stellungnahmen und Erklärungen zu den GATT-Agrarverhandlungen, die seitens der Nichtregierungsorganisationen und der Kirchen in Europa, den USA und der Dritten Welt formuliert wurden. Die hier vorgestellten Stellungnahmen erkennen in der Regel die Bedeutung des GATT als eines internationalen Forums zur Regulierung von Handelskonflikten an, sie widersprechen jedoch entschieden, zumindest für den Fall des Agrarbereichs, dem Grundgedanken des GATT, eine Ausweitung, Intensivierung und Liberalisierung des Welthandels könnte unter den derzeitigen Bedingungen allen Beteiligten und Betroffenen gleichermaßen von Nutzen sein. Zugleich bringen sie zum Ausdruck, daß in einer vernetzten Welt die Forderungen nach einer ökologisch angemessenen Landwirtschaft, nach sozialer Gerechtigkeit für die Landbevölkerung und nach einer international verträglichen Agrarhandelspolitik nicht auseinanderdividiert werden dürfen. Entsprechend repräsentieren diese Stellungnahmen in ihrer Gesamtschau ein neues soziales Bündnis, das agraroppositionelle Bauernorganisationen bei uns wie in der Dritten Welt und kritische Verbraucherinitiativen, Umweltverbände und Dritte-Welt-Aktionsgruppen, Nichtregierungsorganisationen und kirchliche Initiativen umfaßt.

## 5.1 Interview mit Jaime Tadeo, Vorsitzender der philippinischen Kleinbauernbewegung

*Anläßlich einer Reise von Vertretern der philippinischen Bauernorganisation KMP durch die Bundesrepublik Deutschland im September 1988, konnten wir ein Interview mit Jaime Tadeo, dem Führer der KMP, über mögliche Auswirkungen der internationalen Agrarverhandlungen auf die Landwirtschaft der Philippinen führen. Die* fortschreitende Militarisierung auf den Philippinen, die Zunahme von persönlichen Bedrohungen, Folter und Mord, haben dazu geführt, daß oppositionelle Arbeit oft nur unter Lebensgefahr möglich ist. Jaime Tadeo steht auf Grund seines Einsatzes für die Kleinbauern, Pächter und Landlosen im Rahmen der Arbeit der KMP auf Platz 4 der inoffiziellen Todeslisten der paramilitärischen Gruppen der Philippinen.

Die KMP ist die führende Organisation der philippinischen Bauernopposition und hat zur Zeit etwa 800 000 Mitglieder.

**Frage:** Welche Bedeutung haben Ihrer Meinung nach die Agrarverhandlungen der laufenden GATT-Verhandlungsrunde für die Agrarpolitik auf den Philippinen? Erwarten Sie Auswirkungen für die Landwirtschaft Ihres Landes?

**Tadeo:** Im Zusammenhang mit diesen Verhandlungen möchten wir auf die negativen Folgen einer Agrarhandelsliberalisierung sowohl für die Landwirtschaft der Philippinen als auch für die anderen Länder der Dritten Welt hinweisen. Die Philippinen importieren z.B. Reis aus anderen Ländern, vor allem den USA und benachbarten asiatischen Ländern, anstatt mit diesem Geld die Preise für den Anbau eigener Sorten staatlich zu subventionieren. Dies hat den negativen Effekt, daß die Preise für eigene Sorten weiter gedrückt werden und die Überlebensfähigkeit von Kleinbauern und Pächtern ruiniert wird.

Zudem wird dadurch unser Handelsbilanzdefizit vergrößert, das auch seit dem Weggang von Marcos wächst. Auf Grund des kolonialen Charakters unserer Wirtschaft verzeichneten die Philippinen in den Jahren von 1972–1982 ein Handelsbilanzdefizit von 11 Mrd. US-$. Das Handelsbilanzdefizit betrug 1986 nur 202 Millionen US-$. 1987 stieg es auf 1,72 Mrd. US-$ und allein in den ersten fünf Monaten von 1988 erreichte es 442 Millionen US-$. Dieses Handelsbilanzdefizit hat Auswirkungen auf die Kleinbauern, weil es zum Wachstum der Auslandsverschuldung beiträgt. Die Auslandsverschuldung verschlingt 60% unserer Exporteinnahmen und 40–47% des Staatshaushalts, Geld, das anstelle der Verwendung für Schuldendienst und Militär, zur Durchführung der Landreform hätte genutzt werden können.

**Frage:** Würden Sie bessere Exportchancen für Produkte der philippinischen Landwirtschaft einfordern durch Liberalisierungen und verbesserten Marktzugang zu den Binnenmärkten der Industrieländer, z.B. der EG oder der USA? Könnte dies zur Lösung der Probleme der philippinischen Landwirtschaft beitragen?

**Tadeo:** Ja, es könnte helfen, z.B. hinsichtlich Preissteigerungen für Kokosnußprodukte. Aber unser vorrangiges Streben ist es, nicht auf dem Weltmarkt zu konkurrieren, sondern unsere Landwirtschaft zur Befriedigung der Bedürfnisse des Binnenmarktes und einer wachsenden Bevölkerung zu entwickeln. Ein verstärktes Engagement auf dem Weltmarkt hätte dagegen negative Auswirkungen für Bauern in anderen Ländern, da wir unsere Produkte, infolge unserer niedrigen Arbeits- und Produktionskosten, wesentlich billiger anbieten könnten.

Für uns ist es ganz wesentlich, eine Neuorientierung unserer Landwirtschaft anzustreben, weg von der Exportorientierung, die von der Regierung zur Zeit verfolgt wird.

## 5.2 Position der Agraropposition

*Die folgende Resolution wurde auf einem internationalen Bauernkongreß verabschiedet, der im Juni 1988 in Brainerd/Minneapolis stattfand. 150 Repräsentanten von Bauernorganisationen aus Japan, Kanada, den USA und der Europäischen Gemeinschaft berieten hier über Fragen des Weltagrarhandels. Die Resolution wurde den am gleichen Tagungsort angereisten Handelsministern von Japan, Kanada, den USA und der EG überreicht.*

An die Handelsminister der Vereinigten Staaten, Kanadas, Japans und der Europäischen Gemeinschaft

Landwirtschaftliche Produzenten aus allen Ihren Ländern haben sich getroffen, um nach dauerhaften und gerechten Lösungen für die Agrarhandelskonflikte zu suchen, die die Beziehungen zwischen unseren Staaten beeinträchtigen. Wir haben erkannt, daß die Gemeinsamkeiten zwischen uns die Unterschiede bei weitem überwiegen und daß viele der derzeitigen Agrarhandelsprobleme nicht in konkurrierenden Interessen zwischen uns als Bauern in verschiedenen Ländern begründet liegen, sondern vielmehr durch die Handlungen unserer Regierungen verursacht sind, die versuchen, falsche Ziele zu verwirklichen. Wir möchten Sie dringend darum bitten, Ihre Verhandlungen und Entscheidungen auf die folgenden Prinzipien zu stützen, die ein besseres Marktgleichgewicht und stabile Preise für Agrargüter auf Weltebene gewährleisten:

1. Agrarpolitische Probleme innerhalb eines Landes müssen durch Veränderungen in der nationalen Politik gelöst werden und nicht dadurch, daß man deren Last den Bauern in anderen Ländern aufbürdet. Die Idee, daß der Wohlstand von Bauern einfach durch eine Ausweitung des Handels erreicht werden könnte, ist sowohl falsch als auch irreführend.
2. Die Länder sollten angemessene Maßnahmen ergreifen, um zu verhindern, daß landwirtschaftliche Erzeugnisse unter ihren Produktionskosten verkauft werden. Zu diesem Zweck sollten gemeinsam Weltmarktreferenzpreise vereinbart werden, die sich nach den Produktionskosten richten.
3. Handelsverhandlungen sollten sich darauf konzentrieren, Handelskonflikte zwischen den Ländern zu lösen; sie sollten nicht dazu gebraucht werden, andere Länder zu Veränderungen ihrer nationalen Agrarpolitik zu zwingen.
4. Es besteht die dringende Notwendigkeit, kurzfristige Maßnahmen zu ergreifen, die die gegenwärtige Situation landwirtschaftlicher Märkte verbessern. Der internationale Handel mit den wichtigsten landwirtschaftlichen Waren muß auf folgenden Prinzipien gründen: geordnete Märkte, garantierte Mindestpreise, gemeinsam unterhaltene Ausgleichslager und Angebotssteuerung durch die Überschuß produzierenden Länder.
5. Die Bedürfnisse nach Ernährungssicherung aller Länder, insbesondere der Entwicklungsländer, müssen das wichtigste Anliegen aller Handelsvereinbarungen sein. Dies beinhaltet das Recht aller Staaten, jenes Niveau der Ernährungssi-

cherheit zu erreichen, das sie jeweils entsprechend ihren Gegebenheiten als notwendig erachten.
6. Langfristige ökologische Erwägungen müssen sowohl in Erwägungen der nationalen Agrarpolitik als auch bei Handelsverhandlungen eingeschlossen werden.
Brainerd, Juni 1988

Koordination: Institute for Agriculture and Trade Policy, PO BOX 8445, Minneapolis, MN 55408, USA

## 5.3 Position der Nichtregierungsorganisationen in der Entwicklungszusammenarbeit

### Stellungnahme des Liaison Committee of Development NGO's to the European Communities

*Das Liaison Committee of Development NGO's to the European Communities mit Sitz in Brüssel ist der Verbindungsausschuß der Nichtregierungsorganisationen der Entwicklungszusammenarbeit innerhalb der Europäischen Gemeinschaft, der die Aufgabe hat, zwischen den regierungsunabhängigen Hilfswerken und entwicklungspolitischen Organisationen und den offiziellen Institutionen der EG insbesondere in Fragen der EG-Entwicklungspolitik zu vermitteln. Im Juli 1988 legte das Liaison Committee eine Stellungnahme unter dem Titel »GATT and the agricultural crisis« vor, aus der wir Auszüge dokumentieren:*

1. Präambel

Es gibt eine Reihe von Fragen, die auch die Anliegen der NGO's betreffen, die nun in den GATT-Verhandlungen auf dem Spiel stehen und die wesentlich für die landwirtschaftliche Entwicklung und den Kampf gegen den Hunger in der Welt sind; dazu zählen:
- die Erreichbarkeit der Ernährungssicherung um jeden Preis, die ein angemessenes Niveau der Nahrungsmittelselbstversorgung beinhaltet,
- das Recht eines jeden Landes, sein eigenes Niveau der Nahrungsmittelselbstversorgung festzulegen und seine eigene Agrarpolitik zu bestimmen,
- eine ausreichende Zahl von Bauern in den Industrieländern zu bewahren und Bauern in den Entwicklungsländern zu unterstützen,
- die ländlichen Einkommen zu erhöhen, unter anderem durch die Förderung der Verarbeitung von landwirtschaftlichen Rohstoffen.
(...)

## 6. Schlußfolgerungen:

A. Die Vertragsparteien des GATT sollten das Recht eines jeden Landes aufrecht erhalten, das eigene Ausmaß der Nahrungsmittelselbstversorgung (self-Reliance) und der Ernährungssicherung selbst zu bestimmen. Dies beinhaltet den Schutz der einheimischen Erzeuger vor billigen Nahrungsmittelimporten und das Recht eines jeden Landes, seine eigene Agrarpolitik im Rahmen internationaler Vereinbarungen durchzuführen.

B. Der Export darf nicht zu Preisen erlaubt werden, die unter den Produktionskosten im Exportland liegen. Exportsubventionen sollten auslaufen. Die GATT-Regeln über das Export-Dumping sollten von Industriewaren auf Agrarhandelsgüter ausgeweitet werden. Sie sollten Mindestgarantien beinhalten, die gerechte Erzeugergewinne widerspiegeln. Spezielle Hilfen aus Mitteln der Entwicklungszusammenarbeit könnten für die ärmsten nahrungsmittelimportierenden Länder gewährt werden, um die Folgen höherer Weltmarktpreise zu kompensieren.

C. Überschußproduzierende (OECD)-Länder sollten darin übereinkommen, mit gemeinsamen Schritten ihre Produktion zu vermindern und die Überschüsse kontinuierlich abzubauen.

D. Nahrungsmittelimportierende (Entwicklungs-)Länder haben das Recht, Anti-Dumping-Vorkehrungen zu treffen. Dies beinhaltet Einfuhrbeschränkungen gegenüber billigen Nahrungsmittelimporten und Steuern, um den Konsum von importierten Nahrungsmitteln zu begrenzen, vorausgesetzt, daß diese Maßnahmen dazu dienen, ein Mindestmaß an Nahrungsmittelselbstversorgung hinsichtlich der Grundnahrungsmittel zu erreichen. (. . .)

E. Das GATT sollte die Art und Weise respektieren, in der jedes Land seine Angebotssteuerung, die Überschußkontrolle und die Selbstversorgung organisiert, wobei den ärmsten Entwicklungsländern der Zugang zu den wichtigsten Märkten garantiert werden muß. Art. XI des GATT, der mengenmäßige Importbeschränkungen verbietet, sollte beibehalten und gestärkt werden, um ein entsprechendes Programm zu unterstützen (vorausgesetzt, daß seine Anordnung für die Entwicklungsländer nicht schädlich ist).

F. Lineare Zollsenkungen sind keine Lösung, da die Notwendigkeit von Schutzmaßnahmen von Produkt zu Produkt unterschiedlich ist. Die Industrieländer sollten den Zugang von tropischen Produkten zu ihren Märkten erleichtern. Sie sollten ebenfalls Entwicklungsländern einen bevorzugten Zugang zu ihren Märkten verschaffen, die über eine bäuerlich geprägte Exportstruktur verfügen. Insbesondere sollten hierbei die Zölle für verarbeitete Agrarerzeugnisse gesenkt werden (vorausgesetzt, daß deren Export nicht nachteilig für die einheimische Versorgung ist).

G. Vor jedem Verhandlungsergebnis sollte das GATT genauestens analysieren, welche Folgen seine Beschlüsse auch für die ärmsten Entwicklungsländer (LDCs) haben, unabhängig davon, ob sie nun Mitglieder des GATT sind oder nicht. Diese LDC's sollten in die Lage versetzt werden, vom Allgemeinen Präferenzsystem zu profitieren (. . .) und ihre Exporte an verarbeiteten Agrarerzeugnissen sollten von den Industrieländern bevorzugt werden.

H. Der Grundsatz, Exporte unterhalb der Produktionskosten zu unterbinden, muß ergänzt werden durch:

- das Erfordernis einer umfassenden Berechnung der Produktionskosten, einschließlich der Kosten des Bodens, der Arbeit, des Kapitals etc.;
- die Notwendigkeit, das internationale Währungssystem zu stabilisieren.

Brüssel, Juli 1988

Liaison Committee c/o NCOS-CNCD,
rue de Laeken 76, 1000 Bruxelles, Belgien

## Resolution des deutschen NRO-Netzwerkes

*Die Arbeitsgemeinschaft NRO-Netzwerk ist ein Zusammenschluß von entwicklungspolitisch engagierten Nichtregierungsorganisationen. Sie entstand im Oktober 1986 auf einer Klausurtagung in der Evangelischen Akademie Bad Boll. Zum Initiatorenkreis der Arbeitsgemeinschaft gehören Brot für die Welt, Deutsche Welthungerhilfe, terre des hommes, Misereor, Evangelische Zentralstelle für Entwicklungshilfe, Deutsche Gesellschaft für die Vereinten Nationen, Arbeiterwohlfahrt, epd-Entwicklungspolitik, Evangelische Akademie Bad Boll, medico international und der Bundeskongreß entwicklungspolitischer Aktionsgruppen. Die folgende Resolution zum EG-Gipfel im Juni 1988 in Hannover wurde auf einer gemeinsamen Pressekonferenz mit den Unterzeichnern der Erklärung »Für eine sozial, ökologisch und international verträgliche Landwirtschaft« vorgestellt (vgl. 5.5):*

Zum Schutze der Dritten Welt und von Strategien zur Sicherung der Ernährung sprechen sich die Nichtregierungsorganisationen der Entwicklungszusammenarbeit in der BRD gegen den Versuch aus, international den Agrarhandel vollständig zu liberalisieren, da davon nur die leistungsstärkeren Staaten, Agrarregionen und Großbetriebe profitieren werden.

Durch eine vollständige Liberalisierung werden weltweit auch alle jene nationalen landwirtschaftlichen Bemühungen zunichte gemacht, die durch gezielte Schutz- und Fördermaßnahmen Kleinbauern unterstützen, gewachsene Sozialstrukturen, Landschaften und ökologische Belange berücksichtigen und den Schutz von Verbrauchergruppen und nationale Ernährungssicherungsstrategien ermöglichen.

Der Druck der großen Agrarexportländer, den Agrarhandel zu liberalisieren, darf von der EG nicht intern zur Durchsetzung von Preissenkungen genutzt werden. Eine Reform der Agrarpolitik, die versucht, mittels Preissenkungen das eigene Haushaltsproblem zu lösen und die internationalen Kritiker zu beruhigen, führt zu keinen entwicklungspolitischen Entlastungen des Handels, da die EG ihre Exportoffensive bei geringeren Subventionen beibehalten kann.

Die Binnenmärkte in den Ländern der Dritten Welt sind durch die Billigimporte aus der EG in Mitleidenschaft gezogen. Markt- und Preisgefüge sind destabilisiert, Produktionsanreize für die einheimischen Bauern nachhaltig zerstört, und die Ernährungsgewohnheiten der kaufkräftigeren städtischen Bevölkerungsschicht haben sich verändert. Die allgemeine Nahrungsmittelhilfe (nicht die Not- und Katastrophenhilfe) der EG erfüllt dabei allzuoft die Funktion, neue Märkte für Agrargüter und -technologien der EG zu erschließen.

Die in der Arbeitsgemeinschaft NRO-Netzwerk zusammenarbeitenden Organisationen sind in der Entwicklungszusammenarbeit oft mit den negativen Auswirkungen der Agrarexportstrategien der Industrieländer konfrontiert. Sie appellieren an alle Länder, auf den subventionsgestützten Dumpingwettlauf um Weltmarktanteile zu verzichten. Der Hauptadressat unserer Forderungen ist allerdings die EG.

Im Zusammenhang mit den laufenden GATT-Verhandlungen fordern die in der Arbeitsgemeinschaft zusammengeschlossenen Organisationen von der EG:

1. Wir fordern die EG auf, sich auf die Einführung strenger Regeln für die Gewährung von Exportsubventionen einzulassen und sich mit einem daraus resultierenden Rückzug als wichtiger Exporteur von vielen Weltagrarmärkten abzufinden. Alle direkten und indirekten handelsrelevanten Subventionen, die darauf ausgerichtet sind, den Export zu fördern, müssen auslaufen.
2. Die EG muß sich gleichzeitig gegen jeden Versuch wehren, den Grad oder die Art interner landwirtschaftlicher Unterstützungspolitik zum Gegenstand handelspolitischer multilateraler Verhandlungen zu machen. Jeder Staat muß das Recht auf Durchführung einer eigenständigen Agrarpolitik haben, d.h. wichtige nationale Stützungen für die Landwirtschaft müssen möglich sein. Unsere Erfahrungen aus der Entwicklungszusammenarbeit belegen, daß Infrastrukturmaßnahmen, Sozialmaßnahmen, landwirtschaftliche Ausbildung und Beratung, direkte Unterstützungen zur Förderung der nationalen Landwirtschaft, unumgänglich sind, um eine ausreichende Ernährung aller Menschen auf ökologisch verantwortbarer Grundlage zu gewährleisten.
3. Die EG muß sicherstellen, daß bei den Verhandlungen über die Regelung konkreter Produkte nicht die differenzierte Behandlung der Entwicklungsländer verhindert wird. Hierzu gehören Möglichkeiten differenzierter Marktöffnung oder die Gewährung von speziellen Präferenzen entsprechend dem Lebensstandard des Landes.
4. Die Forderung der EG nach einem einheitlichen Protektionsgrad für alle Agrarprodukte beim eigenen Außenschutz (Einbeziehung der Ölsaaten und Getreidesubstitute in das Abschöpfungssystem) muß einhergehen mit der Anerkennung der Verantwortung für von ihr selbst eingeleiteten Strukturen der Weltmarktorientierung in den einzelnen Entwicklungsländern. Kompensationszahlungen für betroffene Bauern und eine Korrektur der Zolleskalation bei zunehmenden Verarbeitungsstufen sind notwendig.
5. Aus eigener Verantwortung für die negativen Folgen ihrer Agrarexporte muß sich die EG um den Abbau der Agrarüberschüsse bemühen, unabhängig von dem Erfolg der multilateralen Verhandlungen.

Hannover, Juni 1988

Arbeitsgemeinschaft NRO-Netzwerk, Haus Humboldtstein, am Humboldtstein, 5480 Remagen-Rolandseck

*Neben den im Initiatorenkreis mitarbeitenden Organisationen unterstützen folgende Organisationen diese Resolution:*
*Aktionsgemeinschaft Solidarische Welt; World University Service / Deutsches Komitee; Weltfriedensdienst; Hedrik-Kahun-Memorial Gesellschaft; Society for International Development / Arbeitsgruppe Bonn; Ökumenische Initiative Eine Welt; Adventistische Entwicklungs- und Katastrophenhilfe; Andheri-Hilfe Bonn; Eirene; Institut für internationale Begegnungen; Deutsche Entwicklungshilfe für soziales Wohnungs- und Siedlungswesen; AT-Verband zur Förderung sozial und umweltverträglicher Technologien; Kirchlicher Entwicklungsdienst Bayern; Dienste in Übersee.*

## 5.4 Position der Kirchen

### Erklärung der EECOD zu einer gemeinsamen Aktionsstrategie der Kirchen

*Die European Ecomenical Organisation for Development EECOD (bis 1986 unter dem Namen »Joint Task Force«) wurde im Anschluß an die Roehampton-Konferenz in London 1974 von Vertretern der römisch-katholischen, anglikanischen und protestantischen Kirchen in Europa als eine supranationale ökumenische Organisation gegründet, die als Informationskanal zwischen kirchlichen Institutionen in Europa und der Dritten Welt, nationalen Regierungen und der EG dienen soll und als Lobby für die ökumenischen Positionen der europäischen Kirchen in den Entscheidungsgremien der EG wirksam wird. Bei einem Treffen, das der Weltkirchenrat im August 1987 in Stuttgart einberufen hatte und das sich mit dem Thema »Die Globalisierung der Agrarkrise« auseinandersetzte, wurde EECOD die Aufgabe übertragen, eine technische Arbeitsgruppe der Kirchen einzuberufen, um die begonnene Diskussion auf Weltebene fortzuführen. Diese Arbeitsgruppe tagte in Washington im Januar 1988. Die im folgenden in Auszügen dokumentierte Erklärung ist Ergebnis dieses Treffens:*

### Für gerechtere internationale Handelsbeziehungen

Einer der wichtigsten strukturellen Gründe für die globale Agrarkrise ist das Weltsystem des Agrarhandels. Ungerechte Austauschverhältnisse, niedrige Erzeugerpreise – hervorgerufen durch Exportsubventionen und dem Druck der Überschüsse und die Landumnutzung von Nahrungsmittelproduktion auf Exportproduktion sind Beispiele von Verzerrungen, die durch dieses System hervorgerufen sind.

Die Regeln des Weltagrarhandels werden gerade als Teil der multilateralen Handelsvereinbarungen umgeschrieben. Diese Verhandlungen finden unter Schirmherrschaft des »Allgemeinen Abkommens über Handel und Zölle (GATT)« statt. Es ist ein Forum, um die bestehenden Handelskonflikte zur Sprache zu bringen und zu schlichten. Die GATT-Vereinbarungen werden gegenwärtig grundlegend neu verhandelt.

Bauern und Subsistenzbauern in fast allen Ländern werden durch die hier beschlossenen Vereinbarungen ganz wesentlich betroffen, entweder positiv oder negativ. Deshalb ist es entscheidend, daß sich die Kirchen in diesen Prozeß einschalten und die gegenwärtigen Verhandlungen in Partnerschaft mit Bauernorganisationen und anderen, die ihre Stimme erheben wollen, diskutieren und zur Rede bringen.

Wir sind der Meinung, daß alle Menschen und Staaten das grundlegende Recht haben, im Nahrungsmittelbereich eine weitgehende Selbständigkeit anzustreben. Deshalb schlagen wir die folgenden Prinzipien als Basis zur Einschätzung bzw. Entwicklung von Agrarhandelsvereinbarungen vor:

1. Die Handelsvereinbarungen dürfen keine grundlegend negativen Auswirkungen auf die Subsistenzproduzenten, die kleinen Marktproduzenten oder die Armen insgesamt haben.
2. Die Handelsvereinbarungen sollten die Selbstbestimmung der Völker unterstützen, in Sachen nationaler Agrarpolitik oder Ernährungspolitik eigenständige Ziele anzustreben. Das Recht, die einheimischen Produzenten vor Billigimporten zu schützen, ist hier eingeschlossen. Ebenfalls soll jedes Land das Recht haben, eigene Umweltgesetze und lebensmittelrechtliche Bestimmungen zu erlassen. Das einzige einschränkende Kriterium wäre, daß alle Länder die Verantwortung haben, Maßnahmen oder Auswirkungen zu verhindern, die die Wohlfahrt oder ökonomische Sicherheit von anderen Völkern beeinträchtigen.
3. Handelsvereinbarungen dürfen nicht zulassen, daß Erzeugnisse unter den Kosten der Produktion des Exportlandes exportiert werden. Die Importländer müssen das Recht und die Fähigkeit haben, sich durch Maßnahmen vor Dumpingmethoden zu schützen.
4. Die Handelsvereinbarungen sollten auch anstreben, daß die Importe zu Preisen erfolgen, die die vollen Produktionskosten decken, einschließlich Einkommensübertragungen an Produzenten und Landarbeitern, um ihnen das Überleben mit einem menschenwürdigen Lebensstandard zu ermöglichen.
5. Internationale Vereinbarungen über Referenzpreise, Marktanteile und Marktzugang sollten für spezielle arme Länder, die Entwicklungsstrategien verfolgen, um den Hunger wirklich zu bekämpfen, Sonderregelungen vorsehen.
6. Bei der Abfassung solcher Handelsvereinbarungen sollte die internationale Gemeinschaft die verschiedenen Modelle unterschiedlicher Völker hinreichend respektieren, angebotssteuernde Maßnahmen, Überschußabbau und Nahrungsmittelselbstversorgungsstrategien durchzuführen, die u.U. Importkontrollen und Preisregulierungen einschließen. Der Artikel 11 des GATT-Vertragswerks muß beibehalten und gestärkt werden, um sicherzustellen, daß die nationalen Programme der Angebotssteuerung, die im Augenblick existieren oder in Zukunft eingeführt werden, vernünftig funktionieren können.
7. Länder sollen darin unterstützt werden, die bestehenden Überschüsse in einer Art abzubauen, daß es sie die Weltagrarbeziehungen nicht durcheinanderbringen. Das Entstehen von Überschüssen in der Zukunft sollte möglichst verhindert werden.
8. Die internationale Gemeinschaft sollte in den Stand versetzt werden, internatio-

nale Nahrungsmittelreserven aufzubauen und zu halten, um die Ernährungssicherheit weltweit zu garantieren; die Lagerhaltung sollte dezentral auf regionaler oder nationaler Ebene erfolgen.
9. Die technische Arbeitsgruppe betont, daß die Schuldenrückzahlungsverpflichtungen von Staaten gegenüber der Verpflichtung, die Grundbedürfnisse für eine gesunde und menschliche Existenz sicherzustellen, sekundär sind. Die Länder sollten vorrangig Nahrungsmittel für die Notleidenden in ihren Ländern sicherstellen, bevor sie Nahrungsmittel exportieren.

Diese hier gemachten Vorschläge zielen insgesamt darauf hin, daß Handelsvereinbarungen die nationale Ernährungssicherheit im Süden stärken und gleichzeitig im Norden die Zunahme von Nahrungsüberschüssen stoppen, die für die Überschußdumpingpraktiken verantwortlich sind.

## Vorschläge an GATT

Die konkreten Vorschläge der Änderung der GATT-Regeln wären aus dem oben Gesagten die folgenden:
1. Die GATT-Regeln, die das Dumpen von Exporten verbieten, sollten dadurch gestärkt werden, daß sie auf landwirtschaftliche Güter ausgedehnt werden. Diese Regeln gibt es ja schon für industrielle Güter. Dazu könnte auch die Einführung von Minimum-Referenzpreisen gehören, die den Produzenten einen fairen Ertrag garantieren, einschließlich der Kosten um schöpfungsbewahrende Produktionsmethoden aufrecht zu erhalten.
2. Die GATT-Regeln, die quantitative Einschränkungen vorsehen (und unter dem Artikel 11 erscheinen) sollten verbessert werden, indem sie Vorsehung treffen, daß nationale Programme der Angebotssteuerung oder Überschußdrosselung vom Ausland ungehindert funktionieren können.

Zusätzlich zu diesen beiden Punkten müßte ausgehandelt werden, daß augenblicklich alle Exportsubventionen und -kredite eingefroren werden, wobei die Beseitigung der bestehenden Überschußlager in einer nicht störenden Weise berücksichtigt werden muß.

## Vorschläge an die Kirche und deren Aufgabe

Die gemeinsame technische Arbeitsgruppe der Kirchen über Strategien landwirtschaftlicher Produktion und Handel macht die folgenden Vorschläge an die Kirche:

Die Kirchen sind dazu aufgerufen, überzeugende Programme zur öffentlichen Bewußtseinsbildung durchzuführen, um über die akute Agrarkrise und ihre Ursachen im Norden und im Süden aufzuklären. Sie sollte deutlich machen, daß diese Agrarkrise neue Armut unter den Kleinbauern im Norden schafft und die Armut der sowieso schon verelendeten Bauern im Süden zuspitzt.

Die Kirchen sollten sich für das Recht eines jeden Staates einsetzen, eine eigenständige Agrarpolitik und Ernährungspolitik durchzuführen, solange diese politischen Programme nicht die Wohlfahrt oder Ernährungssicherheit von anderen beeinträchtigen. Die Kirchen sollten auch den Trugschluß von der angeblichen »Freien Markt-Lösung« offenlegen, die von einigen als Antwort auf die internationale Agrarkrise propagiert wird.

Washington D.C., den 27. Januar 1988
EECOD, 23, Avenue d'Auderghem, 1040 Bruxelles, Belgien

### Erklärung der Jury zur Berliner Anhörung

*Die kirchlichen Hilfswerke »Brot für die Welt« und »Misereor« haben in Zusammenarbeit mit den katholischen Landvolk- bzw. Landjugendverbänden während der Grünen Woche 1988 in Berlin eine Anhörung zum Thema »Überschüsse drängen auf den Weltmarkt – Markteroberung auf Kosten von Ernährungssicherheit?« durchgeführt. Experten und Interessenvertreter aus dem In- und Ausland waren als Gesprächspartner eingeladen. Die Stellungnahmen der Experten wurden von einer Jury gehört und gewertet. Sie kommt zu folgendem abschließenden Votum:*

Mit dem Erreichen der gesteckten Ziele einer verbesserten Marktversorgung produziert die EG ab Mitte der 70er Jahre zunehmend landwirtschaftliche Überschüsse auf wichtigen Agrarmärkten, wie z.B. Getreide, Zucker, Rindfleisch und Milch. Marktpolitik sowie naturwissenschaftliche, mechanische und organisatorische Fortschritte bedingten sich dabei gegenseitig und führten gemeinsam zu erhöhter Produktion. Die zunehmende Überschußproduktion zwang die EG-Politiker zu einer Exportoffensive, der in einzelnen Fällen auch gezielte Methoden der Markteroberung zugrunde lagen. Obwohl diese Exporte für den gemeinsamen Haushalt der EG enorme Kosten verursachten, stellen sie doch vielfach immer noch die billigste Form der Überschußverwertung dar.

Die Weltmarktanteile der EG stiegen in dieser Zeit beträchtlich, in erster Linie auf Kosten ihrer Konkurrenten in Industrieländern. Aber auch agrargüterexportierende Entwicklungsländer waren davon stark betroffen. Sie wurden teilweise von ihren Märkten verdrängt und die Preise wurden durch die EG-Angebote gedrückt. Die Bauern der Exportländer (darunter auch viele Dritte-Welt-Länder) wurden benachteiligt.

Nicht so eindeutig sind die Auswirkungen auf Entwicklungsländer, die in großem Ausmaß Nahrungsmittel auf dem Weltmarkt kaufen, wie z.B. viele schwarzafrikanische Staaten und Bangladesh. Durch das EG-Überangebot erhalten sie ihre Waren billiger und können dadurch Devisen sparen. Die billigen Importe verdrängen aber zum Teil die Eigenproduktion von den Binnenmärkten und schädigen so die eigenen Bauern. Nutznießer billiger Nahrungsmittelimporte sind vor allem die städtische Bevölkerung und die Industrie dieser Länder. Gerade in Afrika unterstützt deshalb die EG-Praxis der Überschußverwertung durch Exportsubventionen die schon im Ansatz problematische Schwerpunktlegung auf eine städtisch-industrielle Entwicklung. Die Masse der Armen, die dort auf dem Lande wohnt, wird eher geschädigt.

Oft wird das Übrschußdumping der Industriestaaten bei Agrargütern damit gerechtfertigt, daß gesagt wird, die armen Nahrungsmittelimportländer könnten sich ja durch Importzölle vor den Billigangeboten schützen. Die Exportsubventionen der EG würden dann abgeschöpft werden und stünden den Regierungen als zusätzliche Staatseinnahmen, z.B. zur Förderung der eigenen ländlichen Entwicklung, zur Verfügung. Dagegen wird eingewandt, daß solche Schutzmaßnahmen realpolitisch offensichtlich schwer durchsetzbar sind, was schon daran abgelesen werden kann, daß nur wenige Staaten von dieser Möglichkeit Gebrauch gemacht haben.

Die krisenhafte Entwicklung der internationalen Agrarhandels- und Währungsbeziehungen verstärkt die Notwendigkeit für die Länder der Dritten Welt, der Selbstversorgung mit Nahrungsmitteln größere Aufmerksamkeit zu schenken. Voraussetzung dazu sind aber konsequente agrarpolitische Reformen in den Ländern der Dritten Welt, die auf eine Stärkung der Binnenmärkte hinzielen und durch Bodenbesitz- und Bewirtschaftungsformen die kleinbäuerliche Produktion gezielt fördern. Solche Reformen, die sowohl von Partnern der Kirchen gefordert werden als auch Ziele der EG-Entwicklungspolitik sind, werden durch die Wirkungen der EG-Agrarpolitik häufig unterlaufen oder sogar verhindert.

Deshalb müssen die Agrarsubventionen mit dem Ziel, sie über kurz oder lang international gänzlich zu verbieten, rigoros abgebaut werden. Die daraus resultierende Steigerung der Weltagrarpreise ist für die Exportstaaten ohnehin zweifellos entwicklungspolitisch vorteilhaft. Die in den Industrieländern so eingesparten Mittel können – mindestens teilweise – außerdem verwandt werden, um besonders arme Importländer für die kurzfristigen Nachteile einer Erhöhung der Weltagrarpreise durch Förderung geeigneter Entwicklungsprogramme zu kompensieren.

Priorität hat der Abbau der Überschußproduktion in den Industriestaaten. Das ist nicht nur aus ökologischen und fiskalischen Gründen von der EG zu fordern, sondern auch aus entwicklungs- und handelspolitischen Gründen. Es wäre wünschenswert, wenn dieser Abbau durch multilaterale Vereinbarungen auch mit den konkurrierenden Exportnationen gleichgewichtig und abgestimmt erfolgen könnte. Aber auch unabhängig vom Erfolg dieser Verhandlungen muß die EG in ihrer eigenen Verantwortung gegenüber dem Ausland entsprechende Schritte, notfalls im Alleingang, unternehmen.

Viele Regierungen fordern internationalen Freihandel und Abbau aller Agrarsubventionen. Die sich aus diesen Forderungen ergebenden Preissenkungen innerhalb der EG, die schon drastisch sein müßten, um zu einem wirkungsvollen Abbau der Produktion zu führen, haben erhebliche sozial-, ökologisch- und regionalpolitisch unerwünschte Nebeneffekte, wie z.B. massives Bauernsterben, weitere Spezialisierungs- und Konzentrationseffekte und Rückzug der Landwirtschaft aus vielen Regionen. Um diesen Wirkungen Rechnung zu tragen, sind die agrarpolitischen Reformmaßnahmen der EG, die auf Preissenkung hinauslaufen, nicht die einzige und bestmögliche Lösung. Der Schwerpunkt sollte stattdessen auf Maßnahmen einer ökologisch sinnvollen Extensivierung bzw. Rücknahme der Intensität auf der gesamten Fläche gelegt werden. Für die Einkommenssicherung der Landwirte sind produktionsunabhängige Ausgleichszahlungen an die Betroffenen zu leisten, die möglichst an gesellschaftlich wünschenswerte Produktionsmethoden gekoppelt sind.

(In einem Minderheitenvotum von Herrn Prof. Hartwig de Haen sollen Ausgleichszahlungen nur deshalb gezahlt werden, weil die im Prinzip als notwendig empfundenen Preissenkungen aus agrarsozialen Gründen den Landwirten nicht in Form abrupter Einkommenssenkungen zugemutet werden können. Die aus ökologischer Sicht geforderte Extensivierung sieht er schon für manche Standorte durch die Auswirkungen von Preissenkungen hinreichend gewährleistet. Nur für Spezialfälle, wo die Extensivierung durch Preissenkung nicht ausreicht, sind seiner Meinung nach dann noch zusätzliche Maßnahmen, möglicherweise in Verbindung mit gezielten Ausgleichszahlungen, angebracht, um zugleich markt-, umwelt- und regionalpolitischen Zielsetzungen Rechnung zu tragen.)

Was aus ökologischer Sicht von einer Reform der EG-Agrarpolitik zu erwarten wäre, entspricht auch dem, was aus entwicklungspolitischer Sicht gefordert werden muß.

## 5.5 Gemeinsame Position europäischer agrar-, entwicklungs- und umweltpolitischer Verbände und Organisationen – Auf dem Weg zu einer europaweiten GATT-Kampagne

*Diese auf einer Tagung in der Landjugendakademie Altenkirchen erarbeitete Erklärung »Für eine sozial, ökologisch und international verträgliche Landwirtschaft« wurde am 24. 6. 88 auf einer gemeinsamen Pressekonferenz des NRO-Netzwerkes, der European Economical Organisation for Development und der Europäischen Bauernkoordination anläßlich des EG-Gipfels in Hannover der Öffentlichkeit vorgestellt.*

### Für eine sozial, ökologisch und international verträgliche Landwirtschaft
### Erklärung zu den Agrarverhandlungen von GATT

1. Unsere Auffassung zum Agrarhandel

Die Landwirtschaft eines Landes ist aus Umweltgründen, der Bedeutung der Ernährungssicherung, aus regionalpolitischen, beschäftigungspolitischen und sozialen Gründen nicht mit anderen Wirtschaftsfaktoren einer Volkswirtschaft zu vergleichen und kann deshalb auch nicht lediglich mit ökonomischen Kriterien behandelt werden. Aus diesem Grund ist es wichtig, daß der Landwirtschaft auch im Rahmen des internationalen Handels und bei GATT eine Sonderrolle zugebilligt wird. Der Handel darf die Bemühungen der Völker um nationale Selbstversorgung mit Nahrungsmitteln, um den Erhalt einer bäuerlichen Landwirtschaft und um umwelt- und gesundheitsverträgliche Produktionsmethoden nicht unterlaufen. Da Freihandel die Markteroberung durch die sog. »tüchtigsten Produzenten« bedeutet, die hierauf keine Rücksicht nehmen, lehnen wir die völlige Liberalisierung des internationalen Agrarhandels und nationaler Agrarpolitiken ab.

Wir teilen auch nicht die Auffassung, daß eine Ausweitung des internationalen Handels mit Agrargütern notwendig der Steigerung der gesellschaftlichen Wohlfahrt dient. Wir sind eher der Meinung, daß es schon zuviel statt zuwenig Agrarhandel gibt.

Der Umfang und die Rahmenbedingungen des internationalen Handels bestimmen auch sehr wesentlich die Ernährungsfragen und die Entwicklung der Dritten Welt. Die Bekämpfung des Hungers und der Armut – vor allem der ländlichen Armut in der Dritten Welt – muß auch ein Anliegen der agrarpolitischen Auseinandersetzungen in den Industriestaaten sein. Bei dem heutigen Grad der internationalen Integration unser aller Landwirtschaften haben die Entscheidungen besonders der großen Agrarmächte erheblichen Einfluß auf die Welternährungssituation.

Im Augenblick werden in Genf die Rahmenbedingungen des internationalen Agrarhandels neu ausgehandelt. Sicherlich ist der Rahmen von GATT nicht selbst dazu geeignet, unsere agrarpolitischen, umweltpolitischen und entwicklungspolitischen Ziele offensiv zu verfolgen. Es gilt daher durch die Formulierung positiver GATT-Regeln zu verhindern, daß diese multilateralen Agrarverhandlungen dazu gebraucht werden, um international den Freihandel im Agrarbereich durchzusetzen. Wir setzen uns mit Nachdruck für das Recht aller Staaten ein, eine eigenständige Agrarpolitik zu formulieren und durchzuführen. GATT darf diesen Zielen nicht zuwiderlaufen.

## 2. Unsere Vorstellungen für eine Neuordnung der internationalen Agrarbeziehungen im Rahmen von GATT

Zur Frage der Subventionen
1) Jeder Staat erhält das Recht auf Durchführung seiner eigenständigen Agrarpolitik, d.h. wichtige nationale Subventionen für die Landwirtschaft dürfen nicht Gegenstand internationaler Handelsvereinbarungen sein. Dazu gehören z.B. Infrastrukturverbesserungen, landwirtschaftliche Ausbildung und Beratung, Sozialmaßnahmen, direkte Einkommensübertragungen, Jungbauernprogramme, Förderung extensiver umweltverträglicher Formen der Landbewirtschaftung usw. Angebotssteuernde Programme sind erlaubt.
2) Nationale Subventionen, die direkt der Einkommens- und Preisverbesserung dienen und an die Produktion gebunden sind, müssen notifiziert werden und unterliegen in ihren Auswirkungen hinsichtlich der Exportkonkurrenz der internationalen Kontrolle und Überprüfung. Im Fall, daß ein Exporteur einen anderen Exporteur wegen dieser Subventionen anklagt, weil er einen Verdrängungseffekt vermutet, kann die Schlichtungskommission auf Konzessionsvorschläge drängen.
3) Die Verhandlungsparteien bei GATT scheinen sich auf die Anwendung des »Producer Subsidy Equivalent« (PSE) als Maßstab für den Protektionsgrad eines Landes im Agrarbereich zu einigen. Das PSE-Konzept mißt den Unterschied zwischen Weltmarktpreisen und nationalen Erzeugerpreisen auf jedem einzelnen Markt. Wir lehnen das PSE als Verhandlungskonzept ab, weil es zu weitgehend ist, methodisch zweifelhaft ist, für uns keine sinnvolle Maßeinheit

ist, die nationale Souveränität der Agrarpolitik untergräbt und im Rahmen unseres Vorschlagspakets überflüssig ist.
4) Alle direkten und indirekten Subventionen, die darauf ausgerichtet sind, den Export zu fördern, müssen auslaufen und die Ausnahmen, die GATT diesbezüglich bisher für speziell landwirtschaftliche Exportsubventionen kennt, müssen abgeschafft werden.

Zur eigenständigen Agrarpolitik
5) Importbeschränkungen jeglicher Art sind in der Landwirtschaft zulässig, sofern billige Importe den Absatz von Inlandsprodukten zu kostendeckenden Preisen gefährden und der Versorgungsgrad auf den betroffenen Märkten 100% nicht überschreitet.
6) Die Einkommen von Landwirten sollen aus der Produktion bezogen werden. Deshalb lehnen wir das »Decoupling Concept« (Entkoppelung der Einkommenspolitik von den Preisen) als allgemeines und alleingültiges Agrarkonzept ab.
7) Multilaterale, lineare Zollsenkungen für Agrarerzeugnisse sind nicht wünschenswert und deshalb als Verhandlungsziel und -konzept im Agrarbereich abzulehnen.
8) Rechtsbereiche wie Lebensmittelrecht, Umwelt- und Tierschutzauflagen, Pflanzenschutzgesetzgebung und Gesundheitsverordnungen sind für eine Gesellschaft so zentral, daß sie nicht nur als »nichttarifäre Handelshemmnisse« verstanden werden können und zum Gegenstand internationaler Handelsvereinbarungen werden. Diese Bereiche sind von den Staaten oder Staatenzusammenschlüssen aber rechtlich so zu regeln, daß die entsprechenden Maßnahmen international transparent sind, daß Klarheit und Eindeutigkeit besteht und daß der rechtsverbindliche Charakter Willkür gegenüber dem ausländischen Angebot ausschließt.
9) Für die Forschung und Zulassung neuer Technologien im Agrarbereich, insbesondere der Bio- und Gentechnologie, sollte eine internationale Abstimmung und Transparenz über den rechtlichen Rahmen erfolgen. Für den Export eines neuen Technologieprodukts soll die Notifizierungspflicht des Exportlandes eingeführt werden, d.h. das Erstzulassungsland hat die Pflicht, dem Importland beim ersten Exportvorgang alle Prüfungsunterlagen über die Umwelt- und Gesundheitsauswirkungen für Mensch und Tier automatisch zukommen zu lassen.

Zur Behandlung der Dritten Welt
10) Die speziellen Präferenzen und Sonderregeln für arme Länder und die Dritte Welt sind noch zu stärken; vor allem ihre verteilungspolitische Wirkung im Inland ist zugunsten der wirklich Hungernden und Armen zu verbessern und auszubauen.
11) Die Industrieländer müssen die Exporteure unter den Dritte-Welt-Ländern für die Handelsverluste kompensieren, die sich aus diesem neuen Handelsszenario ergeben. Diese Kompensationszahlungen dienen der Stärkung der Selbstversorgung.
12) Die internationale Gemeinschaft muß durch Nahrungsmittelreserven Vorkeh-

rungen für die Ernährungssicherheit der armen Importländer in Zeiten der Krisen treffen.

Notmaßnahmen

13) Als Übergangsregelung müssen durch bestehende internationale Gremien sofort dringende Maßnahmen ergriffen werden, um die bestehenden Handelsspannungen zu lösen, die Weltmarktpreise für Agrarprodukte zu heben und bäuerliche Existenzen zu sichern. Dafür können Verhandlungen um Marktanteile und Richtpreise sinnvoll sein.

Altenkirchen, März 1988
Koordination: Fachstelle für entwicklungspolitische Bildung auf dem Lande / Ev. Bauernwerk in Württemberg, 7112 Waldenburg-Hohebuch

*Diese Erklärung wurde von folgenden agrar-, entwicklungs- und umweltpolitischen Verbänden und Organisationen aus Europa unterzeichnet:*
*Europäische Bauernkoordination (Union des Exploitants Familiaux Agricoles Belgien, Boerensyndikat Belgien, Front Uni des Jeunes Agriculteurs Belgien, Arbeitsgemeinschaft bäuerliche Landwirtschaft Rheda-Wiedenbrück, Confédération Paysanne Frankreich, Werkgroep Beter Zuivelbeleid Niederlande, Österreichische Bergbauernvereinigung, Union des Producteurs Suisses, Vereinigung zum Schutze der Kleinen und Mittleren Betriebe Schweiz, Mouvement International de Jeunesse Agricole Chrétienne), Schleswig-Holsteinischer Bauern-Bund, Evangelisches Bauernwerk in Württemberg, Katholische Landjugendbewegung Deutschlands KLJB, Bund der Landjugend Württemberg-Hohenzollern, Naturschutzbund Niedersachsen, Biologische Schutzgemeinschaft Hunte/Weser-Ems, Deutscher Tierschutzbund, BUND, Die Grünen im Bundestag, Die Grünen in Baden-Württemberg, Grüne Partei der Schweiz, Arbeitsgemeinschaft Österreich und Dritte Welt, Informationszentrum Dritte Welt Dortmund, Bundeskongreß entwicklungspolitischer Aktionsgruppen/Agro-Koordination, Regenbogenfraktion des Europaparlamentes, Dachverband entwicklungspolitischer Aktionsgruppen in Baden-Württemberg, European Ecomenical Organisation for Development EECOD, Weltfriedensdienst, Aktion Solidarische Welt, ASA-Programm bei der Carl-Duisberg-Gesellschaft, Verbraucher-Initiative Bonn, Prof. Dr. Andreas Bodenstedt/Universität Gießen, Prof. Dr. Sigmar Groenveld/GHS Kassel, Prof. Dr. H. Vogtmann/GHS Kassel, Prof. Dr. Julius Otto Müller/Universität Gießen, Prof. Dr. Günther Weinschenck/Universität Hohenheim. Außerhalb Europas wird diese Erklärung zudem von der Kansas Farmer Union/USA und der Kilusang Magbubukid Ng Philipinas KMP/Philippinen unterstützt (Stand September 1988).*

Angesichts des breiten Spektrums der unterzeichnenden Organisationen, Initiativen und Einzelpersonen soll diese Erklärung Ausgangspunkt einer geplanten internationalen Öffentlichkeitskampagne zu den GATT-Agrarverhandlungen sein. Unmittelbar nach Bekanntwerden der Ministererklärung von Punta del Este hatte die EECOD angeregt, mit einer gezielten internationalen Öffentlichkeitsarbeit und Lobbytätigkeit auf den Verlauf der GATT-Verhandlungen zum Agrarbereich Einfluß zu nehmen. Die EECOD hat in Zusammenarbeit mit nordamerikanischen Nichtregierungsorganisationen parallel zu der Zwischenauswertung der GATT-Uruguay-Runde in Montreal im Dezember 1988 eine Weltkonferenz kirchlicher Organisationen und von Nichtregierungsorganisationen abgehalten, um in die Entscheidungsprozesse der Regierungen die Stimme der Armen, Hungrigen und der Kleinbauern einzubringen. Darüber hinaus plant EECOD die Veranstaltung eines Agrarforums anläßlich des Europäischen Konzils der Kirchen zu »Gerechtigkeit, Frieden und Bewahrung der Schöpfung« im Mai 1989 in Basel.

Der in der Erklärung »Für eine ökologisch, sozial und international verträgliche Landwirtschaft« zum Ausdruck kommende Anspruch, seitens einer engagierten agrar- und entwicklungspolitisch interessierten Öffentlichkeit Entscheidungsprozesse auf weltpolitischer Ebene beeinflussen zu können, mag vermessen sein. Weichen, die auf weltpolitischer Ebene gestellt werden, können die ermutigenden regionalen Initiativen und Aktivitäten unterhöhlen. Aber es bleibt uns die Chance, den Verlauf der GATT-Verhandlungen im Rahmen einer internationalen Kampagne der Öffentlichkeitsarbeit, der entwicklungspolitischen Bildungs- und Lobbytätigkeit dem Schatten des öffentlichen Desinteresses zu entreißen und die Stimme derer, die in Genf keine Stimme haben, zur Geltung zu bringen.

Dieses Handbuch möchte einen Beitrag dazu leisten, eine kritische Begleitung der GATT-Agrarverhandlungen durch die agrar- und entwicklungspolitisch engagierte Öffentlichkeit mit auf den Weg zu bringen. Zum Zeitpunkt des Abschlusses unseres Manuskriptes waren die Bemühungen um die Initiierung einer internationalen Öffentlichkeitskampagne zu den GATT-Agrarverhandlungen noch nicht weit genug gediehen, um an dieser Stelle bereits konkrete Elemente einer Öffentlichkeitsarbeit zu GATT vorstellen zu können. Wir möchten die interessierten Leserinnen und Leser bitten, sich über die folgenden Adressen über den Stand der Bemühungen um eine internationale GATT-Kampagne zu informieren:

Fachstelle für entwicklungspolitische Bildung auf dem Lande in der EKD, 7112 Waldenburg-Hohebuch

Bundeskongreß entwicklungspolitischer Aktionsgruppen BUKO/Agro-Koordination, Nernstweg 32-34, 2000 Hamburg 50

Arbeitsgemeinschaft bäuerliche Landwirtschaft, Nordrheda 3, 4840 Rheda-Wiedenbrück.

Über diese Adressen können auch Hinweise auf Arbeits- und Informationsmaterialien, sowie auf Informationsseminare und Kampagnentreffen erbeten werden, die derzeit noch in Planung sind.

Agrar- und entwicklungspolitische Nichtregierungsorganisationen und Gruppen können bislang an keine Erfahrungen mit der gezielten Thematisierung des GATT in Bildungs- und Öffentlichkeitsinitiativen anknüpfen. Dennoch betritt eine »GATT-Kampagne« kein Neuland: In den siebziger Jahren wurden von einem Bündnis kirchlicher und entwicklungspolitischer Gruppen mehrfach Öffentlichkeitskampagnen anläßlich von Welthandelskonferenzen, in diesem Falle der UNCTAD, durchgeführt, denen es gelang, vielfältige Informations-, Bildungs- und Lobby-Aktivitäten anzuregen und miteinander zu verknüpfen. Die ermutigende Resonanz, die die heute leider wieder fast schon in Vergessenheit geratenen UNCTAD-Kampagnen seinerzeit gefunden haben, sollte auch Ermutigung für unsere Öffentlichkeitsarbeit zu den GATT-Verhandlungen sein. Den Ausblick auf eine sich erst in Konturen abzeichnende internationale GATT-Kampagne beschließen wir daher mit einem Rückblick auf die UNCTAD-Kampagne Mitte der siebziger Jahre.

## Rückblick

*Der Autor dieses kurzen abschließenden Rückblicks, Rüdiger Stegemann (Geschäftsführer der Deutschen Evangelischen Arbeitsgemeinschaft für Erwachsenenbildung DEAE) hatte die UNCTAD-IV-Kampagne maßgeblich mitgestaltet und koordiniert.*

Mitte 1975 fanden sich in Genf auf Initiative der UNCTAD-Informationsabteilung (UNCTAD = United Nations Conference on Trade and Development / Konferenz der Vereinten Nationen für Handel und Entwicklung) Vertreter/innen von Nichtregierungsorganisationen aus einer Reihe westlicher Industrienationen zusammen, um die Möglichkeit gemeinsamer Informations- und Bildungsarbeit zur UNCTAD IV zu diskutieren.

Zur gleichen Zeit wurden auch in der Bundesrepublik in verschiedenen Organisationen Überlegungen angestellt, ob man nicht – aufbauend auf Erfahrungen von 1972 – zur UNCTAD IV im Mai 1976 in Nairobi wieder die entwicklungspolitische Dimension des Welthandels thematisieren solle. 1972 hatten die konfessionellen Jugendverbände zur UNCTAD III eine erste »unctad-kampagne« organisiert. Seminare fanden statt, eine Broschüre wurde veröffentlicht, ein Beobachter nahm an der Konferenz in Santiago de Chile teil und berichtete aus entwicklungspolitischer Perspektive für die Presse. Dabei entstand in Santiago eine lose Kooperation zwischen Personen aus verschiedenen Industrieländern, die ähnliche Interessen verfolgten.

1975 konnte daran angeknüpft werden: Auf internationaler Ebene bildete sich daraus eine bis heute bestehende Struktur, die International Coalition for Development Action (ICDA). Zu allen seitherigen UNCTAD-Konferenzen hat die ICDA Informations- und Aktionskampagnen initiiert. Thematisch sind in der ICDA-Arbeit inzwischen neben dem Welthandel weitere entwicklungspolitische Schwerpunkte hinzugekommen, z.B. Transnationale Konzerne, Saatgut und Verschuldungskrise. Bei aller selbstkritischen Bescheidenheit kann beispielsweise an der Thematik der schwindenden pflanzengenetischen Ressourcen und der Monopolisierungstendenzen im Saatgutsektor verdeutlicht werden, daß durch fleißiges Informationssammeln und -verbreiten, kreative Bildungsarbeit und politisches Lobbying sogar auf anscheinend abgehobener internationaler Ebene – hier der FAO (Ernährungs- und Landwirtschaftsorganisation der Vereinten Nationen) – Neuerungen und Veränderungen bewirkt werden können.

Die Zielsetzung der in der Bundesrepublik 1975 zur UNCTAD IV ins Leben gerufenen »unctad-kampagne« war bescheidener formuliert: »Die Kampagne will Informationen über die wichtigsten Sachprobleme der UNCTAD an die Zielgruppe der Multiplikatoren vermitteln, damit sie von diesen im Rahmen ihrer Aktionen sowie der Bildungs- und Öffentlichkeitsarbeit verwandt werden.... (Sie) sollte entwicklungspolitische Forderungen als ihre Position zur UNCTAD IV erarbeiten und diese an die Bundesregierung richten. Sie sollte ferner versuchen, auf ihr möglichen Wegen Einfluß auf die Verhandlungspositionen zu gewinnen.« Auf dieser Basis fanden sich als Träger der Kampagne zusammen: action 365; Aktion Dritte Welt Handel; Arbeitsgemeinschaft Christlicher Schüler; Arbeitsgemeinschaft der Evangelischen Jugend; Arbeitsgemeinschaft Dritte-Welt-Läden; Bund der Deutschen Katholischen Jugend; Entwicklungspolitische Korrespondenz; Informationszentrum Dritte Welt Dortmund; Pax Christi und Terre des Hommes.

Gegenüber 1972 stellte diese Trägerschaft eine Verbreiterung der Basis dar, verglichen mit heutigen Kooperationen war es allerdings noch ein schmales Bündnis überwiegend kirchlicher und entwicklungspolitischer Gruppierungen.

Kampagnenelemente waren u.a.: Informations- und Bildungsseminare, eine Broschüre zur Rohstoffproblematik (»Kupfer, Kaffee und Konzerne«, in Nairobi wurde das »Integrierte Rohstoffprogramm« beschlossen), periodisch erscheinende »unctad-infos« sowie direkte Berichterstattung von der Konferenz in Nairobi. Ein wichtiges »Hilfsmittel« war die in der ICDA organisierte internationale Zusammenarbeit.

Welche Auswirkungen hat die »unctad-kampagne« gehabt? Das Interesse an Seminaren war weit größer als erhofft, zusätzliche Veranstaltungen wurden erforderlich. Die ›unctad-infos‹ fanden eine große Nachfrage. Viele Menschen sind miteinander ins Gespräch gekommen und angeregt worden, über Welthandel, Rohstofffragen und Entwicklungshilfe nachzudenken. Die ersten Gehversuche im politischen Lobbying wurden gemacht – Neuland für entwicklungspolitisch Engagierte und Aktionsgruppen. Die Position der Bundesregierung in den UNCTAD-Verhandlungen wurde jedoch sicherlich nicht verändert.

Die Frage nach den Auswirkungen gleicht der Frage nach der Handlungsorientierung jeglicher politischer Bildungsarbeit. Ist sie deswegen unwirksam, weil sich die Position der politisch Handelnden nicht bewegt hat? Oder hat nicht auch die Tatsache eine Bedeutung, daß entwicklungspolitisch Interessierte sich intensiv in die Tagesordnung der UNCTAD eingearbeitet haben, und daß bislang Abseitsstehende für entwicklungspolitische Probleme gewonnen wurden?

Oder anders gefragt: Sind Kampagnen wie die zur UNCTAD IV im Jahre 1976 nicht ein notwendiger Schritt auf dem langen Weg zu den Erfolgen des Früchteboykotts gegen Südafrika oder zur breiten Debatte anläßlich der Jahrestagung des Internationalen Währungsfonds und der Weltbank 1988 in Berlin gewesen?

## CONTRACTING PARTIES TO THE GENERAL AGREEMENT ON TARIFFS AND TRADE
*(June 1988)*

| | | |
|---|---|---|
| Antigua and Barbuda | Germany, Fed. Rep. of | Niger |
| Argentina | Ghana | Nigeria |
| Australia | Greece | Norway |
| Austria | Guyana | Pakistan |
| Bangladesh | Haiti | Peru |
| Barbados | Hong Kong | Philippines |
| Belgium | Hungary | Poland |
| Belize | Iceland | Portugal |
| Benin | India | Romania |
| Botswana | Indonesia | Rwanda |
| Brazil | Ireland | Senegal |
| Burkina Faso | Israel | Sierra Leone |
| Burma | Italy | Singapore |
| Burundi | Jamaica | South Africa |
| Cameroon | Japan | Spain |
| Canada | Kenya | Sri Lanka |
| Central African Republic | Korea, Rep. of | Suriname |
| Chad | Kuwait | Sweden |
| Chile | Lesotho | Switzerland |
| Colombia | Luxembourg | Tanzania |
| Congo | Madagascar | Thailand |
| Côte d'Ivoire | Malawi | Togo |
| Cuba | Malaysia | Trinidad and Tobago |
| Cyprus | Maldives | Turkey |
| Czechoslovakia | Malta | Uganda |
| Denmark | Mauritania | United Kingdom |
| Dominican Republic | Mauritius | United States of America |
| Egypt | Mexico | Uruguay |
| Finland | Morocco | Yugoslavia |
| France | Netherlands | Zaire |
| Gabon | New Zealand | Zambia |
| Gambia | Nicaragua | Zimbabwe |

Tunisia has acceded provisionally.

*Countries to whose territories the GATT has been applied and which now, as independent states, maintain a* de facto *application of the GATT pending final decisions as to their future commercial policy:*

| | | |
|---|---|---|
| Algeria | Grenada | St. Lucia |
| Angola | Guinea-Bissau | St. Vincent |
| Bahamas | Kampuchea | Sao Tomé and Principe |
| Bahrain | Kiribati | Seychelles |
| Brunei Darussalam | Mali | Solomon Islands |
| | Mozambique | Swaziland |
| Cape Verde | Papua New Guinea | Tonga |
| Dominica | Qatar | Tuvalu |
| Equatorial Guinea | St. Christopher and Nevis | United Arab Emirates |
| Fiji | | Yemen, Democratic |

(aus: GATT, International Trade 87-88, Genf 1988)

# 6. Literaturverzeichnis

Agra-Europe, verschiedene Ausgaben
Agrarwirtschaft 12/86
Agrarwirtschaft 12/87
Altvater, E.: Sachzwang Weltmarkt, Hamburg 1987
Arbeitsgemeinschaft bäuerliche Landwirtschaft, AbL, (Hrsg.): Naturschutz - durch staatliche Pflege oder bäuerliche Landwirtschaft, Rheda-Wiedenbrück, 1987
Arnold, H.: Langfristige Entwicklungstendenzen der Landwirtschaft, in: Berichte über die Landwirtschaft, Bd. 61, Hamburg 1983
Australian Government: Resolving the World Agricultural Crisis: An Australian Proposal, Canberra 1987
Basler, A.: Die Weltwirtschaft zwischen konjunktureller Erholung und struktureller Veränderung, in: Agrarwirtschaft Jg. 34 (1985), S. 337-345
Basler, A.: Der Agraraußenhandel der EG mit Drittländern, in: Agrarwirtschaft 8/88, Frankfurt/M. 1988, S. 256-258
Bauernblatt (Hrsg.): Norwegen - Agrarpolitische Alternative auch für uns? Rheda-Wiedenbrück, 1984
Beckenbach, F.: Thesen zur Behandlung des Ökologieproblems in der neoklassischen ökonomischen Theorie, in: Gödde, Voegelin a.a.O. 1988, S. 69-72
Boeckh, A. (Hrsg.): Internationale Beziehungen, Bd. 5 des Nohlen, D (Hrsg.) 1984 ebd., München 1984
Bösche, B. und Katranidis, S.: EG-Agraraußenhandel und -marktordnungssysteme vor dem Hintergrund aktueller GATT-Verhandlungen, in: Agrarwirtschaft 6/87, Frankfurt/M. 1987, S. 183-187
BUKO-Agro-Koordination (Hrsg.): Wer Hunger pflanzt und Überschuß erntet, Hamburg 1987
Bundesministerium für Ernährung, Landwirtschaft und Forsten (Hrsg.): Agrarbericht 1987 der Bundesregierung, Bonn 1987
Bundesministerium für Ernährung, Landwirtschaft und Forsten (Hrsg.): Agrarbericht 1988 der Bundesregierung, Bonn 1988
Bundesverband der Deutschen Industrie e.V.: Agrarpolitik - Denkanstöße für eine marktwirtschaftliche Reform, Köln 1987
Buntzel, R.: Positionen und Perspektiven zur Lösung der Agrarhandelskonflikte im Rahmen der laufenden GATT-Verhandlungen, in: epd-Entwicklungspolitik, Materialien IV/88, 1988, S. 15-42
Bunzenthal, R.: Verlagerung der Gewichte, in: der überblick 2/87, Hamburg 1987
Cable, V.: Textile and Clothing, in: Finger/Olechowski a.a.O. 1987, S. 180-191
Cairns-Group Proposal to the Uruguay-Round Negotiating Group on Agriculture, Oktober 1987, o.O.

Catholic Institute for International Relations, CIIR, (Hrsg.): CAP-Briefing 13-14/ 1987, London 1987
Collins, J. und Lappé, F.M.: Vom Mythos des Hungers, Frankfurt/M. 1980
Conts, M. v.: Kein Stück Land zum Leben, in: GEO Spezial, Nr. 1/1988 Brasilien, S. 48ff.
CPT (Commission Pastoral por la Tierra) (Hrsg.): Jahresbericht 1987, Araguaia-Tocantins 1988
de Hoogh, J.: Agricultural Policies in Industrial Countries and Their Effects on The Third World, Tijdschrift voor sociaalwetenschappelijk onderzoek van de landbouw, 2 (1987/88), Wageningen
Deutsches Institut für Wirtschaftsforschung: Einfuhr von Industrieprodukten aus Übersee, Berlin 1986
Dinham, B. und Hines, C.: Hunger und Profit, Agrobusiness in Afrika, Heidelberg 1985
Donges, J.B.: Die Arbeitsteilung zwischen Industrie- und Entwicklungsländern im Wandel, in: Außenwirtschaft 1981, S. 247ff.
Dritte Welt Haus Bielefeld (Hrsg.): Hunger durch Agrarexporte?, Bielefeld 1986
Edwards, C.: A Future Tied to Export, in: Farmline, Washington D.C., 6/1986. S. 4f.
EG-Magazin 1/1983, Die Zölle sind tot, es lebe das nichttarifäre Handelshemmnis
Engels, B.: GATT und die Entwicklungsländer - was bringt die Uruguay-Runde?, in: Nord-Süd-aktuell 3/1987, Hamburg 1987, S. 51-68
Engels, B.: Zur Position der Entwicklungsländer im Welthandel mit Agrarerzeugnissen, in: Nord-Süd-aktuell 1/88, Hamburg 1988, S. 95-100
Ernährungsdienst, 6. 8. 1988
Europa-Archiv: Die GATT-Ministertagung von Punta del Este im September 1986, Dokumente Jg. 42, 1987, S. D 151-170
Evers, H.-J.: Subsistenzproduktion, Markt und Staat. Der sogenannte Bielefelder Verflechtungsansatz, in: Geographische Rundschau, H. 3, 1987, S. 136ff.
FAO (Hrsg.): The State of Food and Agriculture. A Mid-decade Review, Rom 1986
FAO (Hrsg.): World Food Report 1987, Rom 1987
FAZ, N.N.: Uruguay-Runde arbeitet für Zwischenbericht, 30. 7. 1988
FAZ, N.N.: Besorgnis über amerikanisches Handelsgesetz, 25. 8. 1988
FAZ, N.N.: Brasiliens »Alkoholiker« werden langsam wieder nüchtern, 29. 8. 1988
Feder, E.: Erdbeer-Imperialismus, Frankfurt/M. 1980
Finger, J.M. und Olechowski, A.: The Uruguay-Round. A Handbook on The Multilateral Trade Negotiations, World Bank, Washington 1987
Flüchter, W.: Die Bucht von Tokio: Neulandausbau, Strukturwandel, Raumordnungspolitik, Wiesbaden 1984
Fröbel, F.:, Heinrichs, J., Kreye, O.: Die neue internationale Arbeitsteilung, Reinbek 1977
Fröbel, F., Heinrichs, J., Kreye, O.: Umbruch in der Weltwirtschaft, Reinbek 1986

GATT-Drucksache UR-88-0030
GATT: GATT Newsletter Focus, Ausgaben 41-56, Genf 1987/1988
GATT: News of The Uruguay-Round, NUR, verschiedene Ausgaben, Genf 1987-1988
GATT: Trade Policies For a Better Future, Genf 1983
GATT: Review of Developments in The Trading System, October 1987 - March 1988, Genf 1988b
Gebrewold, K.: Der internationale Agrarhandel und die Bekämpfung des Hungers, texte 35, Hamburg 1986
Giersch, H.: Freihandel als Aufgabe, in: Zeitschrift für die gesamte Staatswissenschaft, Bd. 108, 1952
Glismann, H.H., Horn, E.J., Nehring, S., Vaubel, R.: Weltwirtschaftslehre, Bd. 1, Göttingen 1986
Gödde, H., Voegelin, D. (Hrsg.): Für eine bäuerliche Landwirtschaft, Kassel 1988
Grigg, D.: The World Food Problem, Oxford 1985
Handelsblatt, verschiedene Ausgaben
Hartwig, B. und Tangermann, S.: Die Stellung des Agrarhandels im GATT am Beginn der Uruguay-Runde, in: Agrarwirtschaft 3/87, Frankfurt/M. 1987, S. 69-80
Haude, D.: Von Agrikultur zur Agroindustrie, in: Peripherie H. 28, 1987, S. 51-87
Hein, W.: Das Welternährungsproblem zwischen Überproduktion und Hungersnöten, in: Nord-Süd-aktuell 2/88, Hamburg 1988, S. 209-219
Hilf, H. und Petersmann, E. (Hrsg.): GATT und Europäische Gemeinschaft, Baden-Baden 1986
Hobhouse, H.: Fünf Pflanzen verändern die Welt, Stuttgart 1988/2
Hobsbawm, E.: Industrie und Empire, Bd. 1, Frankfurt/M. 1976
Hoering, U.: Indiens ungeliebte Überschüsse, in: der überblick 2/87, Hamburg 1987, S. 26-28
IISA (Hrsg.): Hunger Admits Abundance, Laxemburg 1987
Institut der deutschen Wirtschaft: Ein Globus voller Chancen, Köln 1987
Jamaica, Communication of Jamaica, MTN, GNG/NG5/W/42 - 4. Februar 1988
Jamaica, Statement by Jamaica on Aggregate Measure of Support and Protection, MTN, GNG/NR5/W/48, 2. 3. 1988, GATT-Drucksache UR-88-0081
Japanese Proposal for Negotiations in Agriculture, o.O. 1987
Kindleberger, C.P.: Die Weltwirtschaftskrise, Geschichte der Weltwirtschaft im 20. Jahrhundert, Bd. 4, München 1973
Kommission der EG (Hrsg.): Perspektiven für die gemeinsame Agrarpolitik - das Grünbuch der Kommission, Brüssel 1985
Kommission der EG (Hrsg.): Immediate Measure in The Framework of the Short-Term Measures Proposed by the European Communities, MTN/GNG/NG5/W/43 - 19. Februar 1988, GATT-Drucksache UR-88-0054, Brüssel 1988
Kommission der EG: Uruguay/Negotiations in Agriculture: Summary and Explanatory Memorandum, Brüssel 1987

Kommission der Europäischen Gemeinschaft (Hrsg.): Draft European Communities Proposals for Multilateral Trade Negotiations on Agriculture, 6. 10. 1987, Brüssel 1987

Koning, N.: Bauern, Markt und Staat, in: Gödde/Voegelin a.a.O. 1988, S. 72–84

Krieg, P.: Septemberweizen, Wuppertal 1979

List, F.: Das Nationale System der Politischen Ökonomie (1841), Basel und Tübingen 1959

Mangold, D.: Aspekte gemeinsamer Agrarpolitik 1986, in: Agrarwirtschaft, Jg. 35 (1986), S. 365–386

Marx, K.: Das Kapital, MEW Bd. 23 (1890), Berlin 1962

Matthews, A.: The Common Agricultural Policy and Less Developed Countries, Dublin 1985

Matzke, O.: Die gemeinsame Agrarpolitik – Belastung für das Nord-Süd-Verhältnis, in: Aus Politik und Zeitgeschichte 5/80, Bonn 1980, S. 15–31

Meyer-Stamer, J.: Mikroelektronik und internationale Arbeitsteilung, in: epd-Entwicklungspolitik 2/1987, Frankfurt/M. 1987, S. 1r

Nohlen, D. (Hrsg.): Pipers Wörterbuch zur Politik, Bd. 1–6, München 1983–1987

Nord-Süd-aktuell 2/88, Hamburg 1988

Nordic Proposals to GATT/UR/AG, o.O. 1987

OECD (Hrsg.): Agricultural Trade with Developing Countries, Paris 1984

OECD (Hrsg.): National Policies and Agricultural Trade, Paris 1987

Patterson, G. and E.: Objectives of the Uruguay-Round, in: Finger/Olechowski a.a.O. 1987, S. 7–14

Priebe, H.: Die subventionierte Unvernunft, Berlin 1985

Ricardo, D.: Grundsätze der politischen Ökonomie und der Besteuerung (1817), Hrsg. von F. Neumark, Frankfurt/M. 1972

Ritschie, M., Ristau, M.: The Farm Crisis. History and Analysis, in: Fall, 1986, S. 10–20

Ritchie, M., Ristau, M.: US Farm Policy, in: World Policy Journal, New York 1986/87, S. 113–134

RSU-Rat von Sachverständigen für Umweltfragen: Umweltprobleme der Landwirtschaft, Bundestagsdrucksache 10/3613, Bonn 1985

Schrader, J.: Rede auf der Jahrestagung der Deutschen Landwirtschaftsgesellschaft DLG 1987, in: DLG (Hg.): Wieviel Bauern braucht Europa? 1987

Schumann, H.: Futtermittel und Welthunger, Reinbek 1987

Senti, R.: GATT – System der Welthandelsordnung, Zürich 1986

Starnberger Institut (Hrsg.): Dienstleistungen in der Weltwirtschaft, texte 42, Hamburg 1988

Stuttgarter Zeitung, 26. 2. 1985

Süd-West-Presse, verschiedene Ausgaben

Tangermann, S.: Landwirtschaft im Wirtschaftswachstum, Hannover 1975

Tangermann, S.: Wer ist schuld am Hunger in der Dritten Welt?, in: der überblick 1/83, Hamburg 1983, S. 9–12

Tyers, R., Anderson, K.: Distorsions in World Food Markets: A Quantitative Assessment, Hintergrundpapier zum Weltentwicklungsbericht der Weltbank 1986 a.a.O.
Unabhängige Bauernstimme 6/88, Rheda-Wiedenbrück 1988
Weiger, H.: Der Naturschutz braucht die Bauern, in: ABL a.a.O., 1987, S. 11-23
Weltbank: Weltentwicklungsbericht 1986, Washington 1986
Weltbank: Weltentwicklungsbericht 1988, Washington 1988
Werlhof, C. v.: Wenn die Bauern wiederkommen, Bremen 1985
Wessel, J. und Hantman, M.: Getreidefieber [Trading the Future], München 1987
Wirtschaftswoche Nr. 28 vom 8. 7. 1983, N.N. Protektionismus: Katastrophale Folgen
Wirtschaftswoche, N.N.: Philip Morris. Wieder am Zug, 35/1988
Zietz, J., Valdes, A.: The Costs of Protectionism to Developing Countries, World Bank Staff Working Paper No. 769, Washington D.C. 1986
Zietz, J.: Der Agrarsektor in den GATT-Verhandlungen, in: Die Weltwirtschaft, Heft 1/1987

Der GATT-Vertragstext wird zitiert nach der in Senti 1986, a.a.O., Seite 371-432 wiedergegebenen deutsprachigen Fassung.

# 7. Abkürzungen

| | |
|---|---|
| AgE | Agra-Europe (Zeitschrift) |
| AKP | Staaten in Afrika, in der Karibik und im Pazifik, die das Lomé-Abkommen mit der EG unterzeichnet haben |
| ALADI | Asociación Latinoamericana de Integración |
| ALALC | Asociación Latinoamericana de Libre Comercio |
| APS | Allgemeines Präferenzsystem des GATT |
| ASEAN | Association of South-East Asian Nations |
| AWG | Außenwirtschaftsgesetz der Bundesrepublik Deutschland |
| BICEP | Bonus Incentive Commodity Export Program (Agrarexportförderungsprogramm der USA ab 1985) |
| BSP | Bruttosozialprodukt |
| BUKO | Bundeskongreß entwicklungspolitischer Aktionsgruppen |
| CCC | Commodity Credit Cooperation (US-Agrarkreditbehörde) |
| CEAO | Communauté Economique de L'Afrique de L'Ouest |
| CEEAC | Communauté Economique des Etats de L'Afrique Centrale |
| CEDEAO | Communauté Economique des Etats de L'Afrique de L'Ouest (= ECOWAS) |
| CEPAL | Comisión Económica para América Latina (Wirtschaftskommission der UN für Lateinamerika) |
| cif | cost, insurance, freight (Preis einer Ware inklusive Transport- und Versicherungskosten) |
| CIIR | Catholic Institute for International Relations (London) |
| CMA | Centrale Marketinggesellschaft der deutschen Agrarwirtschaft mbH (Bonn) |
| COMECON | vergl. RGW |
| CSE | Consumer Subsidy Equivalent (Einheit zur zusammenfassenden Messung von Stützungsmaßnahmen, die den Verbrauch betreffen) |
| DBV | Deutscher Bauernverband |
| DEAE | Deutsche Evangelische Arbeitsgemeinschaft für Erwachsenenbildung |

| | |
|---|---|
| DEIP | Dairy-Export-Incentive-Program (Exportförderungsprogramm der USA speziell für Milchprodukte) |
| ECOWAS | Economic Community of West African States (Wirtschaftsgemeinschaft Westafrikanischer Staaten) |
| ECOSOC | Economic and Social Council (Wirtschafts- und Sozialrat der UN) |
| ECU | European Currency Unit (Europäische Währungseinheit) |
| EECOD | European Economical Organization for Development (Brüssel) |
| EEP | Export Enhancement Program (Exportförderungsprogramm der USA) |
| EFTA | European Free Trade Association (Europäische Freihandelszone) |
| EG | Europäische Gemeinschaft |
| EG-9 | Europäische Gemeinschaft mit den neun Mitgliedsstaaten 1973 (Beitritt Großbritanniens, Irlands und Dänemarks) bis 1981 |
| EG-10 | Europäische Gemeinschaft mit den zehn Mitgliedsstaaten 1981 (Beitritt Griechenlands) bis 1986 |
| EG-12 | Europäische Gemeinschaft mit den zwölf Mitgliedsstaaten seit 1986 (Beitritt Portugals und Spaniens) |
| EPK | Effektiver Protektionskoeffizient |
| EWG | Europäische Wirtschaftsgemeinschaft |
| FAO | Food and Agriculture Organisation of the United Nations (Ernährungs- und Landwirtschaftsorganisation der UN) |
| FAZ | Frankfurter Allgemeine Zeitung |
| FSA | Food Security Act (US-amerikanisches Landwirtschaftsgesetz von 1986) |
| GATT | General Agreement on Tariffs and Trade (Allgemeines Zoll- und Handelsabkommen) |
| IBRD | International Bank for Reconstruction and Development (Weltbank) |
| ICDA | International Coalition for Development Action |
| ITO | International Trade Organization (Laut Planung der Havanna-Konferenz von 1948) |
| IWF | Internationaler Währungsfonds |
| KMP | Kilusang Mambubukid ng Pilipinas (Dachverband philippinischer Kleinbauernvereinigungen) |

| | |
|---|---|
| LLDC | Least Developed Countries (1971 von der UN eingeführter Begriff für die »am wenigsten entwickelten Länder«) |
| MCCA | Mercado Común Centroamericano (Gemeinsamer Markt zentralamerikanischer Länder) |
| MFN | Most Favored Nation Clause (Meistbegünstigungsklausel) |
| NG | Negotiation Group (Verhandlungsuntergruppen der Uruguay-Runde) |
| NGO | Non-Governmental Organization (vergl. NRO) |
| NPK | Nominaler Protektionskoeffizient (Einheit zur Bemessung des Marktschutzes) |
| NRO | Nichtregierungsorganisation für Entwicklungszusammenarbeit |
| NTH | Nichttarifäres Handelshemmnis |
| NUR | News of the Uruguay-Round |
| NWWO | Neue Weltwirtschaftsordnung |
| OECD | Organization for Economic Cooperation and Development (Organisation für wirtschaftliche Zusammenarbeit und Entwicklung) |
| OPEC | Organization of the Petroleum Exporting Countries (Organisation erdölexportierender Länder) |
| PSE | Producer Subsidy Equivalent (Einheit zur zusammenfassenden Messung des Marktschutzes und der Erzeugersubventionen) |
| RGW | Rat für Gegenseitige Wirtschaftshilfe der Ostblockstaaten |
| SWP | Süd-West-Presse |
| TDE | Trade Distorsion Equivalent (Handelsverzerrungsäquivalent) |
| TNC | Trade Negotiations Committee (Leitungsgremium der GATT-Uruguay-Runde) |
| TRIMS | Trade Related Investment Measures |
| TRIPS | Trade Related Aspects of Intellectual Property |
| UN (O) | United Nations (Organization) (Vereinte Nationen) |
| UNCTAD | United Nations Conference on Trade and Development (UN-Konferenz für Welthandel und Entwicklung) |
| WHO | World Health Organization (Weltgesundheitsorganisation der UN) |

# Die Autoren

*Klaus Seitz*
Jahrgang 1959. Studium der Philosophie und Pädagogik an der Universität Tübingen; langjährige Tätigkeit in der entwicklungspolitischen Bildungs- und Öffentlichkeitsarbeit, u. a. im Entwicklungspädagogischen Informationszentrum EPIZ Reutlingen und im Rahmen der BUKO-Agrokoordination. Redaktionsmitglied der Zeitschrift für Entwicklungspädagogik (Seit 1978). Mitbegründer des Vereins Eigenständige Regionalentwicklung in Baden-Würtemberg. 1987/88 Studienleiter am Zentrum für entwicklungsbezogene Bildung/Dienste in Übersee Stuttgart.


*Michael Windfuhr*
Jahrgang 1961. Studium der Politischen Wissenschaften, Geographie und Germanistik an der Universität Heidelberg. Langjährige Mitarbeit in verschiedenen entwicklungspolitischen Initiativen, u. a. in der Agrokoordination des Bundeskongresses entwicklungspolitischer Aktionsgruppen, der European Sugar Action Group und der Arbeitsgemeinschaft NRO-Netzwerk. Arbeitet zur Zeit im Sekretariat der internationalen Menschenrechtsorganisation Food First Information and Action Network FIAN/Heidelberg.

# *texte zum Kirchlichen Entwicklungsdienst*

Herausgeber: Dienste in Übersee / Publizistik, Hamburg

| | |
|---|---|
| texte 36 | **Chancen und Grenzen von Partnerschaftsprogrammen**<br>Direktkontakte mit Partnern in der Dritten Welt<br>1986, 84 Seiten, DM 4,50 |
| texte 37 | **EKD und Dritte Welt**<br>Synode der Evangelischen Kirche in Deutschland 1986 zum Thema »Entwicklungsdienst als Herausforderung und Chance«, Referate und Beschlüsse<br>1986, 96 Seiten, DM 4,50 |
| texte 38 | **Das internationale Finanzsystem**<br>Eine kritische Stellungnahme aus dem Ökumenischen Rat der Kirchen<br>1987, 144 Seiten, DM 12,- |
| texte 39 | **Märkte und Mächte**<br>Beiträge zum ordnungspolitischen Nord-Süd-Dialog<br>1987, 144 Seiten, DM 12,- |
| texte 40 | **Christen im Widerstand**<br>Die Diskussion um das südafrikanische KAIROS Dokument<br>1987, 272 Seiten, DM 17,- |
| texte 41 | **Sanktionen gegen Südafrika**<br>Wirtschaftliche Auswirkungen von Sanktionen gegen Südafrika<br>1987, 104 Seiten, DM 6,40 |
| texte 42 | **Dienstleistungen in der Weltwirtschaft**<br>Die Bedeutung der Einbeziehung von Dienstleistungen in das GATT für die Dritte Welt<br>1988, 66 Seiten, DM 8,50 |
| texte 43 | **Südafrika – Sanktionen in der Diskussion**<br>Protokolle einer Johannesburger Konsultation<br>1988, 104 Seiten, DM 6,40 |
| texte 44 | **Ökumene – quo vadis?**<br>Ein Dialog unterwegs zur Zukunft der Ökumenischen Bewegung<br>Erläutert und kommentiert von Thomas Wieser<br>1989, 136 Seiten, DM 12,- |

*Zu beziehen bei:*

*Verlag Dienste in Übersee*
*Bundesstraße 83, 2000 Hamburg 13*

# der überblick

Zeitschrift für ökumenische Begegnung und internationale Zusammenarbeit

 ist die Quartalsschrift der Arbeitsgemeinschaft Kirchlicher Entwicklungsdienst (AGKED),

bringt auf jeweils rund 100 Seiten Berichte, Gespräche, Dokumentationen, Kommentare und Karikaturen über Nord-Süd-Beziehungen, aus Ländern der Dritten Welt und über Entwicklungsaufgaben der Kirchen,

setzt thematische Schwerpunkte und eignet sich daher als Arbeitsgrundlage für Seminare und Tagungen.

**der überblick** kostet pro Jahr DM 19,- (zuzügl. Porto und Versand). Zu beziehen über: Vertrieb »der überblick«, Breklumer Verlag, Postfach 1220, 2257 Breklum · Probeheft kostenlos!

»Hervorzuheben ist (...) die vierteljährlich in Hamburg erscheinende Zeitschrift der Arbeitsgemeinschaft Kirchlicher Entwicklungsdienst der evangelischen Kirche, der überblick, die ihrem Namen alle Ehre macht und eine ebenso umfassende wie gründliche Erörterung der wichtigsten Probleme, Tendenzen und Veränderungen des weltweiten Nord-Süd-Gefälles bietet.« (Welt aktuell '85. Das andere Jahrbuch, Rowohlt-Verlag, Reinbek 1984)